教育部高等学校道路运输与工程教学指导分委员会"十三五"规划教材

Jiaotong Yunshu Zhuanye Daolun
交通运输专业导论

储江伟　主编
胡大伟　主审

人民交通出版社股份有限公司
北　京

内 容 提 要

本书是教育部高等学校道路运输与工程教学指导分委员会"十三五"规划教材之一。全书共分8章，包括绪论、我国高等教育及其专业学科设置、交通运输专业设置及其相关学科、交通运输专业人才知识结构特征、交通运输专业教学质量标准及其培养方案、交通运输专业实践教学基本要求、国外高等教育及其交通运输专业学科简介和交通运输业发展趋势与就业分析。

本书可作为交通运输专业导论课教材，也可作为其他专业学生、各类相关人员了解交通运输专业及其人才培养概况的参考书。

图书在版编目（CIP）数据

交通运输专业导论/储江伟主编. —北京：人民交通出版社股份有限公司，2020.4
 ISBN 978-7-114-16292-3

Ⅰ.①交… Ⅱ.①储… Ⅲ.①交通运输—高等学校—教材 Ⅳ.①U

中国版本图书馆 CIP 数据核字(2020)第 014184 号

书　　名：交通运输专业导论
著 作 者：储江伟
责任编辑：时　旭
责任校对：孙国靖　魏佳宁
责任印制：刘高彤
出版发行：人民交通出版社股份有限公司
地　　址：(100011)北京市朝阳区安定门外外馆斜街3号
网　　址：http://www.ccpcl.com.cn
销售电话：(010)59757973
总 经 销：人民交通出版社股份有限公司发行部
经　　销：各地新华书店
印　　刷：北京市密东印刷有限公司
开　　本：787×1092　1/16
印　　张：12
字　　数：296千
版　　次：2020年4月　第1版
印　　次：2020年4月　第1次印刷
书　　号：ISBN 978-7-114-16292-3
定　　价：30.00元

(有印刷、装订质量问题的图书由本公司负责调换)

前言

为深入贯彻落实《国家中长期教育改革和发展规划纲要(2010—2020年)》及国务院关于《统筹推进世界一流大学和一流学科建设总体方案》，根据教育部《深化教育教学改革的指导意见》及教育部、科技部《关于加强高等学校科技成果转移转化工作的若干意见》，进一步提高(道路)交通运输本科专业核心课程教材的质量，打造高质量、高水平的精品教材，充分发挥教材建设在人才培养过程中的基础性作用，教育部高等学校道路运输与工程教学指导分委员会启动了"十三五"规划教材的编写申报工作。经过各高校老师申报及材料初审、专家评审和教指委秘书处审定，(道路)交通运输专业第一批有9本教材被列为教指委"十三五"规划教材计划出版发行。

本教材根据教育部高等学校道路运输与工程教学指导分委员会审定通过的《交通运输专业导论》"十三五"规划教材撰写大纲要求组织编写。重点介绍交通运输行业在社会经济发展中的作用、行业发展趋势与专业技术需求、专业人才知识结构、专业课程体系、专业认证以及专业质量标准等内容，详细阐述交通运输专业人才应具有的知识、能力与素质要求。对于交通运输专业的学生，在知晓专业人才培养目标、了解专业教学计划、理解毕业要求的基础上，能促进其形成深入系统的专业认识以及稳定明确的学习目标；而对交通运输专业关心或感兴趣的相关人员，可以充分了解交通运输行业发展对专业人才的需求以及交通运输专业人才培养目标，以达到相关人员对交通运输专业设置的认同与专业人才培养要求的共识。

专业导论课程的教学目标主要是使学生了解我国高等学校的教育教学要求及人才培养模式、本学科专业的发展历史与演变过程以及所对应行业在社会经济发展中的意义与作用，掌握本专业人才培养目标、知识结构、培养方案、课程设置、教学过程、毕业要求以及职业岗位的知识、能力、素质等要求。其教学目的是使学生全面正确认识学科专业内涵，形成浓厚的学习兴趣；及时掌握行业发展方向与专业技术要求，有助于学生做好大学阶段的学习计划；深入分析社会经济发展趋势与职业岗位需求，为学生未来的职业规划打下基础。为此，专业导论课程教材应由浅入深地反映出专业设置与社会发展需要、专业知识结构与行业技术进步需求、专业学习目标与职业岗位能力要求等方面的有机联系及相互关系，积极引导学生形成客观合理的专业认识，树立正确的学习观念；通过揭示大学阶段的教学规律和学习特点，启发学生理解并掌握大学阶段的学习方法，促使学生养成学习的主动性、计划性以及探索性；通过介绍我国高等教育发展历史、相关法律法规要求、专业学科起源演变等内容，加深学生对高等学校教育教学特点的总体认识；按照"课程思政"的基本要求，通过介绍我国交通运输行业发展历史，特别是改革开放四十年所取得的建设成就，激发学生的学习热情，坚定为我国建设交通强国贡献力量的信心。

本教材在编写上有以下几方面的主要特点：

（1）突出专业认识的引导性。深入系统地阐述交通运输行业在社会经济发展中的作用与地位、交通运输行业的发展趋势以及对高新技术的应用需求等，增强学生的社会责任意识和使命感，培养起专业学习兴趣。

（2）把握专业介绍的系统性。既要使学生在宏观上对我国高等教育的发展历史、现状成就及未来趋势有总体性的认识，又要在中观上对交通运输专业、交通运输工程学科及专业领域的人才培养层次、目标及要求有系统性的了解，还要在微观上对交通运输专业的课程体系、教学计划、教学环节、毕业要求以及专业人才的知识、能力、素质有全面性的理解。

（3）体现专业导论的思政性。交通运输专业的人才培养同样承担着"立德树人"的根本任务，专业导论课程的性质和特点也要求在教学上充分体现"课程思政"的要求。因此，在教材中充实了高校思想政治教育与立德树人使命要求、高等教育法律法规、工程教育专业认证以及与高校深化教育教学改革相关的"双一流建设"和"新工科"等内容。

（4）反映专业技术的新颖性。充分反映当前交通运输工程科学研究与技术应用的新理论、新技术、新工艺和新方法，如互联网＋、大数据、智能交通、低碳交通等，分析技术应用现状与未来发展趋势，使学生开拓知识视野，激发创新创业意识，树立起正确的专业思想和学习观念。

（5）注重专业知识的通识性。专业导论课程主要是针对大学刚入学的低年级学生对专业认识的需要设置的，因此在基础理论和专业技术知识的介绍上以符合认知规律为前提，力求对专业学生在专业认识上具有启发性，并兼顾对非专业人员阅读理解的适用性。

本教材由东北林业大学储江伟主编，长安大学胡大伟主审。全书共分8章。其中，储江伟（东北林业大学）编写第一章、第二章、第三章，马壮林（长安大学）编写第五章，金立生（燕山大学）编写第七章，陈萌（东北林业大学）编写第四章，李宏刚（东北林业大学）编写第六章，吴晓红（东北林业大学）编写第八章。

本教材在编写过程中，得到了教育部高等学校道路运输与工程教学指导分委员会及其有关专家的指导，在此致以诚挚的感谢！

限于编写时间和编者水平，本教材难免存在着某些不足或错误，恳请读者指正并提出宝贵意见和建议，以便及时修改。

编　者
2019 年 8 月

目录

- **第一章 绪论** ········· 1
  - 第一节 交通运输释义 ········· 1
  - 第二节 交通发展史概述 ········· 2
  - 第三节 交通运输生产活动意义及作用 ········· 18
  - 第四节 大学的教学与学习特点 ········· 20
  - 第五节 课程教学目的与学习方法 ········· 26
  - 复习思考题 ········· 27

- **第二章 我国高等教育及其专业学科设置** ········· 29
  - 第一节 我国普通高等教育概况 ········· 29
  - 第二节 普通高等教育本科专业设置 ········· 40
  - 第三节 学位授予和人才培养学科设置 ········· 45
  - 第四节 高等教育的学位制度 ········· 49
  - 复习思考题 ········· 50

- **第三章 交通运输专业设置及其相关学科** ········· 51
  - 第一节 交通运输类专业及其演变 ········· 51
  - 第二节 交通运输工程学科及领域 ········· 60
  - 第三节 交通运输工程一级学科博士、硕士学位基本要求 ········· 66
  - 复习思考题 ········· 74

- **第四章 交通运输专业人才知识结构特征** ········· 75
  - 第一节 交通运输系统及方式简介 ········· 75
  - 第二节 交通运输专业人才知识结构 ········· 83
  - 第三节 交通运输工程技术知识 ········· 95
  - 第四节 交通运输规划与管理知识 ········· 101
  - 复习思考题 ········· 108

- **第五章 交通运输专业教学质量标准及其培养方案** ········· 109
  - 第一节 专业教学质量国家标准 ········· 109

第二节　工程教育专业认证及毕业要求 ……………………………………… 116
第三节　专业培养方案制定要求 …………………………………………… 122
第四节　交通运输专业主要课程设置 ……………………………………… 126
复习思考题 ……………………………………………………………………… 129

第六章　交通运输专业实践教学基本要求 …………………………………… 131
第一节　专业实践教学及其要求 …………………………………………… 131
第二节　交通运输专业实践教学体系 ……………………………………… 135
第三节　交通运输专业人才的创新创业教育 ……………………………… 138
复习思考题 ……………………………………………………………………… 145

第七章　国外高等教育及其交通运输专业学科简介 ………………………… 146
第一节　国外高等教育概述 ………………………………………………… 146
第二节　国外大学本科专业设置特点 ……………………………………… 154
第三节　国外大规模网络公开课程 ………………………………………… 157
第四节　国外交通运输类研究生课程及学位要求 ………………………… 161
复习思考题 ……………………………………………………………………… 163

第八章　交通运输业发展趋势与就业分析 …………………………………… 164
第一节　交通运输业发展趋势 ……………………………………………… 164
第二节　交通运输业发展技术需求 ………………………………………… 169
第三节　交通运输类专业就业分析 ………………………………………… 176
复习思考题 ……………………………………………………………………… 180

参考文献 …………………………………………………………………………… 182

第一章 绪 论

第一节 交通运输释义

"交通"是指从事旅客和货物运输及语言和图文传递的行业,包括运输和邮电两大行业,在国民经济中属于第三产业。"交通"在汉英词典中的解释为:traffic,communications;to communicate。

"运输"是实现人和物空间位置变化的活动。一般是以交通基础设施为基础,用交通工具把旅客、货物等从一个地方运到另一个地方。"运输"在汉英词典中的解释为:transportation,transport,carriage,conveyance,portage,transit,shipping;to transport;to freight。

运输有铁路、公路、水路、航空和管道五种方式,邮电包括邮政和电信两方面内容。运输与人类的生产、生活息息相关,运输的历史和人类的历史同样悠久。现代社会中,"交通""运输"与"交通运输"都是使用频率很高的词汇。虽然在使用时并未严格区分它们的含义,而且这样使用似乎也并未产生歧义,但是在具体深入地讨论相关问题时,两者的内涵应有区分。

《辞海》对"交通"的解释是:各种运输和邮电通信的总称,即人和物的转运和输送,语言、文字、符号、图像等的传输和播送;对"运输"的解释是:人和物的载运和输送。

《交通大词典》(2005 年版)对交通和运输分别定义为:交通是指人、物和信息在两地之间的往来、传递和输送,包括运输和通信,是国民经济活动的主要环节之一,在国民经济发展中起先行作用;狭义的交通专指运输。运输又称交通运输,是指使用运输工具和设备,运送人和物的生产活动。

《牛津现代高级英汉双解词典(第三版)》中:译为"交通"的词汇有:communication 解释为"交通或通信设备,(联络各地的)公路、铁路、电话或电报线,无线电,电视";traffic 是指"往来于街道上的行人及车辆或天空中飞行的飞机";译为"运输"的词汇是 transportation,解释为"运送,运输"。

《不列颠百科全书》对于 transportation 的解释为:"将物品与人员从一地运送到另一地,即完成这类运送的各种手段"。

以上对"交通"和"运输"的解释,其表述的共同点是:第一,交通的概念有狭义和广义之分。广义的"交通"包括运输和通信 2 个方面,是指人、物和信息在两地之间的往来、传递和输送;狭义的"交通"专指运输。第二,"运输"的概念明确,是指使用运输工具和设备运送物品或人员从一地到另一地的过程,即"运输"不包括通信。因此,对"交通"与"运输"的区分,从广义角度分析不具有实际意义。

有学者对"交通"的界定是:交通是指通过一定的组织管理技术,实现运载工具在公共交通网络上流动的一种经济活动和社会活动。交通作为经济活动和社会活动的要素是：公共交通网络及其设施、运载工具和组织管理技术。在这里运输对象人与物融合于运载工具之中。而对"运输"的界定是："运输是指借助公共交通网络及其设施和运载工具，通过一定的组织管理技术，实现人与物空间位移的一种经济活动和社会活动"。运输作为经济活动和社会活动的四要素是：公共交通网络及其设施、运载工具、组织管理技术和客货对象——人与物。

总之，"交通"可理解为"任何两地之间能够实现人或物的移动路径或通达方式"，或"指行人、各类交通工具在移动路径上的运动过程，或所采取通达方式的顺畅运动状态"。交通强调的是人、交通工具在两地之间的可通达性，与交通工具上所载运的人员与物资的多少没有关系。"交通"的意义是路径的"连通"状态或方式的"顺达"，其核心在于通达过程的流畅性。"运输"可理解为"载运输送"，是指使用运输工具实现人与物的位移过程，即完成"客""货"的位置转移。因此，运输所强调的是运输工具所运载的客和货的位移状态。"运输"的意义是实现"位移"，其核心在于保障位移的可实现性。由此可见，"交通"是"运输"的基础，运输的实现离不开两地之间的通达状态和有可用的载运工具。交通应以满足人、载运工具在空间上可通达的要求为目的，以保证"通达"的时间效率。运输则是为了满足旅客和货物的位移要求，以保证空间转移效益的实现为主要目标。

第二节　交通发展史概述

一、我国古代交通史简介

1. 道路与桥梁

中国是世界四大文明古国之一，先民们在中华大地上创造出了灿烂辉煌的文化，道路交通也以引为自豪的业绩载入世界交通史册。道路交通与人类生存和社会发展息息相关，并随着政治、军事、经济、科学的进步而发展；政权兴替、军事征战、经贸往来、技术传播、土地垦殖、人口集聚和城邑废置等都与道路交通相关并对其变化产生影响，因此道路交通发展是社会生产力进步的标志。

道路是人类社会最早的交通方式。东汉刘熙所著《释名》中，对"路"有这样的解释，"道，蹈也；路，露也，人所践蹈而露见也"，即"路"是人走出来的。上古时期，先民们在从事采集、渔猎和原始农牧业等生产劳动过程中，足迹所至形成道路，人行小路可以说是"路"的起源。

距今约 5000 年，随着农业、畜牧业和手工业的发展，交换活动日益增多，加以牛、马等大牲畜的普遍饲养，人们逐渐学会使役牛马驮运。原始车子的出现，又使运输繁忙的人行小路、驮运路向车行道路转化。约在公元前 21 世纪，大禹治水，劈山疏河，已开始人工筑路。"周道如砥，其直如矢"（《诗经·小雅》），西周建起宽广平坦的道路，其道路规划与路政管理，在世界道路史上亦属首创。春秋战国时期，魏在黄河以南的荥阳，楚在汉水、云梦，吴在江、淮、太湖，齐在山东淄、济等地开凿运河。挖河筑堤，河成路就，是为河堤路之先导。秦筑驰道，汉通西域，中华文明远播西方。割据近 400 年的魏晋南北朝，虽长期战乱，交通阻塞，但在南北分治的历史背景下,东北、西北、西南地区的道路交通却获得发展。三国时,孙吴政权派大规模船队到达夷州(今台湾),加强了台湾与大陆的水陆交通往来。隋、唐的大一统,给道路交通带来了大发展。隋、唐建都长安、洛阳,粮食财赋多取给于东南。隋炀帝(公元610年)在建成北起涿郡(今北京)南至余杭(今浙江杭州)大运河的同时,也开通了沿运河岸的道路,加强了南北经济与文化的交流。

京杭大运河全长1797km,南端从杭州开始,经浙江、江苏、山东、河北四省进入天津,最后终点是北京,沿途还贯通海河、黄河、淮河、长江、钱塘江五大水系。大运河始建于公元前486年,即春秋战国时期。当时吴国为北伐争霸中原,在江苏扬州附近开凿了一条引长江水入淮的运河,这也是大运河最早的一段河道,直到隋朝和元朝两次大规模的扩建,基本上形成了今日京杭大运河的规模。据称隋炀帝为到扬州看琼花,也为南粮北运,动用了两百余万人开凿贯通了大运河。京杭大运河的许多河段利用了天然河流和湖泊,部分河段是人工开挖的。大运河自隋代开始全线贯通,经唐宋的继续发展,最终在元代成为沟通南北的交通大动脉。除运输粮食外,大运河还将南方及沿途的江南丝织品、珍品物产不断经运河北上运抵京城,从海外进口的珠宝、香料和棉毛制品等也通过大运河辗转运往全国各地。

唐代以长安为中心的道路交通向四方辐射,遍布全国各地。由京师向西,经陇西逾黄河向西北,贯通河西四郡。连接西域诸国的大道,经过盛唐时期的进一步修筑,沿途设置驿站、军、城、关、戍,天山南北分别设置安西和北庭都护府,完善了交通设施和安全保障措施,极大地方便了中西经济文化的交流,成为举世闻名的"丝绸之路"。

"丝绸之路"是历史上横贯欧亚大陆的贸易交通线。之所以得此名,很大程度上是由于我国古代与外邦通商的过程中,丝绸、瓷器、茶叶等商品是最具代表性的出口物资,其中尤以丝绸的出口量大。自汉代以来,庞大的商队在这条欧亚贸易交通线上穿梭往来,通商贸易,江南、巴蜀的绸缎凭借其精美的工艺品质和华美的图案造型,成为举世闻名的奢侈品,受到睦邻友邦的普遍赞誉。总体来说,"丝绸之路"的形成始于两汉时期,在打通河西走廊四镇之后,慢慢随着中原王朝和西域的贸易往来而建立。丝绸之路以西安(古代长安)为出发点,途中在敦煌分为三条路。

天山北路:敦煌—哈密—乌鲁木齐—伊犁—俄罗斯—罗马;

西域北路:敦煌—哈密—吐鲁番—焉耆—库尔勒—库车—阿克苏—喀什—帕米尔高原—中亚;

西域南路:敦煌—楼兰—且末—尼雅—和田—喀什—帕米尔高原—中亚—西亚。

唐朝时,丝绸之路发展非常迅速,到达鼎盛时期,并且是中国和西方商业往来的唯一通道,常有中国使团和商队使者由此路赴西域。唐代诗人岑参形象地描绘了丝绸古道上驿站繁忙景象:"一驿过一驿,驿骑如流星;平明发咸阳,暮及陇山头……"。

宋朝时期,因对西域地区失去控制,导致丝绸之路衰败;而元朝建立之后,因其疆域广大,丝绸之路特别通畅稳定,促使丝绸之路再次崛起和发展。元到明初这段时间,丝绸之路发展到了黄金时期。这一时期的贸易商品主要是各类瓷器。

元朝时期,开辟了海上丝绸之路。我国生产的瓷器经过海运大量的到达西方,中国因此获得了"瓷国"的称号。当年,意大利人马可·波罗正是沿着海上丝绸之路到达中国。公元1453年,奥斯曼土耳其帝国攻占了君士坦丁堡,切断了欧亚大陆之间的陆路交通,传统的丝绸之路开始真正衰败。其间,"海上丝绸之路"的东段还通,后来葡萄牙人从欧洲向南绕过非洲南端好望角,到达印度,把"海上丝绸之路"重新接上。但是,这条路被葡萄牙人垄断,西班牙人只能另辟蹊径。

丝绸之路在不同种族、不同文明之间,架起了文化和经济交流的桥梁。虽然在丝绸之路兴盛的时期,我国的经济、科技以及综合实力都远远超过了西方任何一个国家,但是西方在很多科技与文明方面也有着很辉煌的成就,丝绸之路让东西方的文明有了一个互相交流和认识的途径,为东西方,乃至整个人类社会的发展和进步做出了巨大贡献。

宋、辽、夏、金对峙 300 多年直到元朝统一,拓展了云南驿路、贵州山区道路和黑龙江通往奴尔干的道路等,方便了西南、东北少数民族聚居区的交通往来。至明、清时期,道路里程大大增长,进一步加强了与西南、东北、内蒙古等地区少数民族的联系。清朝时,道路交通已发展到了鼎盛时期,并孕育着近代公路的萌芽。

桥梁是道路交通的重要组成部分。在河流峡谷间架设桥梁,不仅缩短了路程、畅通了运输,而且对促进整个国家或地区的政治、经济和文化的繁荣都起着不可低估的作用。数千年来,中国古代的桥梁建筑取得了卓越的成就,在古代道路交通中桥梁建筑有着极其重要的地位。

劳动人民因地制宜、就地取材,用木、石、砖、竹、铁等建筑材料,建造了类型众多、构造精巧的桥梁。古代黄河两岸,城邑众多,物资运输多依赖畜力车、手推车,故以平坦的石拱桥和石梁桥居多;东南水乡,河流纵横,湖沼棋布,运输以舟船为主,所以遍布着驼峰隆起的石拱桥;西北、西南,峰峦层叠,谷深崖陡,难以砌筑桥墩,因而多用藤、竹、木等材料架设索桥和伸臂梁桥;闽中南、粤东等地,质地坚硬的花岗石遍及山野,历代所建石梁桥比比皆是;云南傣族地区,竹林丰富,多建有独具一格的竹笆桥、竹梁桥、竹吊桥。

中国古代桥梁不仅在艺术造型上有很高的成就,表现出鲜明的民族风格;而且在建桥技术以及施工方法上也有不少独特创造。千古独步的赵州敞肩式石拱桥,较 19 世纪欧洲出现这类桥梁要早 1200 多年。闻名中外的卢沟桥,被马可·波罗认为世界上没有其他桥梁可相媲美。1577 年,葡萄牙人自中国返回后,记述福建闽中石桥数量之多、雕琢之精美为世界少有,赞赏"全世界建筑工人应数中国第一"。中国古代桥梁在由简陋到逐步完善的演进过程中,经历了创始、继承和发展的数千年历史。到明、清时期,建筑各种类型桥梁的技术都有突破和创新,把古桥建筑推到了高峰。

历史上的桥梁主要有两大类:一类是梁桥,一类是拱桥。梁桥历史比拱桥历史悠久,它发端于新石器时代,以后历代都有发展并建造了不少著名的桥梁。到了宋代,我国的梁桥建造进入了一个新的发展时期,建造了一批大型的石梁桥,并把建桥技术提高到一个新的高度。最早建造的大型石梁桥是福建泉州洛阳桥。洛阳桥建在泉州城东 10km 的洛阳江入口处,它始建于宋皇祐五年四月(公元 1053 年 5 月),建成于嘉祐四年十二月(公元 1059 年 1 月),由蔡襄主持建造,如图 1-1 所示。

洛阳桥在建桥技术工艺上有以下四个方面的创新:一是首创形基础;二是应用和发展劈形桥墩;三是利用潮汐的涨落浮运和架设石梁;四是利用牡蛎胶固桥墩。洛阳桥长 834m,桥墩 46 个,整座桥全部用当地产的花岗石建成。在洛阳桥建成的影响下,闽南地区先后建造了数十座大中型石梁桥。其中,有号称"天下无桥长此桥"的安平桥,俗称万里桥,在晋江市安海镇,长达2000多m,是古代最长的石梁桥。

拱桥是桥洞呈半圆形或圆弧形的桥梁。拱桥至迟在汉代就已经出现,汉代的画像砖上就刻有一些拱桥的图形。赵州桥是我国现存最古老的大型石拱桥,如图1-2所示。

图1-1 福建泉州洛阳桥

图1-2 赵州桥

赵州桥全长50多m,宽9m,桥面坦直,结构精巧。桥下有一个跨度37m长的大桥洞,大桥洞的两端各有两个小桥洞。远远望去,好像横在汶河上的一条长虹。赵州桥由隋朝杰出的石匠李春设计,是世界桥梁工程史上"敞肩拱"式桥型的首创,在我国桥梁工程史以至世界桥梁工程史上都有重要意义。这种拱上加拱的桥型,欧洲直到14世纪才出现,比赵州桥要晚700多年。赵州桥经过1400多年冰、雪、风、霜的侵蚀,以及地震、车压人行、洪水冲击的考验,基本上完好保存至今,现在仍旧可以车马通行。这一光辉成就,因其高超的技术水平和不朽的艺术价值而在世界桥梁建筑史上占有重要地位,充分显示了我国劳动人民的智慧和力量。

2. 驿传及其设置

中国古代道路运输包括传递信息和转输物资,通称驿传。始于商、周的有组织的官办驿传,起初仅限于传递军事文牍。后来由于政治、军事和经济文化的发展,举凡运送使客、接待官员、转输军需、运送贡品等,均属于驿传运输范围。西周时,在交通运输的道路上已有馆舍的设置,专供过往诸侯、使臣食宿和换乘马匹。

春秋战国时,驿传运输逐渐发展起来并制度化。不仅出现了邮、传、遽等传递方式与名称,而且还设有主管传递信息的机构与官吏。春秋中叶铁器发明以后,历战国至西汉,出现了"转毂以百数"的商人(《史记·货殖列传》),专门经营商品运输和交易。

周、秦、汉官府所修建的驿路和驰道,主要用于政治和军事,但也适应商贸运输的需要。秦、汉是中国历史上道路运输的大变革时期。在驿传体制上,秦以都城咸阳为中心,在全国各地沿驿道设立亭舍,并制定了邮驿法令。汉代进一步改善了驿传组织,专门从事运输的行业也发展起来。汉武帝时,曾试行"均输""平准"的方法调剂余缺,平衡物价。后来唐、宋王朝采取"和籴""常平"之法,通过运输,平抑物价,互通有无。

隋、唐统一中国以后,全国道路畅通,道路运输日趋繁荣。隋唐时期,京城长安聚居着许多中外巨商,且多以经营丝绸为业。当时,各地所产丝绸,通过租调、贡赋及商贸手段,大量集中于长安,远运于西域。漕粮是隋唐时期的大宗运输物资,通过南北大运河沿岸水陆接运的粮食,年运量达四五百万石。唐与突厥、党项、回纥的沿边互市,以绢易马,开"茶马互市"

的先河。在水陆交通要道上广设驿站,进一步发展了驿传运输。

宋代的驿传制度有较大的改革。宋朝政府为适应军事需要,废除了唐代以民为驿夫的制度,以军卒代百姓为递夫,并置有驿铺,传送军事文报。辽、夏、金政权仿照唐宋制度,在主要交通干线设置驿铺,以资传递。在北宋与辽、夏,南宋与金对峙的相当长时间内,互相间都设置榷场进行贸易,尤以茶马互市交往频繁。通过道路运输,互通有无,促进了各民族间的融合和经济文化的交流。

元代疆土辽阔,驿传运输发达。《经世大典》称:"凡在国土,皆置驿传,星罗棋布,朝令夕至,声闻毕达。"元代驿站除迎送使臣、提供食宿与交通工具外,平时也兼运贡品、行李等少量官物,战时还承担军需给养的运输任务。驿站系统在交通枢纽处还设有车站,专门运输金银、宝货、贡品等贵重急需的物资。驿传运输仿照宋制,除以马递为主体的驿站网外,还有一套以步递为主体的急递铺网,专门传送官方文书。明代的驿传有水马驿、递运所、急递铺三套机构,各司其事。水马驿设于京都以外交通要道,专为递送旅客,飞报军情;递运所是专门运送军需物资和贡品的运输系统;急递铺沿袭元制。但至明代后期,由于官吏玩忽职守,紧急公文改派专差,经由驿站递送,急递铺逐渐失去作用。

清代以后,随着商品经济的发展,驿传运输日益活跃。清代的驿传组织有驿、站、塘、台、所、铺等名称,内地各省设置的称"驿",军报所称"站",关外的驿称"台""塘",运输官物的称"所",专递公文的称"铺"。清末,由于帝国主义入侵,沿海商业城市发展,近代铁路的兴建和汽车的出现,驿传的作用逐渐削弱,至民国二年(公元1913年)1月,北洋政府将驿站全部裁撤。

3. 交通运输工具

古代道路交通的发展史也是运输工具的发展史,科学技术的发展是从制造工具开始的。上古时代,先民们经历了从采集狩猎到原始农牧业的漫长时期。那时,运输全靠手提、头顶、肩扛、背负、橇引。后来通过家畜的饲养,人们又以马、牛来驮运。随着农业、畜牧业和手工业生产的发展,产品不断增多,交换也开始出现,产生了对运输工具的要求,导致了运输工具的出现和发展。先民们在运输农、牧、手工产品以及木、石等建筑材料的过程中,逐步创造出滚木、轮和轴,最后出现了车这种陆地运输工具。原始的车轮没有轮辐,在汉、唐时代著作中称之为"辁"。《左传》记载,曾做过夏王朝"车正"(车辆总管)的奚仲最善于造车。汉代陆贾的《新语》中还说奚仲"桡曲为轮,因直为辕",创造了有辐的车轮。由辁发展到轮,使车辆的行走部件发生了一次大变革,为殷代造车奠定了基础。

商、周时代王室、贵族主要用来作战和狩猎的车,其形制已比较精巧。商、周的车系由车辕、车舆和轮、轭等部分构成,部件名目有几十种之多。现已发现的商、周时期车马坑都是车、马同坑,说明当时车是由马拉的。成书于春秋末期的《考工记》,总结了商、周以来制车的经验,特别指出,"一器而聚工焉者,车为多",说明制车技术比较复杂。秦汉的各种车辆,大多为两轮车,其制造按用途而异,有的适于载人或载货,有的利于速行或轻便舒适,还有灵活适用的独轮车和稳定性强、载质量大的四轮车等。

1980年底,在陕西省临潼县秦始皇陵西侧20m的地方,考古挖掘出两组大型彩绘铜车马,大小相当于真车真马的1/2,再现了秦代宫廷光车骏马的华丽形象。出土文物编号为一号车的是"立车",上有雨伞形的车篷,乘车人可以站在车厢内向外瞭望;二号车系驷马安车,是仿照秦始皇生前历次巡游的乘舆复制而成,如图 1-3 所示。铜车马的发现确证了秦代在车辆构造上的变化和技术成就,其车厢进深增长,舆广增宽,车辕长度增加,体现了古代制车工匠的智慧和技巧,是古代科学成就和制车技术的结晶。

图 1-3　秦始皇陵铜车马

北京大葆台西汉燕王墓出土的陪葬车马与辽宁辽阳市出土的汉墓古车壁画,都说明汉代的单辕车逐渐减少,双辕车逐渐增多。有的车在车轮周围挂上了铁瓦,在车轴两端轴头上镶有铁件,并用植物油润滑,以减小车轮滚动时与车轴的摩擦阻力。四川渠县蒲家湾一座汉代石阙上发现有独轮车的石刻图像,表明在西汉末东汉初独轮车的使用已较普遍。蜀汉的蒲元、廖立等为诸葛亮设计创制的"木牛流马",是适用于崎岖小道的独轮车。三国魏的马钧和南北朝的祖冲之制作的指南车,则体现了中国古代机械制造的高超水平。

隋、唐以后直至清末,运输工具的种类,以动力区分,有畜力车、人力车;从结构形式上区分,有轿车、大车、小车(独轮车)、西式马车(城市采用的四轮马车)、"洋车"、排子车等。运输工具的使用和变化,反映了各个历史阶段社会生产的进步。

李约瑟所著《中国科学技术史》第 4 卷《物理学及相关技术》第 2 分册《机械工程》的译本(鲍国宝等译,科学出版社,1999 年)中有"陆地运输车辆"一节,分别考证了中国古代双轮车、大型车、营地磨和手推车,以及独轮车和扬帆车、计里鼓车、指南车等车辆形式的发明和推广。李约瑟提出,双辕车"一直到罗马帝国的末期以前在欧洲都没有出现过,也就是比在中国晚大约半个世纪""历史学家们普遍地认为独轮车直到 12 世纪后期甚至 12 世纪都没有在欧洲出现",而"大多数欧洲技术史学家们都不知道,这种简单的车辆在中国第一次出现的时间至少早在 3 世纪"。认为独轮车最初应用于 3 世纪,是基于将诸葛亮"木牛流马"解释为独轮车的认识。但是,实际上汉代画像反映独轮车的画面,其年代为西汉时期;又据梁元帝《金楼子》关于"风车"的记述,认为中国早在 6 世纪就发明了陆地扬帆的车,而欧洲同类发明是在"差不多 1000 年以后"。李约瑟指出,"这项来自中国技术的传播""第一次使欧洲人的思想适应于陆地上高速运行的可能性"。他认为应当充分重视"这种真正对快速交通的第一次尝试给予欧洲文化的冲击""中国人的激励""其效果是不可阻挡的"。

中国古代的运输工具在世界文明史上也占有领先地位。商周车辆结构的先进、性能的优越和装饰的豪华为古代世界所罕见。秦汉的辂车和金根车,是当时世界上少有的高级乘车。西汉创制的独轮车,经过 10 个世纪,欧洲才开始采用。约在公元前 4 世纪,中国就创制了有效的马挽具——胸带挽具(缰绳挽具),而欧洲考古学家在公元 7 至公元 10 世纪古墓中才发现有胸带挽具的遗物,还是从中国通过中亚传到欧洲。公元前4世纪至公元前1世纪之间,中国就有了肩套挽具,比欧洲出现这种最有效的挽具要早1000年。古代运输工具的创新,充分显示了中国劳动人民的聪明智慧。

4. 交通运输管理

历代封建王朝为实现和巩固统治的需要,都比较重视发展交通并设置专门机构管理交通运输。

夏商时期,有关筑路的官吏为司空与共工,管理车辆与运输的为车正,管理牧马的为牧正。

周代,交通运输逐渐发展,管理机构也随之加强。天官(冢宰),综理交通运输,下属地官(司空)主管路政,春官(司徒)主管王室驿政,夏官(司马)主管军用车马的征调与牧养,秋官(司寇、司关)主管交通秩序和运输管理,冬官主管车辆制作。

秦代,交通运输在中央由丞相总负其责,太仆主管车马驿政,地方则由郡守县令兼管。战时运输由郡尉、县尉管理。亭是基层行政组织,主要是维护当地治安,但也有关照行旅的任务。

汉代车马路政,多承秦制。西汉时中央掌于太仆,地方由郡县直接管理。东汉时略有不同,交通运输的总管属尚书台,九卿分属三公,卫尉为太尉所属,太尉府的法曹主管驿政;地方则改由州、郡、县三级管理。

魏晋南北朝时期,车马之政,仍袭汉制,掌于太仆。魏晋以来,逐步形成尚书省、门下省和中书省三省共掌中央权力,尚书省主管政务,车马驿政由法曹主管逐渐过渡由兵曹(相当于后世的兵部)或驾部郎管理。地方仍由州、郡、县三级管理。

隋唐宋时期,为适应军事需要,车马驿事之政,改变了汉魏由法曹兼管的体制,中央管理机构是尚书省的兵部,主管部门是兵部尚书管辖的驾部。皇室车马驿事,仍掌于太仆寺,地方上分别由道(路)、州、县管理。

元明清时期,道路交通车马驿政仍属兵部职掌,地方管理机构趋健全。伴随着近代陆路交通的兴起,清光绪三十三年(公元1907年),清朝政府正式设置了邮传部尚书,后改称邮传大臣。邮传部下设船政、路政、电政、邮政四司,统一管理陆上交通和邮政、电信。

仓储设施也是中国古代运输系统的构成内容。在漕运成为支撑专制王朝基本构架的时代,其对于交通的作用更为重要。

二、世界交通发展史简介

陆地是人类的基本栖息地,人们的生产、生活、交互往来、迁移走动都离不开陆地,自古如此。因此可以说,陆路交通的发展与人类本身的发展几乎有着一样久远的历史。在最远古时期,人类除了一根木棍外,没有任何器械可以凭借,双脚行走是当时交通最基本的、也是唯一的手段,肩挑手提、拖抬扛背是当时基本的运输方式。这种纯粹人力的交通时代,持续了相当长的时间,直到车马的出现才有所改观。

有人认为,世界上最早的车大概出现于5500年前,由生活在西亚美索不达米亚平原的苏美尔人发明。车的发明过程,可能始于人们在推拉沉重的石块或其他重物时,无意识地偶然发现石块或其他重物下的圆木棍可以减少推拉重物时所使用的力气。于是,在以后推拉重物时,用一些圆直的木棒排到重物下的地面上,借助木头的滚动,使重物的搬运变得轻松许多。由于有些东西不适宜直接在地上拖拉(如粮食等),人类早期还可能采用过平板(即原始的爬犁之类)拖拉东西。平板的采用可能比圆木棍的使用更早。二者的结合,便是车辆原理的原始应用。再到后来,圆直木棍被固定在平板下转动的轮子所代替,最初的车便发明出来。从直接拖拉,到平板拖拉,再到圆直木棍的使用,再到真正的车的发明,其间的每一次变化,都是人类交通运输史上的大进步。

我国也是世界上最早使用车的国家之一。相传我国造车开始于5000年前的黄帝时代,黄帝将其作为一种战争工具,与蚩尤大战于涿鹿之野。从考古发掘的材料来看,不仅在甲骨文、金文、陶文中已出现有大量的"车"字,还在殷商遗址中发现了一辆四匹马驾的战车遗迹。文字是实物的反映,而从车的出现发展到四匹马驾的战车,则需要相当长的时间。因此,我国在殷代以前就早已有了车。最初发明的车靠人力拖拉,车轮用木头制成,很不坚固,再加上路面也很不平坦,所以车的行驶并不顺利。但不管怎么说,货物的搬运事实上因此方便了许多,效率也成倍地增长。

动物的驯化是人类交通史上的一个里程碑,人类交通从此告别了纯粹人力的时代。最初,人们直接以牛、马等驮物、代步,这可能是畜力的最早应用。后来,畜力逐渐被用来拖拉车辆,牛车、马车便就此出现了。

牛拉车最初由美索不达米亚平原传到腓力斯、古巴比伦、古埃及等地,后逐渐传到希腊等其他地方。在传播的过程中,车有了很大的改进。如车轮就是在传播过程中由圆木板变为部分挖空的辐条式。马车也很早就成了人们的一种重要交通工具,在世界上许多地方使用相当广泛。在两千多年前,中东地区已经有了辐式车轮的快速二轮马车。不过,那时马车多用于战争中的物资运输。

我国的陆路交通也有着颇为悠久的历史。特别是在秦统一中国后,为了更好地实现全国政治、经济和文化的统一,拆毁了战国时期遗留下来的路障、堑壕等,大力发展车马驿道,形成了以咸阳为中心的全国性陆路车马交通网。

中古和近代是畜力车发展的繁荣时期。我国历代皇帝乘坐的车辇以及在战争中使用的战车之类,记载颇多。美国设有驿马站,专供长距离运输之用。欧洲贵族的马车,漂亮而奢华。为了使人们乘坐舒服,还安装了弹簧式悬架和轴承之类。进入19世纪后,汽车、火车制造技术的日益完善及其在交通运输中的普及,终于使曾辉煌一时的马车逐渐黯淡下去。人类从此揭开了现代化"动力交通时代"的序幕。而蒸汽机的发明和改良,则是其前奏。1769年,法国人尼古拉·古诺制造了世界上第一辆蒸汽汽车。

最原始的交通工具是人的双脚;然后人类就驯服一些动物(如马、驴等)作为乘坐工具或乘坐工具的动力(如马车);与此同时,轿子和以风作为动力的帆船也作为一种交通工具与畜力交通工具长期并存。以人力、畜力和风力作为动力的交通工具占据了人类历史的绝大部分时间。直至蒸汽机的出现,交通工具才进入飞速发展阶段,短短数百年,人类不仅能上天(飞机、航天飞机、火箭),而且能入海(潜艇),技术也日新月异。

以不同形式能源为动力的交通工具的发展分为四个阶段,即蒸汽阶段、内燃阶段、电气阶段、自动化阶段。蒸汽阶段为英国工业革命时期,代表性的交通工具为蒸汽火车、蒸汽轮船等,现在已经基本淘汰。柴油机、汽油机等均为内燃机阶段的产物,交通工具体现为汽车、摩托车、拖拉机等,现在大部分机动车辆的动力都是内燃机。蒸汽、内燃阶段的理论基础为能量转化定律。电磁感应定律、电与磁之间的相互转化为电动车的发展奠定了理论基础。电动机、发电机等均为电气阶段的基础设备。站在汽车、摩托车等现有交通工具的肩膀上,电动车得以发明并迅速地商品化,造就了其无与伦比的历史使命。

交通事业的发展促进了城市的发展。英国工业革命对城市化的影响还在于发生了交通运输业革命。在农村人口向城市迁移的过程中,运输业的蓬勃发展,起到了推动作用。铁路、公路、水路把繁华的都市与荒僻的村庄联系起来。在英国,"狭窄的铁路跨过像绿色海洋一样的乡间""把沿途装进他们自己火车里的英国人民""抛进城门口越来越稠密的人群之中"。

1825 年,英国建造了世界上第一条铁路。1836 年,英国修建了 25 条新铁路,总里程达到 1600 多 km,到 1855 年达 12960km,内陆铁路运输网逐渐形成。19 世纪 50 年代,英格兰的大中城市都通了火车,大部分地方离火车站的距离已在 10 英里以内。在运河的开凿方面,自从 1761 年开凿了从沃斯利到曼彻斯特的第一条运河以后,至 1842 年英国已修建了 3960km 的人工运河,曼彻斯特、伯明翰成了著名的运河枢纽。因此,有评价说"在几乎不到 30 年的时间,整个大不列颠的地面上都开了四通八达的航路"。汽车、运河、汽船、公路、铁路等把英国的内陆城市和沿海城市连成一片,大大促进了商品流通和人口流动,同时带动了许多相关的商贸服务业(如建筑业、邮政业、商业服务、金融业等)的发展。

古代,地中海的腓尼基人和濒临地中海的希腊人在造船、航海方面均较领先。11 世纪,中国将指南针用于航海,促进了世界航海技术的发展。哥伦布发现新大陆,麦哲伦的环球航行,都推动了水上运输的进步。公元前 480 年,中国开凿了古老的运河邗沟,至秦朝又为粮运凿通连接长江与珠江两大水系的灵渠,成为水路自身联运的创举。18 世纪下半叶,蒸汽机的发明导致了工业革命,促进了机动船和机车的出现,从此开始了近代运输业。1807 年,美国人富尔顿首次将蒸汽机用于克莱蒙脱号明轮上。1825 年,英国发明家斯蒂芬森制造的蒸汽机车在英国斯托克顿 – 达灵顿铁路上运行成功。19 世纪末到 20 世纪初,汽车、飞机相继问世。1885 年,德国人本茨制成以内燃机为动力的汽车;1903 年,美国人莱特兄弟制成第一架内燃机推动的双翼飞机。20 世纪 50 年代后,管道运输伴随石油和煤炭的大量输送而发展起来。

古代的信息传送主要靠人力进行,用以传达军政命令,设有邮驿。中世纪出现过私营邮递组织。17 世纪后,英、法等国设立专门的邮政,同时为官为民进行通信服务。1840 年,英国人希尔提出发行邮票,采用均一邮资制,是近代邮政的开端。1896 年,中国建立了近代邮政。1837 年,美国人莫尔斯发明的电报机是近代电信的开始;1876 年,贝尔发明了电话;1895 年,意大利人马可尼和俄国人波波夫都发明了无线电报;这些发明都具有划时代的意义。20 世纪 50 年代后,半导体与集成电路出现,形成大规模的现代化通信。

三、我国交通运输发展历史与现状

1. 新中国成立前

旧中国交通运输业十分落后,自 1872 年清政府创建招商局,到新中国成立前的 70 多年,运输发展极为缓慢,装备破旧的畜力车和木帆船等民间运输工具仍被大量使用;运输布局很不合理,广大内地普遍处于十分闭塞的状态。

旧中国的交通运输网布局极不合理,铁路、公路偏集于东部沿海及东北地区,占全国国土面积56%的西南、西北地区,铁路和公路里程长度仅占全国的5.5%和24.3%。福建、贵州、甘肃、青海、宁夏、新疆、西藏等七个地区不通铁路,出行十分不便。1949年,全国8.08万km的公路中,铺有路面的仅占40%,公路密度仅$0.8km/100(km)^2$。

由于传统封建势力的阻挠和对外国侵略势力的警惕排斥,作为新式交通运输工具的铁路和轮船,在中国的出现并非一帆风顺。1895年前,轮船公司只有招商局一家。1876年,外国在中国修建的吴淞铁路被晚清政府购回拆毁;1881年,中国修建的第一条铁路唐胥铁路为减轻顽固派的反对,一开始不得不采用马拉车箱运煤;1880—1881及1883—1887年,晚清朝廷进行了两次大讨论,也未取得修造铁路的共识。1895年甲午中日战争后,作为新式交通运输工具的铁路和轮船被视为救国图强的利器,我国交通运输业才迎来了命运的转折。中国之有铁路始于1876年外国在上海所修的吴淞铁路。从1876年到1948年,中国境内计有铁路干线58条,全长23443.21km;连同各路附设支线,共长24945km。

中东铁路是沙俄为了掠夺和侵略中国、控制远东,而在我国领土上修建的一条"丁"字形铁路。中东铁路是"中国东清铁路"的简称,亦作"东清铁路""东省铁路"。中东铁路于1897年8月开始施工,1903年7月正式通车运营。中东铁路建成后,大量资本注入,商贸发展迅速,30多个国家以铁路为依托设立领事馆和银行,以商贸为中介开埠,满洲里、富拉尔基、扎兰屯、哈尔滨由此发展起来。日俄战争后,南段(长春至大连)为日本所占,称南满铁路。民国后改称"中国东省铁路",简称"中东铁路"。抗日战争胜利之后苏联控制全部中东铁路,全线合称中国长春铁路,简称中长铁路。新中国成立后该铁路移交中国,分为滨洲线、滨绥线、哈大线三条铁路线。

光绪二十二年(公元1896年),清政府特使李鸿章赴俄祝贺沙皇加冕典礼。在沙俄的威逼利诱之下,李鸿章代表清政府签订了丧权辱国的《中俄御敌互相援助条约》(简称《中俄密约》)。之后,清政府又被迫签订了《中俄合办东省铁路公司合同》等一系列不平等条约,从而使沙皇俄国攫取了在中国东北修筑中东铁路等许多特权。同年12月,俄国将铁路定名"满洲铁路",遭到李鸿章的反对。李鸿章坚持"必须名曰'大清东省铁路',若名为'满洲铁路',即须取消允给之应需地亩权"。因此正式定名为大清东省铁路,又称中国东省铁路,简称东清铁路。

中东铁路干线西起由满洲里入境,中间经过海拉尔、扎兰屯、昂昂溪、齐齐哈尔、哈尔滨、一面坡、横道河子、穆棱直至绥芬河出境,横穿当时的黑龙江、吉林两省;支线从哈尔滨向南,经长春、沈阳等,直到旅顺口,纵贯吉林和辽宁两省。中东铁路干线和支线总长2437km,是沙俄帝国联结欧亚两洲的西伯利亚大铁路的一部分。由满洲里经哈尔滨到绥芬河是中东铁路干线,全长1480多km;由哈尔滨经长春到大连是中东铁路支线,全长940多km。中东铁路线路示意图,如图1-4所示。

图1-4 中东铁路线路示意图

中东铁路沿线保留的历史建筑众多,这些建筑物多是俄国人设计,利用中国人工、材料建设,被作为20世纪重要的线性文化遗产加以保护。2006年5月25日,中东铁路海林站旧址6处7栋建筑,被国务院公布为第六批全国重点文物保护单位。2013年,分布于黑龙江、吉林、辽宁、内蒙古自治区的中东铁路建筑被合并进全国重点文物保护单位。

铁路和轮船在中国出现,除体现工业文明时代的生产力外,还是沟通中国内地与外部世界的载体、打破中国各个区域隔绝的利器以及外部世界信息传入的媒介,震撼和冲击着中国古老的生产生活方式。因而它的影响和作用绝非仅仅停留在贸易增加、人口迁移、城市的兴衰更替和交通运输功能的改善上,而是扩散和影响到社会生活的各个层面。可以说,交通运输业的变革和现代化,在国家现代化的进程中居于先锋地位,其重要性和作用仍然有待人们进一步认识。

2. 新中国成立后

新中国成立以来,我国交通运输业的规模、质量、技术装备水平发生了翻天覆地的变化,取得了辉煌的成就。特别是改革开放后,我国交通运输业的发展基本适应国民经济和社会发展的需要。

新中国成立初期迅速修复了被破坏的运输线路,恢复了水陆空运输。从1953年起,开始有计划地进行交通运输建设。根据国家经济建设的布局、对外经济文化交流的扩大和巩固国防的需要,经过近70年的建设,交通运输事业有了很大发展,基本形成了铁路、公路、水运、民用航空和管道五种运输方式共同组成的综合运输网。

3. 我国交通运输业现状

我国各种交通运输方式快速发展,综合交通运输体系不断完善,总体适应经济社会发展要求。高速铁路营业里程、高速公路通车里程、城市轨道交通运营里程、沿海港口万吨级及以上泊位数量均位居世界第一;天然气管网加快发展,交通运输基础设施网络初步形成。铁路、民航客运量年均增长率超过10%,铁路客运动车组列车运量比重达到46%,全球集装箱吞吐量排名前十位的港口我国占7席,快递业务量年均增长50%以上,城际、城市和农村交通服务能力不断增强,现代化综合交通枢纽场站一体化衔接水平不断提升。高速铁路装备制造科技创新取得重大突破,电动汽车、特种船舶、国产大型客机、中低速磁悬浮轨道交通等领域技术研发和应用取得进展,技术装备水平大幅提高,交通重大工程施工技术世界领先,"走出去"步伐不断加快。高速公路电子不停车收费系统(ETC)实现全国联网,新能源运输装备加快推广,交通运输安全应急保障能力进一步提高。铁路管理体制改革顺利实施,大部门管理体制初步建立,交通行政审批改革不断深化,运价改革、投融资改革扎实推进。"十二五"末我国交通基础设施基本情况如表1-1所示。

"十二五"末我国交通基础设施基本情况   表1-1

指 标	单 位	2010年	2015年
铁路营业里程	万km	9.1	12.1
其中:高速铁路	万km	0.51	1.9
铁路复线率	%	41	53
铁路电气化率	%	47	61

续上表

指　标	单　位	2010 年	2015 年
公路通车里程	万 km	400.8	458
其中:国家高速公路	万 km	5.8	8.0
普通国道二级及以上比重	%	60	69.4
乡镇通沥青(水泥)路率	%	96.6	98.6
建制村通沥青(水泥)路率	%	81.7	94.5
内河高等级航道里程	万 km	1.02	1.36
油气管网里程	万 km	7.9	11.2
城市轨道交通运营里程	km	1400	3300
沿海港口万吨级及以上泊位数	个	1774	2207
民用运输机场数	个	175	207

注:国家高速公路里程统计口径为原"7918"国家高速公路网。

1) 基础设施

(1) 铁路。2016 年末,全国铁路营业里程达到 12.4 万 km,其中高铁营业里程超过 2.2 万 km。全国铁路路网密度 129.2km/万 km²。铁路营业里程中,复线里程 6.8 万 km,电气化里程 8.0 万 km。2011—2016 年全国铁路营业里程如图 1-5 所示。

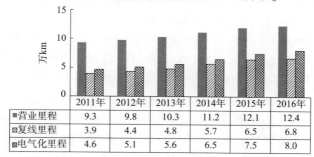

图 1-5　2011—2016 年全国铁路营业里程

(2) 公路。2016 年末,全国公路总里程 469.63 万 km,公路密度 48.92km/100(km)²。公路养护里程 459.00 万 km,占公路总里程 97.7%。2011—2016 年全国公路总里程及公路密度如图 1-6 所示。

图 1-6　2011—2016 年全国公路总里程及公路密度

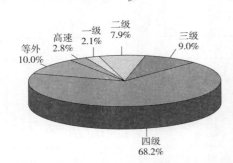

图1-7 2016年全国公路里程分技术等级构成

2016年末,全国四级及以上等级公路里程422.65万km,占公路总里程90.0%。二级及以上等级公路里程60.12万km,占公路总里程12.8%。高速公路里程13.10万km,高速公路车道里程57.95万km,国家高速公路9.92万km。2016年全国公路里程分技术等级构成如图1-7所示。

2016年末,国道35.48万km,省道31.33万km。农村公路里程395.98万km,其中县道56.21万km,乡道114.72万km,村道225.05万km。全国通公路的乡(镇)占全国乡(镇)总数99.99%,通公路的建制村占全国建制村总数99.94%。全国公路桥梁80.53万座,总长4916.97万m,其中特大桥梁4257座、753.54万m,大桥86178座、2251.50万m。全国公路隧道为15181处,总长1403.97万m,其中特长隧道815处、362.27万m,长隧道3520处、604.55万m。

(3)水路。2016年末,全国内河航道通航里程12.71万km,等级航道6.64万km,占总里程52.3%。其中三级及以上航道1.21万km,占总里程9.5%。各等级内河航道通航里程分别为:一级航道1342km,二级航道3681km,三级航道7054km,四级航道10862km,五级航道7485km,六级航道18150km,七级航道17835km。等外航道6.07万km。各水系内河航道通航里程分别为:长江水系64883km,珠江水系16450km,黄河水系3533km,黑龙江水系8211km,京杭运河1438km,闽江水系1973km,淮河水系17507km。

2016年末,全国港口拥有生产用码头泊位30388个,其中沿海港口生产用码头泊位5887个,内河港口生产用码头泊位24501个。全国港口拥有万吨级及以上泊位2317个,其中沿海港口万吨级及以上泊位1894个,内河港口万吨级及以上泊位423个。全国万吨级及以上泊位中,专业化泊位1223个,通用散货泊位506个,通用件杂货泊位381个。

(4)民航。2016年末,共有颁证民用航空机场218个,比2015年增加8个;其中定期航班通航机场216个,定期航班通航城市214个。年旅客吞吐量达到100万人次以上的通航机场有77个,年旅客吞吐量达到1000万人次以上的有28个,年货邮吞吐量达到10000吨以上的有50个。

(5)公路交通流量。全国国道观测里程12.88万km,机动车年平均日交通量为16090辆,年平均日行驶量为207141万车公里。其中,国家高速公路年平均日交通量为24468辆,年平均日行驶量为109261万车公里;普通国道年平均日交通量为11637辆,年平均日行驶量为97872万车公里。

(6)水路交通流量。长江干线航道设有27个水上交通流量观测断面,年平均日船舶流量662.6艘,其中上游航道年平均日船舶流量213.6艘,中游航道年平均日船舶流量290.8艘,下游航道年平均日船舶流量874.2艘。

2)运输装备

(1)铁路运输装备。2016年末,全国拥有铁路机车2.1万辆,其中内燃机车占41.8%,电力机车占58.1%;拥有铁路客车7.1万辆,其中动车组2586标准组、20688辆;拥有铁路货车76.4万辆。

(2)公路运输装备。2016年末,全国拥有公路营运汽车1435.77万辆,有载客汽车84.00万辆,2140.26万客位。其中大型客车30.57万辆,1332.57万客位。2011—2016年全国载客汽车拥有量如图1-8所示。

图1-8 2011—2016年全国载客汽车拥有量

拥有载货汽车1351.77万辆,10826.78万吨位。其中,普通货车946.03万辆,4843.83万吨位;专用货车47.56万辆,527.63万吨位。2011—2016年全国载货汽车拥有量如图1-9所示。

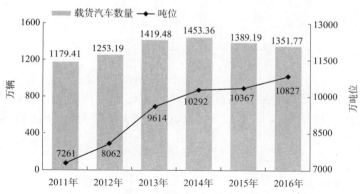

图1-9 2011—2016年全国载货汽车拥有量

(3)水路运输装备。2016年末,全国拥有水上运输船舶16.01万艘,净载质量26622.71万t;载客量100.21万客位;集装箱箱位191.04万标准箱。

(4)城市客运装备。2016年末,全国拥有公共汽电车60.86万辆,比2015年增长8.3%,其中BRT(快速公交系统)车辆7689辆,增长24.8%。按车辆燃料类型分,柴油车占37.2%,天然气车占30.5%,汽油车占1.4%,混合动力车占11.5%,纯电动车占15.6%。全国有30个城市开通了轨道交通,2016年新开通4个。拥有轨道交通车站2468个,运营车辆23791辆。拥有巡游出租车140.40万辆,增长0.8%。拥有城市客运轮渡282艘,减少9.0%。

3)运输服务

2016年,全社会完成营业性客运量190.02亿人,旅客周转量31239.87亿人公里;2011—2016年全社会客运量如图1-10所示,2011—2016年全社会旅客周转量如图1-11所示。

图 1-10　2011—2016 年全社会客运量

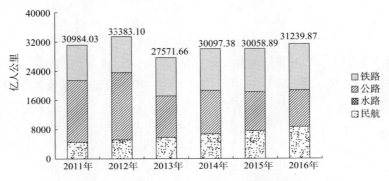

图 1-11　2011—2016 年全社会旅客周转量

2016 年,全社会完成营业性货运量 431.34 亿 t,货物周转量 182432.29 亿吨公里;2011—2016 年全社会货运量如图 1-12 所示,2011—2016 年全社会货物周转量如图 1-13 所示。

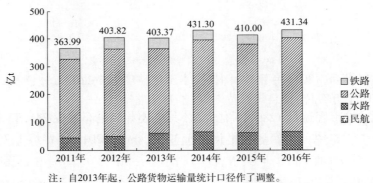

注:自2013年起,公路货物运输量统计口径作了调整。

图 1-12　2011—2016 年全社会货运量

(1)铁路。2016 年完成旅客发送量 28.14 亿人,旅客周转量 12579.29 亿人公里。其中国家铁路旅客发送量 27.73 亿人,旅客周转量 12527.88 亿人公里。全国铁路完成货运总发送量 33.32 亿 t,货运总周转量 23792.26 亿吨公里。其中国家铁路完成货运总发送量 26.52 亿 t,货运总周转量 21273.21 亿吨公里。

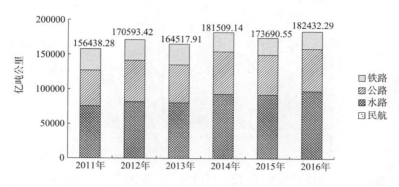

图 1-13 2011—2016 年全社会货物周转量

（2）公路。2016 年完成营业性客运量 154.28 亿人，比 2015 年下降 4.7%，旅客周转量 10228.71 亿人公里，下降 4.8%。完成货运量 334.13 亿 t，增长 6.1%，货物周转量 61080.10 亿吨公里，增长 5.4%。全国开通客运线路的乡镇比例为 99.02%，开通客运线路的建制村比例为 95.37%，建制村通车率比 2015 年提高 1.09 个百分点。

（3）水路。2016 年完成客运量 2.72 亿人，旅客周转量 72.33 亿人公里。完成货运量 63.82 亿 t，货物周转量 97338.80 亿吨公里。其中，内河运输完成货运量 35.72 亿 t、货物周转量 14091.68 亿吨公里；沿海运输完成货运量 20.13 亿 t、货物周转量 25172.51 亿吨公里；远洋运输完成货运量 7.98 亿 t、货物周转量 58074.62 亿吨公里。

（4）民航。2016 年完成旅客运输量 4.88 亿人次，旅客周转量 8359.54 亿人公里。其中，国内航线完成旅客运输量 4.36 亿人次；港澳台航线完成旅客运输量 983.3 万人次；国际航线完成旅客运输量 5162.0 万人次。完成货邮运输量 666.9 万 t，货邮周转量 221.13 亿吨公里。民航运输机场完成旅客吞吐量 10.16 亿人次，完成货邮吞吐量 1510.4 万 t。

（5）城市客运。2016 年拥有公共汽电车运营线路 52789 条，比 2015 年增加 3884 条；运营线路总长度 98.12 万 km，增加 8.69 万 km。其中，公交专用车道 9777.8km，增加 1208.7km；BRT 线路长度 3433.5km，增加 352.3km。轨道交通运营线路 124 条，增加 19 条，运营线路总长度 3727.5km，增加 532.1km。其中，地铁线路 103 条、3269.7km，轻轨线路 9 条、298.8km。城市客运轮渡运营航线 112 条，减少 11 条，运营航线总长度 505.0km，减少 63.9km。

2016 年完成城市客运量 1285.15 亿人次，其中公共汽电车完成 745.35 亿人次，BRT 客运量 17.65 亿人次；公共汽电车运营里程 358.32 亿 km，比 2015 年增长 1.7%；轨道交通完成 161.51 亿人次，运营里程 4.33 亿列公里，增长 15.7%；巡游出租车完成 377.35 亿人，下降 4.9%，运营里程 1552.50 亿 km，下降 3.1%；客运轮渡完成 0.94 亿人，下降 7.2%。2011—2016 年全国城市客运量如图 1-14 所示。

4）能源消耗

2016 年国家铁路能源消耗折算标准煤 1591.60 万 t，比 2015 年增长 0.9%。单位运输工作量综合能耗 4.71t 标准煤/百万换算吨公里，与 2015 年持平。国家铁路主要污染物排放量中化学需氧量排放量 1965t，降低 2.0%，二氧化硫排放量 23924t，降低 13.9%。

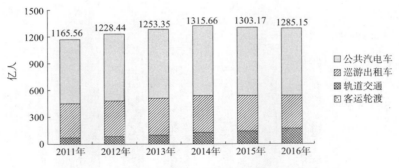

图1-14 2011—2016年全国城市客运量

2016年共监测公路水路运输企业125家。监测的城市公交企业每万人次单耗1.6t标准煤,比2015年增长5.9%,百车公里单耗48.5kg标准煤,下降0.9%;公路班线客运企业每千人公里单耗14.5kg标准煤,增长9.6%,百车公里单耗29.7kg标准煤,下降1.5%;公路专业货运企业每百吨公里单耗1.8kg标准煤,下降4.0%;远洋和沿海货运企业每千吨海里单耗5.0kg标准煤,下降4.9%;港口企业每万吨单耗2.5t标准煤,下降3.0%。

第三节 交通运输生产活动意义及作用

一、交通运输生产活动的意义

交通运输是经济发展的基本需要和先决条件,现代社会的生存基础和文明标志,社会经济的基础设施和重要纽带,现代工业的先驱和国民经济的先行部门,资源配置和宏观调控的重要工具,国土开发、城市和经济布局形成的重要因素;它对促进社会分工、大工业发展和规模经济的形成,巩固国家统一和加强国防建设,扩大国际经贸合作和人员往来发挥重要作用。总之,交通运输具有重要的经济、社会、政治和国防意义。

运输是人类社会的基本活动之一,是每个人生活中的重要组成部分。同时,也是现代社会经济活动中不可缺少的重要内容。人类社会由散乱走向有序,由落后迈向文明,交通运输发挥了不可估量的重要作用。作为一个行业和领域,交通运输不能有片刻的停歇,更不能出现丝毫的问题,否则社会将陷于瘫痪。今天,大到一个国家,小到每一个人都已与运输紧紧相连、密不可分。运输已经渗透到人类社会生活的方方面面,并且成为最受关注的社会经济活动。

当把眼光投向历史时,就会惊奇地发现,人类社会发展过程中的每一个重要进程或重要事件几乎都与运输有关。古埃及的强大与尼罗河息息相关,是尼罗河把整个埃及连在一起,为它在商品运输、信息交流、文化传播方面提供了极大方便。世界奇观金字塔的修建离开了运输是不可想象的。中国古老灿烂的文化与黄河、长江密切相连,水上运输为黄河、长江两岸的经济发展和文化传播奠定了最重要的物质基础。丝绸之路是古老的中国走向世界的一条漫漫长路,作为一条重要的纽带,它传播了不同国家和地区的商品及文化,加强了它们之间的沟通、交流与发展。然而"路漫漫其修远兮",虽然这条"路"促进了中国与世界文化的交流,促进了经济发展,却也映衬了原始运输方式的艰辛与落后。

机动化运输业的出现对经济发展和社会进步产生了巨大的影响。汽轮船的采用提高了海上运输速度、能力与平均运输距离；铁路及公路的使用与发展，使得人类在陆路上克服空间障碍的能力大大提高；航空运输的发展使交通运输在速度方面有了质的飞跃。"地球村"是人们对当今世界的另一种称谓，使广阔无比的地球变为"村落"的，恰恰是发达的现代交通运输体系。

现代交通运输的意义与作用往往超出人们对它的认识和理解。因为现代发达的交通运输体系已经成为社会经济正常运转的重要物质基础，在正常情况下人们很难充分认识它的存在与重要作用，除非这个系统中某一部分出了问题。

二、交通运输生产活动的作用

交通运输生产活动的作用主要体现在以下几个方面。

(1) 有利于开拓市场。商品交易市场一般形成在人口相对密集、交通比较便利的地方。在依靠人力和畜力运输的年代，市场位置的确定在很大程度上受人和货物可达性的影响。交通便利即人和货物比较容易到达的地方被视为较好的商品交换场所，并逐渐变成一个相对固定的市场。当市场交易达到一定规模后，人们又会对相关的运输条件进行改进，以适应和满足市场规模不断扩大的需求。技术的发展促使运输方式不断改进，运输效率逐步提高，运输费用也随之降低，市场的吸引范围扩大。因此，运输系统的改善既扩大了市场区域范围，也增加了市场的交易规模，为大规模商品销售提供前提。

运输在开拓市场过程中不仅能创造出明显的"空间效用"，同时也具有明显的"时间效用"，运输的时间效用与空间效用密切相关。市场上对某种商品的需要往往具有很强的时限性，超过了时限，商品的需求量就会大大减少甚至完全消失。一种商品如果因为时间关系失去了市场需求，这种商品就不再具有价值，或者其价值将大打折扣。高效率的运输能够保证商品在市场需要的时间内运到，从而创造出一种"时间效用"。与运输的空间效用一样，运输的时间效用同样可以开拓市场。按照拉德纳定律，当运输速度提高一倍时，潜在的市场范围可以扩大3倍。

(2) 有利于市场竞争并降低价格。运输费用是所有商品市场价格的重要组成部分，商品市场价格的高低在很大程度上取决于运输费用。运输系统的改进和运输效率的提高，有利于降低运输费用，从而降低商品价格。运输费用的降低可以使更多的产品生产者进入市场参与竞争，也可以使消费者得到竞争带来的好处。如果没有运输，离市场近的厂商就可以影响甚至垄断市场，以至于可以决定商品的市场价格。而高效的运输系统和廉价的运输费用可以扩大市场销售范围，使离市场更远的厂商进入市场并参与竞争。这样，商品的市场价格将通过公平竞争和市场机制决定。实际上，由于劳动分工和地区专业化的作用，商品的市场价格很可能是由远方供应者决定的，因为生产成本最低。正是由于运输系统的存在推动并鼓励了市场竞争，也降低了商品价格。

(3) 有利于地域分工和市场专业化。运输有利于生产劳动的地域分工，一个较为简单的情形是两地各生产某种产品，其中一地的某一产品生产成本较低，因此价格低廉；而另一地生产另一产品的耗费也相对较低且能以同样较低的价格出售。在这种情况下，两个地区都最适宜生产成本较低的产品。但如果两地间的运输费用非常高，以至于抵消了专门从事该种产品的生产和交换所能得到的利益,那么两地间的交换就不会发生。结果是两地都必须拿出一部分土地、劳动力和资金来投入对方生产成本较低的那种产品的生产。这时,运输就成了地域劳动分工和贸易的障碍。然而,当两地间存在高效、廉价的运输系统后,障碍就会被解除。根据比较利益原则,运输能够促进生产劳动的地域分工。在劳动地域分工出现后,市场专业化的趋势也会逐渐显露,使某地区的市场在销售上会更加集中于某类或某几类产品。市场专业化将减少买卖双方在收集信息、管理等方面的成本支出,减少市场交易费用。

另外,交通运输是国民经济的重点战略产业,是国民经济的重要基础设施,是制约经济与社会发展的一个重要因素。交通运输业要先行,才能保持国民经济的持续、稳定、协调发展。交通运输业是国民经济结构中的基础产业,其主要作用表现为以下四个方面。

(1)经济效益作用。交通运输中的五种运输方式,可根据市场商品需求调节各自的运输生产以及服务范畴和规模,并创造出十分可观的经济价值。

(2)社会公益作用。现代化的交通运输业,与社会经济发展和民生休戚相关。遇到非常时期,如地震、洪水、大火、海啸等,交通运输成为抢救危亡、恢复正常秩序的关键环节之一,社会公益作用会显示得更为突出。

(3)宏观调控作用。促进地区经济合理布局、协调发展,除了中心城市的作用外,要以交通要道为依托,充分发挥公路、水运、空运、管道等多种运输方式的优势。依靠若干条通过能力强的运输大通道,引导形成若干跨地区的经济区域和重点产业。交通运输对优化生产力布局、优化资源配置、减少重复浪费起很大的促进作用。

(4)国防安全意义。运输是国防的后备力量,战时又是必要的军事手段。运输业关系到国家安危,绝非用经济尺度所能衡量。

三、交通运输的主要特点

交通运输业指在国民经济中,专门从事运载货物以及承载旅客的社会生产、服务部门,包括公路、铁路、水运、空运等运输部门。交通运输业的发展在很大程度上决定了我国国民经济的发展,在国民经济中占有非常重要的地位。

(1)交通运输具有为产品生产及消费者提供运输服务的性质,交通运输业属于第三产业。

(2)交通运输的价值是在旅客、货物的位移过程中实现的。

(3)交通运输不仅为生产及消费提供直接服务而获得经济效益,同时也具有社会效益。

第四节　大学的教学与学习特点

一、大学教学特点

大学教育的性质、社会职能、人才培养目标和教育对象的身心发展等与基础教育不同,在师生之间的关系、学生实现学习与发展的途径和手段等方面比基础教育复杂得多。因此,大学教学呈现出明显的专业性、阶段性、创造性、开放性和能动性等特点。

(1)专业性。大学教育是建立在基础教育之上的专业教育。大学培养的是各个学科、专业领域的专业人才,教育性质决定了教学必然具有显著的专业性。专业性指教学是以传授、学习专业基本理论、基本知识和基本技能为主要任务。全部教学活动,包括教学计划和教学大纲的制定,教学组织形式、方法与手段的采用等,都围绕着专业要求进行。也就是说,大学教学实际上是为学生将来适应某个专业要求构造一个知识、能力结构框架。

(2)阶段性。大学教学要为学生构建合理的知识和能力结构,较之单纯学习科学文化知识要复杂得多,教学内容既深又广,需要由浅入深,循序渐进。因此,大学教学呈现明显的阶段性。以四年制工科专业为例,教学计划中所构建的课程体系和学习过程一般分为四个阶段。

第一阶段:公共基础课学习阶段。一般为第一至第三学期,主要学习思想品德课、马克思主义理论课和外语、体育、高等数学、计算机应用基础以及人文社科类公选课。设置此类课程的目的是为学生打好德、智、体全面发展的基础,并为掌握专业知识和实践能力打下深厚的理论和方法基础。没有深厚的基础知识,专业知识只能是空中楼阁,学好基础知识对于大学生来讲至关重要。

第二阶段:专业基础课学习阶段。一般为第四、第五学期,主要学习专业学科基础课程。

第三阶段:专业课学习阶段。一般为第六、第七学期,主要学习专业所特有的理论知识,是对将来从事本专业工作进行最直接、最实用的知识传授和能力培养。专业课是课堂教学环节的最后阶段,除必修课外,选修课程较多,通过这些课程学习,每个学生都要构建出适合自己特点的知识和能力结构,因此这一阶段是发展个性的关键阶段。

第四阶段:毕业实习和毕业设计(论文)阶段。一般为第八学期,是非课堂教学,即实践教学的主要环节。在此阶段,学生要运用前七个学期所掌握的知识和培养的能力尝试分析和解决实际问题。在教师指导下,对从实际调查了解到或文献资料中收集到的材料进行加工、分析,提出问题并加以论述或论证,提出解决问题的办法或方案。

以上各个阶段只是大致划分,不是截然分开的,课程之间也有交叉,各阶段联系紧密。

(3)创造性。大学教学的创造性特点,是由大学的教育目标所决定的。知识经济时代,要求大学培养创新人才。创新人才是掌握现代最先进的文化科学技术,能够创造性地运用所学知识和技能,为发展社会生产力,做出创造性贡献的专门人才。大学教学必须把培养学生的创造能力放在重要地位,因此大学教学强调教学与科研相结合。在传授知识的同时,注重学生能力的培养。教育学生树立创新意识,培养学生的创造能力;大学教学的创造性特点也是适应大学生身心发展的必然要求。

学习分为模仿性学习、接收性学习和创造性学习三个层次。大学生的心理、生理发展日趋成熟,正处于旺盛期,为由模仿性学习、接收性学习过渡到创造性学习奠定了基础;另一方面,在大学所学的专业性知识以及宽厚的综合性知识又为大学生过渡到创造性学习提供了必要条件。

(4)开放性。开放性指大学教学不拘于传统的、固定的或单一封闭的模式。首先教学面向经济建设,面向社会实际,实行产、学、研三结合培养人才。其次,大学教学冲破了学科、专业、课堂和书本的局限,呈现出高度的灵活性、多样性。例如,实行学分制、弹性学制。除了教师传授外,大量的知识要靠学生自学,还要参加科研训练和社会实践活动,以提高实践能力及综合素质。此外,学校、院系还组织各种专题报告和讲座,以扩展创新视野。

（5）能动性。能动性是指在教与学的关系上，学生相对要具有更大的能动作用。教师是主导，学生是主体。主要表现在：

①大学教学的目的之一就是通过各种教学形式和方法，为大学生将来从事社会实际工作做好准备。因此，教学的每个阶段、每个环节都有目的地训练和培养学生的独立学习能力和独立工作能力。

②大学的学习中学生自己支配的时间多，学习的途径多，学习的内容选择性大，学生思考问题也更有深度。大学生要适应这些变化并且能在学习中充分发挥自己的聪明才智和个性特长，必须善于安排自己的学习计划，具有驾驭学习的能力，把握学习的主动权，发挥学习的自主性。

③大学生处于智力发展的黄金期，他们的独立个性和心理品质逐步成熟，情绪的稳定性、学习的持久性、自信心和自我调控能力等都有了较高的发展水平，辩证逻辑思维发展也已达到较高水平，大多已形成具有独立个性的学习风格，在学习中乐于独立自主地对待和处理问题。

上述特点之间不是孤立存在的，而是相互联系，相互制约，又相互促进的。其中专业性是最基本的，是其他特点的前提；创造性是核心，它支配全部教学；能动性贯穿于教学始终，是关键；阶段性和开放性是实现教学目的措施和途径。了解和把握大学教学的特点，将有助于学生做学习的主人，顺利完成大学的学习任务，实现大学学习目标。

二、大学学习特点

大学教育具有明显的职业定向性，要求大学生除了扎扎实实掌握书本知识之外，还要培养研究和解决问题的能力。因此，要特别注意自学能力的培养，学会独立地支配学习时间，自觉、主动、生动活泼地学习。还要注意培养思维能力、创造能力、组织管理能力、表达能力，为将来适应社会工作打下良好的基础。

（1）自主性。在大学阶段，学习虽然也有一定的强制性，但较中小学要少得多。首先，大多数大学生所学的专业是自愿选择的，是他们所感兴趣的。其次，大学生除了要学习基础知识外，还要掌握各种专业知识，成为某学科的专门人才，这就要求大学生必须善于自觉、主动地学习。同时，大学生根据自己的兴趣和爱好，选择某些选修课，独立地阅读各种文献资料，制定学习计划，采用适合自己的有效的学习方法，体现出较大的自主性。

（2）方向性。大学学习的方向性十分明显，大学生的学习实际上是专业学习。从入学开始就有了职业定向；经过几年的学习，大学生逐步成为基础知识扎实、专业知识结构合理、能力强、创造性高、品行高尚的德智体全面发展的专门人才。

（3）多样性。大学生的学习形式多种多样。在大学学习期间，虽然课堂教学还是主要形式，但大学生可以依靠多种渠道来获得知识；同时，大学的实践性教学活动占有很大的比重。因而要通过自学、讨论、听学术讲座、参加第二课堂等活动来获取知识，加强实验、实习、社会实践和科研等实践性的环节，这些都是大学生增长知识和才干的重要途径。

（4）探索性。大学生的学习具有明显的探索和研究的性质。大学的教学内容由确定结论的论述，逐步转向介绍不同理论观点和最新学术发展动向。由于知识更新速度加快，要求大学生的学习观念从正确再现教学内容向汇集百家之长、形成个人见解的方向转变。大学生从在教师指导下完成作业,到独立完成毕业论文或毕业设计,都带有明显的探索性。

三、大学学习方法

大学生活的重要特点表现在:生活上要自理,管理上要自治,思想上要自我教育,学习上要高度自觉。尤其是在学习的内容、方法和要求上,比起中学的学习发生了很大的变化。要想真正学到知识和本领,除了继续发扬勤奋刻苦的学习精神外,还要适应大学的教学规律,掌握大学的学习特点,选择适合自己的学习方法。大学的学习既要掌握比较深厚的基础理论和专业知识,还要重视各种能力的培养。

大学与中学在学习上有不同,其中最主要的是学习内容、学习方法上发生了很大的变化,具体来说,有下面几方面的变化。

(1)学习内容多。与高中阶段一般只学习10门左右的课程相比,大学四年需要学习的课程在40门以上,每一个学期学习的课程都不相同,学习内容多、学习任务重。

(2)自习时间多。与高中阶段每天都是排得满满的课程相比,大学里不仅课堂讲授相对减少,而且每天有很多时间都不安排课,所以自学时间大量增加。同时,大学为学生学习提供了较好的环境,有设备较先进的实验(训)室,有丰富多彩的课外实践或科研活动。

(3)教师管得少。在中学时期,一切听从老师的安排。在大学,则是提倡自主学习,课外时间要自己安排,逐渐地从"要我学"向"我要学"转变;提倡主动地学习,独立思考,勤于思考。

(4)授课进度快。在中学时期,教师上课讲得慢。在大学课堂里,一是教师讲课介绍思路多,详细讲解少,主要讲授重点、难点内容;而且许多教师都使用多媒体授课,授课手段多样化,授课进度比较快。二是抽象理论多,直观内容少。三是课堂讨论多,课外答疑少。四是参考书目多,课外习题少。

(5)学习地点多。中学时期,有固定的教室、固定的座位。大学里,一般每个班没有固定的独享教室;第1、2节课的教室与第3、4节课的教室也经常不同,与自己一起上课的常常有不同专业、班级的同学,上自习也要自己找教室、找位置。

如何学好各门课程,应注意以下几个学习环节。

(1)预习。即学生预先自学将要听讲的课程,教师讲课要备课,学生上课也要备学。预习在学习知识的整个过程中有着不可低估的作用,是学习知识的一个重要环节。大学需要学习的课程多、内容多,而授课的速度又比较快,更要求做好预习。要把预习作为十分重要且不可或缺的环节来对待,坚持不懈地做好课程内容的预习。很多同学说听不懂、听不明白,与课前没有预习有很大的关系。

(2)听课。听课是学习的主要方式,也是十分重要的环节。所以,听好课对学好课非常重要。要听好课并且收到最好的效果,首先是要做好上课前的准备工作;其次,是上课时听好课。要当课堂的主人,就要积极参与课堂内的全部学习活动,不当旁观者。具体说,就是要积极思考老师提出的每一个问题;认真观察老师的每一个演示实验;大胆举手发表自己的看法,认真参加讨论;认真做好课堂笔记,抓住知识要点,如重要的概念、论点、论据、结论,以及老师所讲内容的关键词语等。

(3)复习、作业及考试。复习是巩固和强化所学知识必不可少的手段,是学习过程中至关重要的环节。它不单是机械地重复，而更应包含着对知识的进一步理解和运用。复习一般分为课后复习和课程学完后的总复习两种。复习一般是先将所学的内容重新看一遍，过程要仔细，要将上课时未听明白、未能理解的部分搞明白、弄清楚，特别是一些重要结论和定义等，可以借助资料和参考书；找出重点和难点，做出标记，也可写出自己对其的理解；归纳、概括出所学课程的主要内容或要点，将其写在笔记本或书本上。要认真整理课堂笔记，对照课本和参考书，进行归纳和补充，并把多余的部分删掉，经过反复思考写出自己的心得和摘要。每过一个月或一个阶段要进行一次总结，将所学知识融会贯通，温故而知新，形成自己的思路，把握所学知识的来龙去脉，使所学知识更加完整系统。

完成作业或课本上的练习题，也是一种很好的复习形式；认真、独立完成作业或课本上的练习题，不仅可以检验对所学内容的理解掌握程度，也可以检验运用所学知识的能力。当然，测验和考试也是复习的一种重要形式。做作业是巩固消化知识，考试是检验对所学知识掌握的程度，都起到了及时找出薄弱环节，并加以弥补的作用。做作业要举一反三，触类旁通，要养成好习惯，对考试要有正确态度，不作弊，不单纯追求高分，要把考试作为检验自己学习效果和培养独立解决问题能力的演练。

（4）实验与实习。在实验或实习中，通过实际操作训练能提高学生的动手能力，将专业知识转化为专业技能。这个转化过程是对所学知识的有效复习。因此，必须十分重视并认真参加实训。

针对大学的教学和学习特点，在学习过程中应掌握以下要点。

（1）坚持积极主动的进行学习。自学能力的培养，是适应大学学习自主性特点的一个重要方面，每个学生都要养成自学的习惯。当今知识更新越来越快，三年左右的时间人类的知识量就会加倍，大学毕业时还不会自学或没有自学的本领是不行的。因此，培养和提高自学能力，是大学生必须完成的一项重要任务，也是进行终身学习的基本条件。在学习方法的选择上，大学生更应发挥自主性。

一般来说大学生学习活动的主要形式有四种：按教育大纲规定的课堂学习活动；补充课堂学习的自学活动；独立钻研的创造性活动；相互讨论、相互启发的学习活动。在各种学习形式中，都要发挥学习的自主性，可根据自身情况选择最有效的学习方法。大学的学习，不再是死记硬背课程内容，而是按照自己的学习目标和专业要求，选择、吸收有用的知识。在方法上要自主选择，靠自己去理解和消化所学的知识。

（2）注重全面发展和能力提高。我国的教育方针对是培养德、智、体全面发展的社会主义建设者和接班人。德、识、才、学、体的全面发展是一个统一的有机体，各个方面对人才的成长互相促进、相互制约，缺一不可。能力的培养是现代社会对大学教育提出的一个重大任务。获取知识和培养能力是人才成长的两个基本方面，它们的关系是相辅相成对立统一的。广博的知识积累，是培养和发挥能力的基础，而良好的能力又可以促进知识的掌握。人才的根本标志不在于积累了多少知识，而是看其是否具有利用知识进行创造的能力。创造能力体现了识、才、学等智能结构中诸要素的综合运用，大学生要想学有所成，将来在工作中有所发明、有所创造，对人类社会的进步有所贡献，就必须注意各种能力的培养。

（3）应掌握正确的学习方法。钱伟长曾对大学生说过："一个青年人不但要用功学习，而且要有好的科学的学习方法。"要勤于思考，多想问题，不要靠死记硬背。学习方法对头，往往能收到事半功倍的成效。在大学学习中要把握住的几个主要环节是：预习、听课、复习、总结、记笔记、做作业、考试等，这些环节把握好了，就能为进一步获取知识打下良好的基础。在学习中抓住这几个基本环节，进行思考；在理解的基础上进行记忆，及时消化和吸收。经过不断思考，不断消化，不断加深理解，这样才能得到扎实的知识和具体运用的能力。

大学学习除了把握好以上主要环节之外，还要有目的地研究学习规律，选择适合自己特点的学习方法，提高获取知识的能力。

(1) 制订学习规划和计划。大学学习单凭勤奋和刻苦精神是远远不够的，只有掌握了学习规律，相应地制定出学习的规划和计划，才能有计划地逐步完成预定的学习目标。

首先，根据学校的教学大纲，从个人的实际出发制定出基本规划。如设想在大学自己要达到的目标，达到什么样的知识结构，学完哪些科目，培养哪几种能力等。大学新生制定整体计划是困难的，最好请教本专业的教师和求教高年级同学。先制定好一年级的整体计划，经过一年的实践，待熟悉了大学的特点之后，再完善四年的整体规划。其次，制定阶段性具体计划。如一个学期、一个月或一周的安排，这种计划是根据入学后自己的学习情况、适应程度，主要是学习的重点、学习时间的分配、学习方法如何调整、选择和使用什么教科书和参考书等。这种计划要遵照符合实际、切实可行、不断总结、适当调整的原则。

(2) 讲究读书方法和艺术。大学学习不仅是完成课堂教学的任务，更重要的是如何发挥自学的能力，在有限的时间内充实自己，选择与学业及自己兴趣有关的书籍来读是最好的办法。

在浩如烟海的书籍中，选取自己必读之书，就需要有读书的艺术。首先是确定读什么书，其次对确定要读的书进行分类。一般来讲可分为三类，第一类是浏览，第二类是通读，第三类是精读。正如培根所说："有些书可供一赏，有些书可以吞下，不多的几部书应当咀嚼消化。"浏览可粗，通读要快，精读要精。这样就能在较短的时间里读很多书，既能广泛地了解最新科学文化信息，又能深入研究重要理论知识，这是一种较好的读书方法。读书时还要做到如下两点：一是读思结合，读书要深入思考，不能浮光掠影，不求甚解；二是读书不唯书，不读死书，这样才能学到真知。

(3) 完善知识结构与注重能力培养。所谓合理的知识结构，就是既有精深的专门知识，又有广博的知识面，具有事业发展实际需要的最合理、最优化的知识体系。大学生建立知识结构，一定要防止知识面过窄的倾向。当然，建立合理的知识结构是一个复杂长期的过程，必须注意如下原则：整体性原则，即专博相济，一专多通，广采百家为我所用；层次性原则，即合理知识结构的建立，必须从低到高。正如爱因斯坦所说："高等教育必须重视培养学生具备会思考、探索问题的本领。人们解决世上的所有问题是用大脑的思维能力和智慧，而不是搬书本。"总之，凡是将来从事的工作所需要的能力和素质，必须高度重视，并在学习的过程中自觉认真地去培养。

(4) 充分利用时间以提高学习效率。学得时间长并不一定有用，关键的问题是单位时间内的学习效率。掌握有效的方法充分利用时间，如优化事序、最佳安排、排除干扰等，能使有效学习时间得到提高。

① 善于利用时间。在学习中，不仅要懂得珍惜时间，更要学会运筹时间，使自己在最短的时间内，得到最好的学习效果。

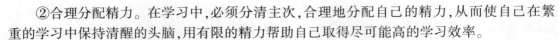

②合理分配精力。在学习中,必须分清主次,合理地分配自己的精力,从而使自己在繁重的学习中保持清醒的头脑,用有限的精力帮助自己取得尽可能高的学习效率。

③学会排除干扰。在学习中,来自外界和自身的一些干扰都会影响学习效率,必须要学会排除和隔离这些学习中的消极因素,将它们的负面效应降到最低。

第五节 课程教学目的与学习方法

一、教学目的

在大学生开始进入高等教育阶段时,应尽快地了解高等教育培养模式、本专业人才知识结构、本学科领域人才素质要求、本专业教学计划、课程设置、教学过程、教学方式以及本学科专业的未来发展;通过揭示大学阶段的教学和学习规律,有利于掌握大学阶段的学习方法,激励学习的主动性、计划性和创造性;在专业人才培养和个人发展的"需要"以及学生消化吸收的"可能"之间,科学地安排学习内容和合理分配时间,以达到提高学习效率和取得实际学习效果的目的。另一方面,由于刚进入大学的学生普遍缺乏对专业的全面了解,直到进入专业课学习阶段才逐渐对专业有所认知,因此必须及时解决大学第1至第3学年期间学生的学习生活缺乏计划性和针对性的问题。

二、课程特点

专业导论课是为了使学生了解本科专业内涵及特点、专业与社会经济发展的关系、专业涉及的主要学科知识和课程体系、专业人才培养基本要求等,帮助学生形成较系统的专业认识,满足了解相关专业历史和发展趋势的要求。因此,专业导论主要是介绍本专业历史、发展现状、社会作用及其相关基本知识,阐述专业的知识结构与课程体系,对大学阶段的学习起到抛砖引玉的作用。专业导论课程主要有以下特点:

(1)注重认识引导性。应注重对专业的性质、特点及要求的阐述,引导学生对专业在人类社会发展中的作用和地位进行深入系统的认知,培养学生对专业学习的浓厚兴趣。

(2)把握全面系统性。应全面系统地介绍高等教育的培养模式,交通运输工程学科专业领域,交通运输工程学科专业的人才培养目标、素质要求、教学安排,大学生的学习方法等内容。

(3)突出内容新颖性。针对社会经济、科学技术迅速发展的时代特征,以及交通运输相关科学理论和工程技术不断进步的专业背景,在专业导论的课程教学过程中,应及时更新教学内容,充分反映当前交通运输工程研究与应用的新理论、新技术、新工艺和新方法,分析专业技术现状与未来发展趋势,开拓学生的知识视野,树立创新创业意识。使学生树立正确的专业思想和学习观,激发学习潜力,为今后在校学习打下良好的思想和方法基础。

三、学习方法

面对大学的学习、生活环境,新生需要通过专业导论课的学习解决专业认识、专业兴趣、学业规划以及职业展望等方面的问题。苏格拉底说过"教育不是灌输而是点燃激情",因此在专业导论课程的学习过程中,应积极主动的探索课程学习方法,以达到课程教学目的与要求。

每个人都有各具特点的学习方法,基于学习理论的基本观点总结出的学习方法主要有:目标学习法、问题学习法、矛盾学习法、联系学习法、归纳学习法、缩记学习法、思考学习法、合作学习法、循序渐进法以及持续发展法等。针对专业导论的课程性质、教学目的和学习要求,学习过程中应采取的主要方法有:

(1)目标学习法。目标学习法是美国心理学家布卢姆所倡导的学习方法。课程教学内容一般是由许多相对独立且彼此联系的知识点构成的知识体系,因此明确课程的学习目标十分重要。专业导论课程的学习目标之一,就是解决对专业的深刻认识和学习兴趣培养的问题。

(2)问题学习法。心理学家把注意分为无意注意与有意注意两种。有意注意要求预先有自觉的目的,必要时需经过意志努力,主动地对一定的事物产生注意,这表明人的心理活动的主体性和积极性。问题学习法就是强调有意识关注有关解决问题的信息,使学习有明确的指向性,从而提高学习效率。

(3)联系学习法。唯物辩证法认为世界上任何事物都与周围的事物存在着相互影响、相互制约的关系。科学知识是对客观事物的正确反映,因此,知识之间同样存在着普遍的联系,把联系的观点运用到学习当中,有助于对科学知识的理解,起到事半功倍的效果。通过专业导论课程的学习,做好学业规划。

(4)归纳学习法。归纳学习法是通过归纳思维,形成对知识的重点、特点、性质的识记、理解与运用。当然,作为一种学习方法来说,在进行归纳思维的同时还要以分析为前提。可见,归纳学习法指的是要善于去归纳事物的特点、性质,以归纳为基础,搜索相同、相近、相似的知识,把它们放在一起进行识记与理解。

(5)思考学习法。孔子提倡学习知识面要广泛,并且强调要在学习的基础上认真深入进行思考,把学习与思考结合起来,即"学而不思则罔,思而不学则殆"。

(6)合作学习法。合作有利于增进人与人之间的相互了解与信任,在合作过程中可以学会处理人际关系的技能、技巧与策略,学会有效地表达自我。在合作学习中,可以培养、发展责任意识和义务感。

(7)持续发展法。要用发展的观点看待学习,既要打好基础,又要全面发展。全面发展并不等于均衡发展,在学好专业知识的同时也要注重对自己的兴趣、特长的发展。以持续发展的观念学好专业导论课,围绕学习目标不断完善自己的知识结构,培养研究性学习的能力,为制定学习规划及职业生涯规划打下良好的基础。

复习思考题

1. 如何理解"交通"及"运输"的含义?
2. 试举出中国古代交通史上对交通运输发展有重大影响的典型事例,并分析其产生影响的原因。
3. 试举出中国近代交通运输发展过程中具有代表性的事例,并分析其产生的影响。
4. 试述中国现代交通运输发展的主要特点和取得的成就。

5. 试分析交通运输生产活动意义。
6. 试从不同的角度分析交通运输生产活动的主要作用。
7. 大学的教学与学习的主要特点是什么？如何适应大学的学习生活？
8. 如何选择合理的学习方法并形成良好的学习习惯？
9. 简述交通运输专业导论课程的主要内容及学习目的。
10. 如何进行大学阶段的学习？你的大学阶段学习生活如何规划安排？

第二章　我国高等教育及其专业学科设置

第一节　我国普通高等教育概况

一、我国高等教育法律法规

1. 教育法概要

为了发展教育事业,提高全民族的素质,促进社会主义物质文明和精神文明建设,根据中华人民共和国宪法,制定《中华人民共和国教育法》。该法于 1995 年 3 月 18 日第八届全国人民代表大会第三次会议通过;根据 2009 年 8 月 27 日第十一届全国人民代表大会常务委员会第十次会议《关于修改部分法律的决定》第一次修正;根据 2015 年 12 月 27 日第十二届全国人民代表大会常务委员会第十八次会议《关于修改〈中华人民共和国教育法〉的决定》第二次修正。全文共十章八十六条。教育法规定:

国家坚持以马克思列宁主义、毛泽东思想和建设有中国特色社会主义理论为指导,遵循宪法确定的基本原则,发展社会主义的教育事业。教育是社会主义现代化建设的基础,国家保障教育事业优先发展。

教育必须为社会主义现代化建设服务、为人民服务,必须与生产劳动和社会实践相结合,培养德、智、体、美等方面全面发展的社会主义建设者和接班人。

教育应当坚持立德树人,对受教育者加强社会主义核心价值观教育,增强受教育者的社会责任感、创新精神和实践能力。国家在受教育者中进行爱国主义、集体主义、中国特色社会主义的教育,进行理想、道德、纪律、法治、国防和民族团结的教育。

教育应当继承和弘扬中华民族优秀的历史文化传统,吸收人类文明发展的一切优秀成果。

2. 高等教育法概要

为了发展高等教育事业,实施科教兴国战略,促进社会主义物质文明和精神文明建设,根据中华人民共和国宪法和教育法,制定《中华人民共和国高等教育法》。该法于 1998 年 8 月 29 日第九届全国人民代表大会常务委员会第四次会议通过;根据 2015 年 12 月 27 日第十二届全国人民代表大会常务委员会第十八次会议《关于修改〈中华人民共和国高等教育法〉的决定》第一次修正;根据 2018 年 12 月 29 日第十三届全国人民代表大会常务委员会第七次会议《关于修改〈中华人民共和国电力法〉等四部法律的决定》第二次修正。全文共八章六十九条。

高等教育是指在完成高级中等教育基础上实施的教育。国家坚持以马克思列宁主义、毛泽东思想、邓小平理论为指导,遵循宪法确定的基本原则,发展社会主义的高等教育事业。

高等教育必须贯彻国家的教育方针,为社会主义现代化建设服务、为人民服务,与生产劳动和社会实践相结合,使受教育者成为德、智、体、美等方面全面发展的社会主义建设者和接班人。

高等教育的任务是培养具有社会责任感、创新精神和实践能力的高级专门人才,发展科学技术文化,促进社会主义现代化建设。

国家按照社会主义现代化建设和发展社会主义市场经济的需要,根据不同类型、不同层次高等学校的实际,推进高等教育体制改革和高等教育教学改革,优化高等教育结构和资源配置,提高高等教育的质量和效益。

国家依法保障高等学校中的科学研究、文学艺术创作和其他文化活动的自由。在高等学校中从事科学研究、文学艺术创作和其他文化活动,应当遵守法律。

高等学校应当以培养人才为中心,开展教学、科学研究和社会服务,保证教育教学质量达到国家规定的标准。

国家举办的高等学校实行中国共产党高等学校基层委员会领导下的校长负责制。中国共产党高等学校基层委员会按照中国共产党章程和有关规定,统一领导学校工作,支持校长独立负责地行使职权,其领导职责主要是:执行中国共产党的路线、方针、政策,坚持社会主义办学方向,领导学校的思想政治工作和德育工作,讨论决定学校内部组织机构的设置和内部组织机构负责人的人选,讨论决定学校的改革、发展和基本管理制度等重大事项,保证以培养人才为中心的各项任务的完成。

高等学校的学生应当遵守法律、法规,遵守学生行为规范和学校的各项管理制度,尊敬师长,刻苦学习,增强体质,树立爱国主义、集体主义和社会主义思想,努力学习马克思列宁主义、毛泽东思想、邓小平理论,具有良好的思想品德,掌握较高的科学文化知识和专业技能。高等学校学生的合法权益,受法律保护。

高等学校的学生应当按照国家规定缴纳学费。家庭经济困难的学生,可以申请补助或者减免学费。国家设立奖学金,并鼓励高等学校、企业事业组织、社会团体以及其他社会组织和个人按照国家有关规定设立各种形式的奖学金,对品学兼优的学生、国家规定的专业的学生以及到国家规定的地区工作的学生给予奖励。国家设立高等学校学生勤工助学基金和贷学金,并鼓励高等学校、企业事业组织、社会团体以及其他社会组织和个人设立各种形式的助学金,对家庭经济困难的学生提供帮助。获得贷学金及助学金的学生,应当履行相应的义务。

高等学校的学生在课余时间可以参加社会服务和勤工助学活动,但不得影响学业任务的完成。高等学校应当对学生的社会服务和勤工助学活动给予鼓励和支持,并进行引导和管理。

高等学校的学生,可以在校内组织学生团体。学生团体在法律、法规规定的范围内活动,服从学校的领导和管理。高等学校的学生思想品德合格,在规定的修业年限内学完规定的课程,成绩合格或者修满相应的学分,准予毕业。高等学校应当为毕业生、结业生提供就业指导和服务。国家鼓励高等学校毕业生到边远、艰苦地区工作。

高等学校是指大学、独立设置的学院和高等专科学校,其中包括高等职业学校和成人高等学校;其他高等教育机构是指除高等学校和经批准承担研究生教育任务的科学研究机构以外的从事高等教育活动的组织。

《中华人民共和国高等教育法》有关高等学校的规定适用于其他高等教育机构和经批准承担研究生教育任务的科学研究机构,但是对高等学校专门适用的规定除外。

3. 高校思想政治教育与立德树人使命

2016年12月7日—8日,全国高校思想政治工作会议在北京召开,这是一次具有里程碑意义的重要会议。"青年兴则国家兴,青年强则国家强",高校思想政治工作关系着高校培养什么样的人、如何培养人以及为谁培养人这个根本问题。习近平总书记在全国高校思想政治工作会议上发表的重要讲话,深刻回答了高校培养什么样的人、如何培养人以及为谁培养人这个根本问题,具有很强的战略性、思想性和针对性,是指导做好新形势下高校思想政治工作的纲领性文献。高等教育要进一步增强立德树人的紧迫感、责任感和使命感,坚持立德树人的核心地位不动摇,全面提升人才培养质量,为中国特色社会主义事业培养更多德才兼备、全面发展的建设者和接班人。

立德树人是大学的立身之本,是对人才培养的根本要求。"立德"就是确立培养崇高的思想品德,"树人"即培养高素质的人才。《大学》的开篇之语,"大学之道,在明明德,在亲民,在止于至善",就体现了中国古代对"立德树人"精神和理念的探索追求。离开立德树人,不能履行人才培养的任务,大学就不成其为大学,就失去存在的最根本基础。

立德树人是衡量一所高校办学水平的根本标准。一所大学办得好不好,不是看它的物质条件何等优越、办学规模如何庞大,最根本的标准是看它培养出什么样的人才,看它对所在国家、民族以及对全人类所作的贡献。1937年10月,毛泽东同志曾专门为陕北公学题词:"要造就一大批人,这些人是革命的先锋队。这些人具有政治远见。这些人充满着斗争精神和牺牲精神。这些人是胸怀坦白的,忠诚的,积极的,与正直的。这些人不谋私利,唯一的为着民族和社会的解放。这些人不怕困难,在困难面前总是坚定的,勇敢向前的。这些人不是狂妄分子,也不是风头主义者,而是脚踏实地富于实际精神的人们。中国要有一大群这样的先锋分子,中国革命的任务就能够顺利地解决。"短短几年时间,陕北公学培养的绝大部分学员成为革命、建设时期党和国家各方面的骨干,其中更有不少学员为民族和国家的利益义无反顾地抛头颅、洒热血,献出了自己的宝贵生命。高校肩负着为中国特色社会主义事业培养德才兼备、全面发展的建设者和接班人的使命,就必须在"立德树人"上做大文章,既不忘"立德",又真正"树人",实现"立德"与"树人"的统一。

立德树人是中国高等教育改革发展的本质要求。当今时代,各种思想交相融合和冲突,学生的成长环境发生了深刻变化,面临着复杂环境的挑战。立德树人就是聚焦学生这个中心,围绕学生、关照学生、服务学生,引导他们正确认识世界和中国发展大势,正确认识中国特色和进行国际比较,正确认识时代责任和历史使命,正确认识远大抱负和脚踏实地,全面提高学生思想政治素质,为中国特色社会主义伟大事业培养德才兼备、全面发展的建设者和接班人。

立德树人的重点是以德为先、能力为重,"立德树人"体现了"立德"和"树人"的唯物辩证关系。"立德"强调的是道德养成,"树人"强调的是能力培养;"立德"是"树人"的前提,"树人"是"立德"的目标。高校要坚持把思想政治工作贯穿教育教学全过程,实现全程育人、全方位育人,着力培养信念坚定、勇于担当、德才兼备的优秀人才。

德育为先,坚定理想信念。大学生应摒弃拜金主义、享乐主义、极端个人主义等不良思潮带来的消极影响,防止理想彷徨、信仰迷失,树立追求梦想的信心,增强为梦想而奋斗的动力。2014年5月4日,习近平总书记在北京大学师生座谈会上指出,人生的扣子从一开始就要扣好。大学生要树立远大理想,树立正确的世界观、人生观、价值观,敢于有梦、勇于追梦、勤于圆梦,把理想信念建立在对科学理论的理性认同上,建立在对历史规律的正确认识上,建立在对基本国情的准确把握上,以中国梦激励青春梦,勇敢地肩负起时代赋予的光荣使命。

责任为本,增强担当意识。今天的中国正处于转型发展的关键战略机遇期,高度的责任感、强烈的使命感和勇于负责、敢于担当、善于开拓的品格是新时期对优秀人才的基本素质要求。优秀的青年人才要具有"身可危也,而志不可夺也"的情怀,"风声雨声读书声声声入耳,家事国事天下事事事关心"的责任感,更要有"苟利国家生死以,岂因祸福避趋之"的社会担当。要认真学习中国特色社会主义理论体系,把社会主义核心价值观融入人才培养全过程,强化时代责任和历史使命认同,自觉把个人的理想追求融入实现中华民族伟大复兴的中国梦中,能够成为对国家、对社会、对人民有用的人才。

能力为重,着眼全面成长。习近平总书记指出,青年大学生要练就过硬本领,勇于创新创造,锤炼高尚品格,才能肩负起时代赋予的重任。要全面提升大学生的综合能力,一要培养辩证思维能力,学会"弹钢琴",系统地处理好"树木"与"森林"的辩证关系,独自面对现实和未来,善于发现问题并找到解决问题的思路;二要培养学习能力,包括选择、汲取新知识,分析整理并融会贯通旧知识以及开展科学研究和探索的能力;三要培养社会实践能力,能够将所学知识转化为推动社会进步的物质和精神力量,解决实践中的具体问题,完成岗位职责赋予的任务,服务经济社会发展;四要培养管理和沟通能力,具备适应社会、应对挫折的心理承受力,能够顺利地融入社会,在与他人沟通、交往、合作中实现自身的社会价值。总之,要让学生以问题为导向、以能力为核心、以社会为平台,全面推进理论创新、实践创新、制度创新、文化创新以及其他各方面创新。

"一年之计,莫如树谷。十年之计,莫如树木。百年之计,莫如树人"。教育对一个国家经济社会的发展和一个民族综合素质的提高具有基础性、先导性、决定性作用。践行立德树人的使命,培养德才兼备的杰出人才,不仅是高校和教育工作者的责任,也是全社会需要承担的共同责任。时代越是向前,知识和人才的重要性就越发突出,教育的地位和作用就越发凸显。要弘扬大学精神、彰显大学文化,在变革的时代保持宁静的校园,维护大学的清醒和理性,自觉坚持和守护大学的精神和原则,激发和保护教师、学生对于学术的兴趣、热情和追求,让教育者和受教育者有时间、有能力、有条件关注自身、关注变革、关注世界,教学相长、携手进步,使高校以高质量的人才培养和科学研究引领社会进步,承担起自身的社会责任,最终实现"润物细无声"的教育效果。

文化是大学的灵魂,育人是办学的根本任务。加强以育人为核心的大学文化建设是办好中国特色社会主义大学的迫切需要,是落实立德树人根本任务的重要途径。高等学校加强文化建设应把握三个方面的问题。

(1) 以社会主义核心价值观为根本导向。价值观是文化的核心,决定文化的性质和方向;文化是价值观的载体,影响价值观的培育和践行。社会主义核心价值观作为全民族共同的精神追求,凝聚和概括了社会主义文化的精髓,是大学文化建设的思想基础和价值导向,指明了大学生成长、成才的根本方向。高校作为文化机构和教育机构,是党和国家意识形态工作的前沿阵地,是文化建设的示范区、辐射源,是培育和弘扬社会主义核心价值观的主要阵地。高校的文化建设必须体现以育人为核心的本质要求,始终坚持以社会主义核心价值观为引领,这既是坚持先进文化前进方向、繁荣发展中国特色社会主义文化的必然要求,也是完成立德树人根本任务、培养社会主义合格建设者和可靠接班人的必然要求。

(2)以中华优秀传统文化为思想源泉。高等学校肩负着文化传承创新的重要使命。中华优秀传统文化作为民族精神的根脉和源泉,是大学文化建设宝贵的思想库。加强大学文化建设,要以高度的文化自觉自信,坚持弘扬中华优秀传统文化,充分汲取民族文化的思想精华,不断提高文化的影响力、创造力,抵制西方对我们的文化侵蚀。

(3)以形成学校特色文化为建设重点。大学的发展历程也是大学文化的积淀过程。大学因为历史背景、办学特色、学科优势、地域环境等不同,在文化发展脉络上也呈现出不同的个性与特质,形成具有自身特色的历史文化传统,展现大学独特的文化魅力和发展优势。大学文化建设只有立足于挖掘学校自身的文化资源,才能接地气、有底气、显灵气;只有把丰富的文化资源转化为特色文化品牌,才能不断彰显文化建设的创新与活力,形成大学文化的凝聚力、向心力和影响力。

二、我国高等教育制度

《中华人民共和国教育法》关于教育制度的规定是:国家实行学前教育、初等教育、中等教育、高等教育的学校教育制度。

国家实行学业证书制度,经国家批准设立或者认可的学校及其他教育机构按照国家有关规定,颁发学历证书或者其他学业证书。

国家实行学位制度,学位授予单位依法对达到一定学术水平或者专业技术水平的人员授予相应的学位,颁发学位证书。

《中华人民共和国高等教育法》关于高等教育制度的规定是:高等教育包括学历教育和非学历教育;高等教育采用全日制和非全日制教育形式。国家支持采用广播、电视、函授及其他远程教育方式实施高等教育。

高等教育由高等学校和其他高等教育机构实施。大学、独立设置的学院主要实施本科及本科以上教育。高等专科学校实施专科教育。经国务院教育行政部门批准,科学研究机构可以承担研究生教育的任务。其他高等教育机构实施非学历高等教育。

高级中等教育毕业或者具有同等学力的,经考试合格,由实施相应学历教育的高等学校录取,取得专科生或者本科生入学资格。

本科毕业或者具有同等学力的,经考试合格,由实施相应学历教育的高等学校或者经批准承担研究生教育任务的科学研究机构录取,取得硕士研究生入学资格。

硕士研究生毕业或者具有同等学力的,经考试合格,由实施相应学历教育的高等学校或者经批准承担研究生教育任务的科学研究机构录取,取得博士研究生入学资格。允许特定学科和专业的本科毕业生直接取得博士研究生入学资格,具体办法由国务院教育行政部门规定。

国家实行高等教育自学考试制度，经考试合格的，发给相应的学历证书或者其他学业证书。

国家实行学位制度。学位分为学士、硕士和博士。公民通过接受高等教育或者自学，其学业水平达到国家规定的学位标准，可以向学位授予单位申请授予相应的学位。

三、高等学历教育学业标准

高等学历教育分为专科教育、本科教育和研究生教育。

高等学历教育应当符合下列学业标准：

(1) 专科教育应当使学生掌握本专业必备的基础理论、专门知识，具有从事本专业实际工作的基本技能和初步能力。

(2) 本科教育应当使学生比较系统地掌握本学科、专业必需的基础理论、基本知识，掌握本专业必要的基本技能、方法和相关知识，具有从事本专业实际工作和研究工作的初步能力。

(3) 硕士研究生教育应当使学生掌握本学科坚实的基础理论、系统的专业知识，掌握相应的技能、方法和相关知识，具有从事本专业实际工作和科学研究工作的能力。博士研究生教育应当使学生掌握本学科坚实宽广的基础理论、系统深入的专业知识、相应的技能和方法，具有独立从事本学科创造性科学研究工作和实际工作的能力。

专科教育的基本修业年限为二至三年，本科教育的基本修业年限为四至五年，硕士研究生教育的基本修业年限为二至三年，博士研究生教育的基本修业年限为三至四年。非全日制高等学历教育的修业年限应当适当延长。高等学校根据实际需要，可以对本学校的修业年限做出调整。

接受高等学历教育的学生，由所在高等学校或者经批准承担研究生教育任务的科学研究机构根据其修业年限、学业成绩等，按照国家有关规定，发给相应的学历证书或者其他学业证书。接受非高等学历教育的学生，由所在高等学校或者其他高等教育机构发给相应的结业证书。结业证书应当载明修业年限和学业内容。

四、我国高等教育发展

1. 大学的起源

在11世纪末，意大利的博洛尼亚出现了一个今天称之为大学的机构。据历史记载，这是由学者佩波内(Pepone)和依内里奥(Irnerio)提出的设想。1158年，罗马皇帝弗雷德里克一世(Frederick I)在听取了依内里奥等的建议后颁布法令，规定大学是一个不受任何影响进行独立研究的场所。皇帝的法令为大学的产生和发展提供了法律保障，佩波内和依内里奥等学者则对该法令进行实施。最初，大学仅以语法、修辞和逻辑等学问研究为主。当时的西欧政、教分立，罗马皇帝和教皇都想掌握统治权，他们既有矛盾又相互妥协。博洛尼亚大学在罗马教皇统治中心的附近，给过大学一点支持的皇帝在与教皇的斗争中屡屡败北，大学的科学思想与理性思维的发展也步履艰难。

巴黎大学虽然晚于博洛尼亚大学建立，且由神学院转化而来，但巴黎大学却有超越博洛尼亚大学之势。其后，英国的大学也加入角逐。在英、法大学的影响下，德国的大学也逐渐兴起。一战后,德国百业萧条,大学本应对德国的发展发挥重大作用,结果大学的成果却被法西斯所利用。二战后,美国的大学为美国的发展做出了卓越贡献。大学从产生到现在已有上千年的历史,从欧洲中世纪大学、英国大学、德国大学再到美国大学逐渐演化。

大学不仅是人类文化发展到一定阶段的产物,它还是在长期办学实践的基础上,经过历史的积淀、自身的努力和外部环境的影响,逐步形成的一种独特文化。大学的使命是要保护、传授、推进和丰富知识与文化。大学不仅仅是客观的物质存在,更是一种文化存在和精神存在。物质存在包括仪器、设备、大楼等。然而,大学之所以称为大学,关键在于它的文化存在和精神存在。大学的文化是追求真理的文化,是严谨求实的文化,是追求理想和人生抱负的文化,是崇尚学术自由的文化,是提倡理论联系实际的文化,是崇尚道德的文化,是大度包容的文化,是具有强烈批判精神的文化。大学文化体现的是一种共性,其核心与灵魂则体现于大学的精神。大学理念是人们对大学的理性审视、理想追求及所持有的教育观念或哲学观点。综观各国高等教育发展的历程,由于意识形态、时代、大学类型、研究者各不相同,关于大学的理念也存在着多种阐释。

以英国为代表的人文主义大学理念。其在很长时间内的办学目的是为教会和政府培养高级神职人员和官吏,强调培养有教养的人,坚持大学的职责是实施博雅教育(Liberal Education),而博雅教育存在于文化之中。大学要为学生提供智能、理性和思考的练习,把智力训练作为它直接活动的范围。这种大学理念影响了英国高等教育的发展规模和管理模式。直到19世纪,为了适应经济发展的需要,英国出现了一批新大学和技术学院,进而形成了英国高等教育的双重发展模式。

以德国为代表的科学主义大学理念。1810年威廉·洪堡创建柏林大学之后,首先提出了"学术自由""教学与研究相统一"的办学原则,明确要求教师和学生致力于学术性的科学研究工作。在教师聘用过程中特别强调教师的科学研究能力,注重培养学生探索新知识、领悟新方法的能力。

以美国为代表的实用主义大学理念。早期的美国高等教育深受英国传统大学模式的影响。独立战争之后,为促进美国经济与社会发展的需要,国会于1886年颁布了《莫利尔法案》,促进了一大批赠地学院的产生,为美国农业、工业和商业的发展打下技术基础。此后,随着经济的发展和繁荣,特别是二战以后,国际竞争的加剧、高等教育大众化的逐步推进,以及"人力资本理论"等一系列新理论、新观念的提出,美国高等教育与市场经济的联系就更为紧密,两者的关系是:市场经济促进了高等教育的发展,而高等教育的发展又反过来推动了市场经济的进一步发展。

《中华人民共和国高等教育法》的"第四章 高等学校的组织和活动"中第三十一条规定:高等学校应当以培养人才为中心,开展教学、科学研究和社会服务,保证教育教学质量达到国家规定的标准。

一个民族的生存、发展和进步取决于创新能力,教育是通向未来的桥梁。教育的目的是启迪智慧。但未来教育不仅要"立德树人""启而求真",还必须"知行合一",培养学生发现、创新、创造和改变的能力,才能真正推动人类社会的进步。

2. 中国大学的创立

在中国,大学的创立与发展已有一百多年的历史。1895年,清政府批准创办了北洋大学堂;1898年,设立京师大学堂。辛亥革命后,许多大学的创办者、管理人员和教授接受过欧美的高等教育,这为大学在中国的创立提供了智力基础。按办学层次分为大学、独立学院和专科;按办学性质分为国立、省立和私立。截至1948年7月,全国有各类高等院校210所。其中,国立大学31所,私立大学25所;国立独立学院23所,省立独立学院24所,私立独立学院32所;国立专科学校20所,省立专科学校32所,私立专科学校23所。

有很多高校在新中国成立前已经十分有影响力,如北京大学、清华大学。"五四运动"中,北京大学是新文化运动的主要阵地;抗日战争前夕,北京大学是抗日救国一致对外的重要力量之源。抗日战争爆发之后,北京大学与清华大学、南开大学等高校迁往长沙,称为"国立长沙临时大学"。1938年,鉴于长沙的战局紧迫,三校迁往昆明,称为"西南联合大学"。

1879年,美国圣公会在上海创办了教会大学——圣约翰大学。在整个20世纪上半叶,基督新教教会在中国设立17所教会大学,天主教教会设立4所教会大学。新中国成立后,教育主权恢复,教会大学收归国有。在1952年的全国院校大调整中,原教会大学的校名全部取消、改名或与其他大学合并。

3. 新中国高等教育的发展

新中国成立以后,国家将所有接受外国资助的高等学校全部接管,私立高等学校改为公立,并按苏联模式重建高等教育制度,形成了新的教育制度和体制。普通高等学校的设置分为大学和独立学院,按办学性质可以分为:

(1) 研究型和综合性大学——重点的综合性大学或工程大学。
(2) 应用型和专业性大学——普通高等学校,特别是地方高等学校。
(3) 职业性和技能型学院——高等职业学院。

1952年,高等院校进行院系调整,其基本特点是:教育实行高度集中的管理,教育计划与国家建设计划紧密相连;教育的重心直接与建设的工程与科学技术相关;削减综合性大学,以发展专门学院为主;实行"专才教育"模式,按产业、行业甚至产品设学院、科系和专业;全部学费由国家承担,毕业生由国家分配。

院系调整的结果是:通过集中国家资源,迅速培养出大批专业人才,为我国的工业化建设和科学技术发展奠定了基础。但是,综合性大学由1949年的49所变为1953年的14所;文科、政法、财贸等学校的学生由33.1%下降到14.9%,到1962年下降到6.8%。

院系调整的不足和弊端是:综合性大学和文科教育被极大地削弱;"重理轻文"的价值观在全社会蔓延;专业划分过窄,导致人才的适应性和创造性较差;学校和专业重复设置,学校规模极小,办学效益低。

1966年至1976年的"文化大革命",造成了高等教育的中断和荒废。

1977年,恢复高考制度,我国高等教育进入了新的发展时期。

1978年,恢复全国统一招生。全国高等学校为598所,当年招生40.1万人,在校生86.7万人。

20世纪80年代,高等教育快速发展,年均招生增长7.5%。

20世纪90年代,高等学校开始新的体制改革。大多数学校的管理权下放到省、市、自治区;大学合并,建文、理、工、农、医学科门类齐全的综合性大学,1996年以来,有406所院校被合并为171所;360所中央部门学校实行"中央与地方共建,以地方管理为主";教育部管理的高校经过合并调整已经形成为71所,加上其他部门管理40所,现在中央管理的学校共计110所左右。

1999年,开始扩大招生。当年招生153万人,增招45万人,增幅41.7%。成人扩招10万人,研究生扩招3900人,实际招生总数近270万人。高等学校在校人数718.9万人,增加95.82万人。高等教育毛入学率10.5%。

1992年,国家教委开始在高等学校开展"211工程"建设项目,即面向21世纪,重点建设100所左右的高等学校和一批重点学科,以加快国家经济建设,促进科技文化发展,增强国家的综合国力和国际竞争能力。1995年,确定出了首批进入"211工程"的15所高校,在"九五"期间予以重点改善和提高。

1998年,教育部制定《面向21世纪中国教育振兴行动计划》,确定重点建设北京大学、清华大学两所大学,以期建成具有竞争力的世界一流大学,即"985"大学。

2006年,我国高等学校在校生总数超过2300万,毛入学率达到21%。"高等教育大众化"的毛入学率标准是15%~50%,低于15%为精英教育,超过50%为普及教育。

截至2017年5月31日,全国高等学校共计2914所。根据教育部公布的名单,目前我国共有普通高等学校2631所(含独立学院265所),成人高等学校283所。

4. 高校"双一流建设"简介

2016年,《教育部关于中央部门所属高校深化教育教学改革的指导意见》中提出基本思路:全面贯彻党的十八大和十八届三中、四中、五中全会精神,深入学习贯彻习近平总书记系列重要讲话精神,以"创新、协调、绿色、开放、共享"五大发展理念为引领,全面贯彻党的教育方针,落实立德树人根本任务,以支撑创新驱动发展战略、服务经济社会发展为导向,在统筹推进一流大学和一流学科建设进程中,建设一流本科教育,全面提高教学水平和人才培养质量,切实增强学生的社会责任感、创新精神和实践能力。其总目标是:到2020年,中央高校人才培养中心地位和本科教学基础地位得到进一步巩固和加强,学科专业结构和人才培养类型结构更加适应国家和区域经济社会发展需要,协同育人机制更加优化,创新创业教育改革形成制度化成果,信息技术与教育教学深度融合,教师培训体系实现制度化、专业化、网络化,基础学科拔尖学生培养取得新进展,高等教育发展更加协调,涌现出一批社会公认、具有国际影响力的本科教育高校。

2017年1月25日,教育部、财政部、国家发展改革委关于印发《统筹推进世界一流大学和一流学科建设实施办法(暂行)》的通知(教研〔2017〕2号),实施办法中第二条提出:全面贯彻党的教育方针,坚持社会主义办学方向,按照"四个全面"战略布局和创新、协调、绿色、开放、共享发展理念,以中国特色、世界一流为核心,落实立德树人根本任务,以一流为目标、以学科为基础、以绩效为杠杆、以改革为动力,推动一批高水平大学和学科进入世界一流行列或前列,为实现"两个一百年"奋斗目标、实现中华民族伟大复兴的中国梦提供有力支撑。

每五年为一个建设周期,2016年开始新一轮建设。建设高校实行总量控制、开放竞争、动态调整。面向国家重大战略需求,面向经济社会主战场,面向世界科技发展前沿,突出建设的质量效益、社会贡献度和国际影响力,突出学科交叉融合和协同创新,突出与产业发展、社会需求、科技前沿紧密衔接,深化产教融合,全面提升我国高等教育在人才培养、科学研究、社会服务、文化传承创新和国际交流合作中的综合实力。

到 2020 年，若干所大学和一批学科进入世界一流行列，若干学科进入世界一流学科前列；到 2030 年，更多的大学和学科进入世界一流行列，若干所大学进入世界一流大学前列，一批学科进入世界一流学科前列，高等教育整体实力显著提升；到 21 世纪中叶，一流大学和一流学科的数量和实力进入世界前列，基本建成高等教育强国。

加强总体规划，坚持扶优扶需扶特扶新，按照"一流大学"和"一流学科"两类布局建设高校，引导和支持具备较强实力的高校合理定位、办出特色、差别化发展，努力形成支撑国家长远发展的一流大学和一流学科体系。

坚持以学科为基础，支持建设一百个左右学科，着力打造学科领域高峰。支持一批接近或达到世界先进水平的学科，加强建设关系国家安全和重大利益的学科，鼓励新兴学科、交叉学科，布局一批国家急需、支撑产业转型升级和区域发展的学科，积极建设具有中国特色、中国风格、中国气派的哲学社会科学体系，着力解决经济社会中的重大战略问题，提升国家自主创新能力和核心竞争力。强化学科建设绩效考核，引领高校提高办学水平和综合实力。

建设世界一流大学和一流学科要坚持"中国特色，世界水平"的原则，中国特色的高等教育已经积累了几十年的办学经验，先后建设了一批学科特色鲜明的大学，比如地质、矿业、石油、电力、钢铁等独立建制的大学，这些大学在国家发展中都发挥了重要作用。除了这些学科群特色鲜明的大学外，中国大学群体最鲜明的特色是把人才培养放在首位。国外普遍认为大学的三大功能是"知识的产生、知识的传播和知识的应用"，而国内认为大学的功能包括"人才培养、科学研究和社会服务"，后来又增加了"文化传承和国际合作"。知识的产生就是所谓的科研，知识的传播等同于人才培养，知识的应用就是社会服务，文化传承和国际合作属于广义的知识传播和社会服务。

对大学三大功能的认识虽然一致，但所排顺序是不同的。我国的大学把人才培养排在第一位，国外的大学把知识的产生（科学研究）排在第一位。例如，哈佛大学是以培养研究生和从事科学研究为主的综合性大学，在其 13 个主要学院中，只有 4 个学院招收本科生，其他学院只招研究生。北美大学联盟（AAU）中的 60 所美国大学培养了美国 45% 的博士研究生，这些大学在 2015 年获得的联邦政府科研经费的比例占全国大学的 59%。

世界一流大学和一流学科建设的出发点和落脚点是提高高等教育的质量。提高高等教育质量包括提高人才培养质量、提升科研水平和增强为社会服务的能力等。大学人才培养离不开科学研究，特别是基础科学研究。基础研究取得的成果通常是一般的或普遍的科学知识，成果常表现为一般的原则、理论或规律，这些新成果可以及时转化到课堂，写进讲义，有利于提高培养人才质量。

大学的本质功能可以归纳为知识的产生和知识的传播，知识的产生靠科研，知识的传播主要是人才培养。其中，人才培养是中心工作；科学研究除了服务于国家重大科技需求外，也是提高人才培养质量的重要支撑，还是人才培养的重要载体；社会服务和文化传承创新是人才培养和科学研究功能的延伸。大学应始终坚持以教学为中心，以科学研究促进教学水平提升的办学理念。

一方面，大学不同于独立的科研机构，教学始终是大学起源至今的基本职能，也是现代大学工作的中心。人力资源是国家经济社会发展的第一资源，创新驱动的发展方式要求大学源源不断地为社会发展输送高水平专业人才，高等院校所承担的教育任务就更加艰巨。

《国家中长期教育改革和发展规划纲要(2010—2020年)》中提到"把提高质量作为教育改革发展的核心任务"。因此,大学必须坚持把教学作为首要任务,不断更新教育理念,深化教学改革,提高教学水平,提升知识传播的效率,着力于培养知识丰富、本领过硬的高素质专门人才和拔尖创新人才。

另一方面,科学研究是大学的重要职能,也是促进教学质量提升的重要手段。科学研究是各学科领域获取最新知识的直接途径,是更新和补充教学内容的主要来源,是完善教学方式的核心方法。科学研究的过程是培养人才的主要载体,尤其是在研究生教育阶段,教学过程与科学研究过程密不可分,互相融合。教与学的主体不是各自独立的,教师的任务不只是教,学生的任务也不只是学,教师与学生组成团队共同完成科学研究,在知识生产的同时也使知识得到有效的传播。

育人为本是教育工作的根本要求,是促进人的全面发展的根本之路。世界一流大学不仅仅是科学研究走在世界前列的大学,更是重视人才培养的优秀教学型大学,是以科学研究为高水平教学提供支撑的大学。唯有不断提高科研水平,并将最新生产的知识与教育传播相结合,培养出高水平人才,才能始终保持在世界前列,实现"若干所大学达到或接近世界一流大学水平,高等教育国际竞争力显著增强"的目标。

5. 新工科教育教学改革

为主动应对新一轮科技革命与产业变革、支撑服务创新驱动发展、"中国制造2025"等一系列国家战略。2017年2月以来,教育部积极推进新工科(Emerging Engineering Education)建设,先后形成了"复旦共识""天大行动"和"北京指南",并发布了《关于开展新工科研究与实践的通知》《关于推进新工科研究与实践项目的通知》,全力探索形成领跑全球工程教育的中国模式、中国经验,助力高等教育强国建设。

2017年2月18日,教育部在复旦大学召开了高等工程教育发展战略研讨会,与会高校对新时期工程人才培养进行了热烈讨论,共同探讨了新工科的内涵特征、新工科建设与发展的路径选择,并达成了以下共识:我国高等工程教育改革发展已经站在新的历史起点;世界高等工程教育面临新机遇、新挑战;我国高校要加快建设和发展新工科;工科优势高校要对工程科技创新和产业创新发挥主体作用;综合性高校要对催生新技术和孕育新产业发挥引领作用;地方高校要对区域经济发展和产业转型升级发挥支撑作用;新工科建设需要政府部门大力支持;新工科建设需要社会力量积极参与;新工科建设需要借鉴国际经验、加强国际合作;新工科建设需要加强研究和实践。

2017年4月8日,教育部在天津大学召开新工科建设研讨会,60余所高校共商新工科建设的愿景与行动。与会代表一致认为,培养造就一大批多样化、创新型卓越工程科技人才,为我国产业发展和国际竞争提供智力和人才支撑,既是当务之急,也是长远之策。主要行动方向是:探索建立工科发展新范式;问产业需求建专业,构建工科专业新结构;问技术发展改内容,更新工程人才知识体系;问学生志趣变方法,创新工程教育方式与手段;问学校主体推改革,探索新工科自主发展、自我激励机制;问内外资源创条件,打造工程教育开放融合新生态;问国际前沿立标准,增强工程教育国际竞争力。

2017年6月9日,教育部在北京召开新工科研究与实践专家组成立暨第一次工作会议,全面启动、系统部署新工科建设。30余位来自高校、企业和研究机构的专家深入研讨新工业革命带来的时代新机遇、聚焦国家新需求、谋划工程教育新发展,审议通过《新工科研究与实践项目指南》,提出新工科建设指导意见。主要内容是:明确目标要求;更加注重理念引领;更加注重结构优化;更加注重模式创新;更加注重质量保障;更加注重分类发展;形成一批示范成果。

"复旦共识""天大行动"和"北京指南",构成了新工科建设的"三部曲",开拓了工程教育改革新路径。深入系统地开展新工科研究和实践,从理论上创新、从政策上完善、在实践中推进和落实,一步步将建设工程教育强国的蓝图变成现实,建立中国模式、制定中国标准、形成中国品牌,打造世界工程创新中心和人才高地,为实现"两个一百年"奋斗目标和中华民族伟大复兴的中国梦做出积极贡献。教育部将拓展实施"卓越工程师教育培养计划",适时增加"新工科"专业点;在产学合作协同育人项目中设置"新工科建设专题",汇聚企业资源。鼓励部属高校统筹使用中央高校教育教学改革专项经费;鼓励"双一流"建设高校将"新工科"研究与实践项目纳入"双一流"建设总体方案。鼓励各地教育行政部门认定省级"新工科"研究与实践项目,并采用多种渠道提供经费支持。积极争取地方人民政府将"新工科"建设列入产业发展规划、人才发展规划等。

第二节　普通高等教育本科专业设置

一、专业内涵及其分类

1. 专业释义

专业(specialty;major)按《辞海》对人才培养内涵的定义是:高等学校或中等专业学校根据社会分工需要所分成的学业门类。即专业是"高等教育培养学生的各个专门领域",是大学为了满足社会分工的需要而进行的活动。这在一定程度上揭示了专业的本质内涵,表明了专业的范围、对象和功能,而"专门领域"是大学区别于其他层次教育的特征之一。

关于专业的定义,较有代表性的有以下四类。

(1)《教育大辞典》第3卷(上海教育出版社)将专业定义为:高等学校培养学生的各个专业领域,大体相当于《国际教育标准分类》的课程计划或美国学校的主修。根据社会职业分工、学科分类、科学技术和文化发展状况及经济建设与社会发展需要划分。

(2)《教育管理辞典》(海南人民出版社)将专业定义为:高等学校或中等专业学校根据社会分工需要而划分的学业门类。各专业都有独立的教学计划,以体现本专业的培养目标和要求。这个定义基本与《辞海》的解释一致,认为专业是一种学业门类。

(3)周川《"专业"散论》(载《高等教育研究》,1992.1)。从广义、狭义、特指三个层面来理解专业。从广义角度看,专业即某种职业不同于其他职业的一些特定的劳动特点。狭义的专业,主要是指某些特定的社会职业。特指的专业即高等学校中的专业,依据确定的培养目标设置于高等学校(及其相应的教育机构)的教育基本单位或教育基本组织形式。

(4)潘懋元、王伟廉主编的《高等教育学》(福建教育出版社,1995.10)将专业定义为:课程的一种组织形式。因而在谈到课程时,其中也就包含了这种组织形式。

从大学的角度来看,专业是为学科承担人才培养职能而设置的基本教学单位;从社会的角度来看，专业是为了满足从事某类或某种社会职业的人才需求，而必须接受相应的训练需要而设置的。因此，从人才培养供给与人才培养需求上看，专业是人才培养供给与需求的一个结合点。

国外认为专业即是不同课程的组合，或者说是不同的课程计划。英文中的"Major"指一系列、有一定逻辑关系的课程的组织（Program），相当于一个培训计划或课程体系。因此，国外对"专业"概念的理解与国内是不大相同的。国外专业的划分只是对高等学校专业人才培养结果的一种统计归纳；专业的划分对所培养的具体人才的知识能力结构几乎没有影响；专业的设置往往取决于社会的需要与可开设课程科目的均衡。只要学校能开出必需的课程组合，而且社会有这方面的需要，就可以设置新的专业，专业设置有很大灵活性；专业之间的界限也比较模糊，学生变更专业也更加自由。

在我国，专业划分有着很强的管理规范功能，规范着高等学校的专门人才培养的口径和领域，因而也直接关系到所培养人才的知识能力结构，专业的设置往往要围绕规定的学科专业划分口径进行。当市场需求发生变化时，需要对整个学科专业进行调整，具有相当难度，专业界限也比较泾渭分明，学生变更专业较为困难。

2. 专业的演变过程

在人类进化的不同历史阶段，比如蛮荒时代、直立行走、火燧氏钻木取火分别分化出狩猎族、驯化族等，神农氏尝百草开辟了人类辉煌的农业文明。用"专业"这个词汇来解释神农氏的专业就是初始的农业专业，而狩猎族、驯化族则是狩猎专业和驯化专业的初始。《黄帝内经》表明，黄帝是上古时期中国的专业医学工作者。

专业的开创——以工具为代表的先进技术的起始。人类的石器时代、铜器时代、铁器时代，古代中国著名的四大发明，原始的石匠、铜匠、铁匠、木匠等，都是原始的专业雏形。

现代专业的发端——以蒸汽机为代表的工业革命是人类现代专业的发端。发明大王爱迪生为人类贡献了非常多的发明，包括至今仍然使用的白炽灯、电话；出现了工厂、作坊等为单元的工业结构；在长期从事不同的产品加工和服务分工的地方，出现了现代工业专业化分工的原型。

现代专业的出现——以教育、工业等现代科学技术迅猛发展为代表的现代专业的出现。由于大量的社会化分工，不断地催生了教育实践和工业、商业实践，为某一特定人群的工作名称和工作内容进行规划、设计、研究，促进了新职业的专业化理念传播。

现代化专业模式——以专业化的培训、教育、人才培养为代表的现代化专业模式。由于规模化的工业发展，需要对于某种特定的技能、技术、科学理论、科学研究、科学试验、科学检测、科学评测进行大规模的人才人力输出，满足社会和企业的巨量需求，所以奠定了现代的、信息化条件下的专业的基本概念。

专业的分化和合并——专业高度发展的结果就是专业的分化和合并。在人类享受社会科学技术飞速发展的同时，传统的专业也随着高科技化的逐步前进出现了发展变化，不断分化出新的专业。为满足社会和企业的需求，以及提供更加专业的引导和服务，需要提高专业的科技含量。

3. 专业的基本特征

格林伍德在《专业的属性》中指出，专业应该具有的特征是：第一，有一套系统的、支持其活动的理论体系;第二,已被社会广泛认可,即社会对这种专门活动是接受的和高度评价的;第三,该种活动具有专业权威,即在这种活动内部已经建立起专业的权威,专业能力成为该领域活动的重要评价标准;第四,职业内部有伦理守则;第五,这一职业群体形成了专业文化。

4. 国际教育标准分类

1976年,联合国教科文组织(UNESCO)根据1958年第十届大会通过的关于国际教育统计标准的建议,制定了"国际教育标准分类"(International Standard Classification of Education, ISCED)。其主要目的是"有助于按照国际商定的共同定义和概念对各类与政策相关的教育统计提出标准报告的框架,从而确保所产生指标的国际可比性",即为使各会员国在国内和国际间收集、整理和提供教育统计资料时有一个国际通用的适当工具,便于在国际间编制和比较各种教育资料。这个标准分类和国际劳工局制定的"国际职业分类法"相似,但"国际教育标准分类"侧重于教育方面,"国际职业分类法"则侧重于人力使用方面。2011年,联合国教科文组织第36届大会教育委员会通过了《国际教育标准分类》修订文本,形成了第三版国际教育标准分类方法。新版教育标准分类方法较之前发生了很大变化,特别是对高等教育部分进行了重要调整。高等教育标准分类的变化包括等级结构的细化、实践课程的提出、普通课程与职业课程的区分、教育等级衔接桥梁的搭建等。

根据国际教育标准分类,高等教育分为不直接获得高级研究资格和可获得高级研究资格两个阶段。ISCED—1997将这两个阶段分别列为第5等级和第6等级,如图2-1所示。

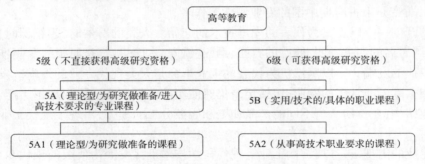

图2-1　联合国教科文组织关于高等教育国际标准分类(1997版)

ISCED—1997把第一阶段高等教育课程分为两种:其一,理论型(5A)。为研究做准备或可从事高技术所要求的职业类课程,该类课程很大程度上是理论性的,目的是为进入高级研究课程和可从事高技术职业的要求做充分准备。其二,实用型(5B)。主要是技术性的课程,适应具体的职业要求。

第三级教育(Tertiary Education)是指中等教育以上程度的各级各类教育,包括由大学、各级各类独立学院、高等专科学校、各种成人教育机构及其他有关机构实施的该级正规和非正规教育。一般认为"第三级教育"与"高等教育"同义,但是在有的国家仅指属于高等教育水平的继续教育而不包括普通高等教育。

随着世界各国高等教育的发展,多样化高等教育并存,资格证书和学位层次结构细化在各国教育体系中的地位显得越来越重要,如欧洲高等教育改革计划。(ISCED—2011将第一阶段细分为5、6、7三个等级,第二阶段列为第8等级,如图2-2所示。)

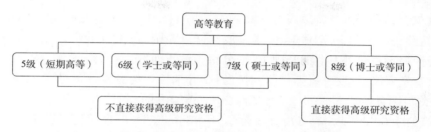

图 2-2 联合国教科文组织关于高等教育国际标准分类(2011 版)

ISCED—2011 对第三级第一阶段进行划分。

(1) 授予不等同于大学学位的学历证明的第三级第一阶段教育(相当于我国专科水平),又称"ISCED-5"的教育。

(2) 授予大学学位或相应证书的第三级第一阶段教育(相当于我国本科水平),又称"ISCED-6"的教育。

(3) 授予研究生学位或相应证书的第三级第一阶段教育(相当于我国硕士研究生水平),又称"ISCED-7"的教育。

国际教育标准分类对第三级教育的科类、专业作出划分,即 ISCED-5 分为 19 个科类 123 个课程计划(相当于专业,下同),ISCED-6 分为 17 个科类 106 个课程计划,ISCED-7 分为 16 个科类 99 个课程计划。

ISCED—2011 把第一阶段高等教育课程分为三类:5 级(短期高等)课程,基于使用和特定职业所要求的课程,目的是提供专业知识、技艺和能力;6 级(学士或等同)课程,一般以理论为基础,也包括实践,传授科学研究的最新成果和(或)最好的专业实践知识,目的是提供中等程度的学术知识、专业技艺和综合能力;7 级(硕士或等同)课程,包括大量的研究性课程,但不够获得博士资格证书标准,课程以系统理论为基础并包括实践,传授研究的最新成果和最好的专业实践,目的是提供高级的学术或专业知识、技艺和能力。除强调 6 级和 7 级高等教育课程的理论性及理论的渐进性外,ISCED—2011 还突出实践性并将其列为两级课程的主要特点之一,这表明世界各国对具有实践能力的高素质人才存在共同需求。

二、普通高等学校本科专业目录

1. 普通高等学校本科专业分类

为适应国家和区域经济社会发展需要,不断优化学科专业结构的要求,教育部对 1998 年印发的普通高等学校本科专业目录和 1999 年印发的专业设置规定进行了修订,形成了《普通高等学校本科专业目录(2012 年)》(以下简称新目录)和《普通高等学校本科专业设置管理规定》(以下简称新规定)。为便于新目录的实施,制定了《普通高等学校本科专业目录新旧专业对照表》(以下简称对照表),由教育部发出通知印发。

《普通高等学校本科专业目录》是我国教育部(原国家教育委员会)制定与修订的有关普通高等学校本科专业的目录,是高等教育工作的基本指导性文件之一。它规定了专业划分、名称及所属门类,是设置和调整专业、实施人才培养、安排招生、授予学位、指导就业,进行教育统计和人才需求预测等工作的重要依据。改革开放以来,我国共进行了 4 次大规模的学科目录和专业设置调整。

根据《教育部关于进行普通高等学校本科专业目录修订工作的通知》(教高〔2010〕11号)要求,按照科学规范、主动适应、继承发展的修订原则,在1998年原《普通高等学校本科专业目录》及原设目录外专业的基础上,经分科类调查研究、专题论证、总体优化配置、广泛征求意见、专家审议、行政决策等过程,对普通高等学校本科专业目录进行了修订。新目录的学科门类与国务院学位委员会、教育部2011年印发的《学位授予和人才培养学科目录(2011年)》的学科门类基本一致,分设哲学、经济学、法学、教育学、文学、历史学、理学、工学、农学、医学、管理学、艺术学12个学科门类。新目录新增了艺术学学科门类,未设军事学学科门类,其代码11预留。专业类由修订前的73个增加到92个,专业由修订前的635种调减到506种,各学科门类的专业类、专业、特设专业及特设控制类专业的分布情况,如表2-1所示。

普通高等学校本科专业目录(2012年)各类专业分布情况 表2-1

门类	哲学	经济学	法学	教育学	文学	历史学	理学	工学	农学	医学	管理学	艺术学
代码	01	02	03	04	05	06	07	08	09	10	12	13
专业类	1	4	6	2	3	1	12	31	7	11	9	5
专业	4	17	32	16	76	6	36	169	27	44	46	33
特设专业	1	7	7	3	4	2	8	58	9	9	12	4
控制专业	0	0	12	0	0	0	0	0	0	9	2	0

新目录分为基本专业(352种)和特设专业(124种),并确定了31种专业为国家控制布点专业。基本专业一般是指学科基础比较成熟、社会需求相对稳定、布点数量相对较多、继承性较好的专业。特设专业是满足经济社会发展特殊需求所设置的专业。特设专业和国家控制布点专业分别在专业代码后加"T"和"K"表示,以示区分。新目录所列专业,除已注明者外,均按所在学科门类授予相应的学位。对已注明了学位授予门类的专业,按照注明的学科门类授予相应的学位;可授两种(或以上)学位门类的专业,原则上由有关高等学校确定授予其中一种。

2. 普通高等学校本科专业目录修订

《普通高等学校本科专业目录》一般是10年修订一次,基本专业5年调整一次,特设专业每年动态调整。改革开放以来,我国共进行了4次大规模的学科目录和专业设置调整工作。

1987年,第一次修订目录颁布实施,修订后的专业种数由1300多种调减到671种,解决了"十年动乱"所造成的专业设置混乱的局面,专业名称和专业内涵得到整理和规范。

1993年,第二次修订目录正式颁布实施,专业种数为504种,重点解决专业归并和总体优化的问题,形成了体系完整、统一规范、比较科学合理的本科专业目录。

1998年,第三次修订目录颁布实施,修订工作按照"科学、规范、拓宽"的原则进行,使本科专业目录的学科门类达到11个,专业类71个,专业种数由504种调减到249种,改变了过去过分强调"专业对口"的教育观念和模式。

2012年,第四次修订目录颁布实施,新目录的学科门类由原来的11个增至12个,新增艺术学门类;专业类由原来的73个增至92个;专业由原来的635种调减至506种,其中基本专业352种,特设专业154种。

由于认识和管理体制等方面的客观原因,1987年版专业目录划分过细,专业范围过窄,专业名称不尽科学、统一，门类之间专业重复设置，本科专业门类与学位授予门类不相一致；另外，随着我国社会主义现代化建设事业的发展，有关部门和高等学校提出了一些应用性专业设置问题。为了进一步解决存在的问题，及早制定一个体系完整、统一规范、比较科学合理的本科专业目录，国家教委自1989年开始着手进行专业目录修订工作。这次修订工作跨时4年多，在地方和中央各部门及有关高等学校的积极配合和共同努力下，依靠国内知名专家、教授，进行了大量的调查研究和充分的科学论证工作。修订工作按照适应中国经济、科技和社会发展需要的原则，科学性原则，符合高等教育发展规律原则，拓宽专业、增强适应性的原则，大体经过了分科类论证审订和总体优化的过程，最后形成了整体上比较科学合理、统一规范的专业目录。

1993年7月16日，国家教委发布关于印发《普通高等学校本科专业目录》等文件的通知。修订后专业目录的学科门类与国务院学位委员会、国家教委颁布的《授予博士、硕士学位和培养研究生的学科、专业目录》的学科门类基本一致。在前几次修订工作的基础上，进一步拓宽了专业口径和业务范围，调整归并了一批专业，充实扩大了专业内涵。同时，根据社会对专业人才的需要和某些门类、专业的办学现状，保留了部分专业范围较窄的专业，增设了少数应用性专业。经过修订，专业种数比修订前有了较大幅度的减少。

1993年版的专业目录分设哲学、经济学、法学、教育学、文学、历史学、理学、工学、农学、医学十大门类，设二级类71个，504种专业，比修订前的专业数减少309种。其中哲学门类设二级类2个，9种专业；经济学门类设二级类2个，31种专业；法学门类设二级类4个，19种专业；教育学门类设二级类3个，13种专业；文学门类设二级类4个，106种专业；历史学门类设二级类2个，13种专业；理学门类设二级类16个，55种专业；工学门类设二级类22个，181种专业；农学门类设二级类7个，40种专业；医学门类设二级类9个，37种专业。专业目录中列出跨学科门类的专业56种，并注明了可授予学位的门类（未注明者均按所属门类授予学位）；对需适当控制设点的42种专业，加注了※号。

学科的发展、社会分工的变革以及教育对象的变化，都直接影响着高校的专业设置和调整。1998年制定实施的本科专业目录明显存在着以下问题：一是不能适应经济社会发展、社会需求的变化；二是不能适应高校多类型、人才培养多规格的需要；三是新兴学科和交叉学科专业设置困难，不利于复合型、创新型人才的培养；四是与《授予博士、硕士学位和培养研究生的学科、专业目录》的专业划分衔接不够。

教育部2012年颁发的《普通高等学校本科专业设置管理规定》指出，高校设置专业须具备6个基本条件：符合学校办学定位和发展规划；有相关学科专业为依托；有稳定的社会人才需求；有科学、规范的专业人才培养方案；有完成专业人才培养方案所必需的专职教师队伍及教学辅助人员；具备开办专业所必需的经费、教学用房、图书资料、仪器设备、实习基地等办学条件，有保障专业可持续发展的相关制度。

第三节　学位授予和人才培养学科设置

一、学科释义

学科是学术的分类，指一定的科学领域或一门科学的分支。学科门类和一级学科是国家进行学位授权审核与学科管理、学位授予单位开展学位授予与人才培养工作的基本依据，二级学科是学位授予单位实施人才培养的参考依据。

学科门类是对具有一定关联学科的归类，其设置应符合学科发展和人才培养的需要，并兼顾教育统计分类的惯例。一级学科是具有共同理论基础或研究领域相对一致的学科集合，原则上按学科属性进行设置。二级学科是组成一级学科的基本单元。

二、专业与学科概念区分

现代社会里的大学承担着人才培养、科学研究、社会服务、文化传承和国际交流等职能，学科是大学有效完成这些职能的载体。美国学者伯顿·克拉克在他的《高等教育新论》一书中提出，学科包含两种含义：一是作为知识的"学科"；二是围绕这些"学科"而建立起来的组织。一般可以从三个不同的角度来阐述学科的含义：从创造知识和科学研究的角度来看，学科是一种学术的分类，指一定科学领域或一门科学的分支，是相对独立的知识体系；从传递知识和教学的角度看，学科就是教学的科目；从大学里承担教学科研的人员来看，学科就是学术的组织，即从事科学与研究的机构。这是学科的三个基本内涵，在不同的场合和时间体现不同的内涵。

学科水平对大学能否培养优秀人才、产生丰硕的科研成果、提供优质的社会服务具有直接的影响，学科水平既体现在推动学科发展的贡献上，也体现在应用学科发展的成果培养人才和研究、解决社会现实问题的贡献上。每一所大学都能够通过不断提升学科水平，进而提高人才培养的质量、产生更多的科研成果，为社会提供更优质的服务。

学科通过专业承担人才培养这一职能。通常，比较一致的看法是：专业是"高等教育培养学生的各个专门领域"，是大学为了满足社会分工的需要而进行的活动。这在一定程度上揭示了专业的本质内涵，表明了专业的范围、对象和功能，而"专门领域"是大学区别于其他层次教育的特征之一。大学中的专业是依据社会的专业化分工确定的，具有明确的培养目标。社会分工的需要作为一种外在刺激促成了专业的产生，专业处在学科体系与社会职业需求的交叉点上。因此，专业的定义中有两个关键概念，即社会需求与学科基础。一个专业要完成培养人才的任务，首先必须根据社会对人才的需求，其次必须依托与它相关的学科来组织课程体系，然后实施教学过程，获得教学效果。

专业是某行业职业体系划分的，学科是以知识结构体系划分的。大学为社会培养高端人才，所以按照行业职业体系划分，叫作专业；研究生进一步进行科学研究训练，所以按照知识结构体系划分，叫作学科。

三、学位授予和人才培养学科目录

根据国务院学位委员会、教育部规定印发的《学位授予和人才培养学科目录设置与管理办法》（学位〔2009〕10号），学科目录分为学科门类和一级学科，是国家进行学位授权审核与学科管理、学位授予单位开展学位授予与人才培养工作的基本依据，适用于硕士、博士的学位授予、招生和培养，并用于学科建设和教育统计分类等工作，在人才培养和学科建设中发挥着指导作用和规范功能。我国先后颁布实施过四份学科专业目录，即1983年3月国务院学位委员会第四次会议决定公布、试行的《高等学校和科研机构授予博士和硕士学位的学科专业目录(试行草案)》,1990年10月国务院学位委员会第九次会议正式批准的《授予博士、硕士学位和培养研究生的学科、专业目录》,1997年国务院学位委员会、国家教育委员会联合发布的《授予博士、硕士学位和培养研究生的学科、专业目录(1997年)》,2011年2月国务院学位委员会第二十八次会议审议批准的《学位授予和人才培养学科目录(2011年)》。

《学位授予和人才培养学科目录(2011年)》中将普通高校的研究生教育和本科教育的学科均划分为13大门类,即哲学、经济学、法学、教育学、文学、历史学、理学、工学、农学、医学、军事学、管理学、艺术学。原属文学门类的艺术学科从文学所属的中国语言文学(0501)、外国语言文学(0502)、新闻传播学(0503)、艺术学(0504)四个并列一级学科中独立出来,成为新的第13个学科门类,即艺术学门类。艺术学门类下设五个一级学科,艺术学理论(1301)、音乐与舞蹈学(1302)、戏剧与影视学(1303)、美术学(1304)和设计学(1305,可授艺术学、工学学位)。此外,《学位授予和人才培养学科目录(2011年)》中将一级学科由89个增加到110个,与交通运输类专业相关的学科是交通运输工程(学科代码0823)。

1994年提出的专业学位是我国研究生教育的一种形式。1997年国务院学位委员会批准设置工程硕士专业学位共有38个领域,其中包括交通运输工程(430123)、物流工程(430141)等。根据《学位授予和人才培养学科目录(2011年)》规定,专业学位授予和人才培养目录如表2-2所示。与本科交通运输类专业相关的工程硕士专业是交通运输工程领域,代码为0852***。

专业学位授予和人才培养目录(2011年) 表2-2

代码	0251	0252	0253	0254	0255	0256	0257
领域	金融	应用统计	税务	国际商务	保险	资产评估	审计
代码	0351	0352	0353	0451	0452	0453	0454
领域	法律	社会工作	警务	*教育	体育	汉语国际教育	应用心理
代码	0551	0552	0553	0651	0851	0852	0853
领域	翻译	新闻与传播	出版	文物与博物馆	建筑学	*工程	城市规划
代码	0951	0952	0953	0954	1052	1053	1054
领域	农业推广	*兽医	风景园林	林业	*口腔医学	公共卫生	护理
代码	1055	1056	1151	1251	1252	1253	1254
领域	药学	中药学	军事	工商管理	公共管理	会计	旅游管理
代码	1255	1256	1351				
领域	图书情报	工程管理	艺术				

从2009年起,大部分专业学位硕士开始实行全日制培养并发放"双证"(毕业证、学位证)。专业硕士研究生教育是从以培养学术型人才为主向以培养应用型人才为主的转变,是实现研究生教育结构的历史性转型和战略性调整。根据国务院学位委员会的定位,专业学位培养特定高层次专门人才。与侧重于理论、注重学术研究能力的全国硕士研究生教育不同,专业学位教育是为了培养理论与实践相结合的创新型人才。

专业学位类型有很多种,根据专业特点和职业性质,不同专业学位在招生对象、培养模式和学习方式上有很大不同。有的专业学位招收对象需要有一定工作经验,如工商管理硕士(MBA),其培养目标是企业的经营管理人员,教学方式是研讨式、案例分析、团队合作等,要求学习者了解企业的实际运行情况,具有直接的感性经验,问题导向式学习。一般而言,管理类的专业学位都要求有一定的实践经验和一定的阅历,这一类专业学位招收对象不面向应届毕业生,要求具有一定的工作经验。而有的专业学位,如翻译硕士,其培养目标是具有较强的双语交流能力和综合的文化素养,在教学环节强调口译笔译实践,加强翻译实践能力,其学习过程就是实践过程,因此,这类专业学位可以面向应届生招生。

由于在1999年以前,我国硕士研究生规模较小,而且主要是为教学科研岗位培养学术性人才,因此,当时的专业学位教育主要针对的是已经工作的在职人员,满足他们在职提高的要求。为此,国务院学位委员会开通了在职人员攻读专业学位教育的渠道,实施非全日制培养,大大地满足了社会在职人员学习提高的愿望。但专业学位教育不仅仅是要满足现有在职人员的需要,更重要的是要吸引优秀生源,调整优化硕士研究生培养结构,成为硕士研究生教育的主体,成为高层次人才培养的重要方面。因此,专业学位教育有双重任务,一个是吸引优秀应届毕业生,实施全日制学习方式,培养实践部门需要的应用型人才;另外,就是面向在职人员,开展非全日制学习方式。两种模式,两种学习方式,两种招收对象,但培养目标相同,都同等重要。

2018年8月30日,国务院学位委员会办公室正式下发《关于对已有的工程硕士、博士专业学位授权点进行对应调整的通知》,决定对已有的工程硕士、博士专业学位授权点进行对应调整,工程专业学位类别调整为电子信息、机械等8个专业学位类别。工程硕士属于专业硕士学位的一种,是工程类专业学位,分为全日制工程硕士和非全日制工程硕士。与学术硕士学位的工学硕士处于同一层次,但类型不同,各有侧重。

工程硕士专业学位在招收对象、培养方式和知识结构与能力等方面,与工学硕士学位有不同的特点。工程硕士专业学位侧重于工程应用,主要是为工矿企业和工程建设部门,特别是国有大中型企业培养应用型、复合型高层次工程技术和工程管理人才。

工程博士培养则是以实践创新为导向,培养具备解决复杂工程技术问题、进行工程技术创新以及组织实施高水平工程技术项目等能力的专业型领军人才。2011年2月,国务院学位委员会第二十八次会议审议通过了《工程博士专业学位设置方案》。经学校申请、专家评审,批准清华大学等25个学位授予单位开展工程博士专业学位授予工作,并于2012年正式开始招生。

自1997年以来,工程硕士先后设置了40个领域,工程博士设置了4个领域,已成为培养规模全球最大、影响最为广泛且按领域授权的专业学位类别。但随着事业发展形势的变化和自身改革的深入,工程专业学位现有的设置模式、机制也逐步显现出以下几点不足和局限,亟须调整优化:其一,工程专业学位领域固化、滞后的问题逐渐凸显;其二,与其他类别专业学位的培养范围存在部分重复,工程博士、硕士衔接不够;其三,部分工程领域设置与工学学科设置较为接近,与工程综合需求距离较大,培养特色不够鲜明;其四,管理机制不适应工程专业人才培养现实需要。以上问题极大制约了我国工程学人才的培养与发展,因此,经国务院学位委员会第三十四次会议审批,决定统筹工程硕士和工程博士专业人才培养,将工程专业学位类别调整为电子信息、机械、材料与化工、资源与环境、能源动力、土木水利、生物与医药、交通运输8个专业学位类别。工程硕士领域中的项目管理、物流工程、工业工程3个领域调整到工程管理专业学位类别。调整后的8个专业学位类别分为硕士、博士两个层次。根据此前发布的《国务院学位委员会、教育部关于对工程专业学位类别进行调整的通知》，工程硕士、工程博士研究生2018年、2019年按调整前的工程领域进行招生、培养、学位授予，从2020年起，按调整后的专业学位类别进行招生、培养和学位授予。

第四节　高等教育的学位制度

一、学位制度起源及演变

学位制度是指一个国家和高校为保证学位的严肃性，通过建立明确的学术衡量标准和严格的学位授予程序，对达到相应学术水平的受教育者授予一定学位称号的制度。

现代学位制度最早起源于西欧的一些中世纪大学。作为最初的学者行会组织，中世纪大学仿照行会的习惯，制定严格的会员入会标准。一般地，学生必须在大学中经过一段时间的学习，在取得优异的成绩后，方可被介绍成为教师。其获得的教师资格证书就是最初的硕士学位证书，后来又出现了博士和教授证书。13世纪后，又出现了学士职务，一般是教授的助手。

19世纪初，德国创建了新型大学并建立了新型学位制度。德国教育家洪堡根据新人文主义思想创办了柏林大学，主张学术自由，实行教学科研相结合统一。由此，德国各大学自然科学和社会科学都得到重视和发展，学术思想活跃，研究气氛浓厚，成为世界哲学、科学和学术的中心。所以，哲学博士学位也应运而生，突破了中世纪的神、法、医、文四科占主导地位的传统模式。德国大学中哲学博士学位标准和授予程序十分严格，主要表现在：申请者必须接受正规学术性高等教育；申请者必须从事科研，完成富有创见、对科学发展有所贡献论文；申请者必须通过论文答辩。严格的学位授予程序推动了学位教育和授予过程的规范化和制度化，并为世界各国所借鉴。

20世纪，尤其是二战后，学位制度得到了空前的重视和发展。各国学位层次都包括学士、硕士和博士。世界各国学位制度既有共同之处，又有差异：各国学位制度在分级、名称合要求上不尽相同，即使名称相同，所代表的含义也有区别；大多数国家的学位授予机构一般是由政府通过制定条例或依立法形式来控制，使学位制度化和规范化；各国学位教育根植于高校，高校间的等级差异或地位差异，使得学位制度在一些国家也各具不同特点和多样性。

二、我国学位制度概况

1935年，国民政府颁布了《学位授予法》，教育部制定了《学位分级细则》，规定学位分为学士、硕士、博士三级。

新中国建立以后，在1954—1957年、1961—1964年，对学位条例草案进行了2次讨论，但由于种种原因没有公布实行。

1980年2月，全国五届人大常委会批准公布了《中华人民共和国学位条例》，并于1981年起实行。

我国学位级别和授予标准如下：

（1）学士学位（Bachelor's Degree）。高等学校本科毕业生，成绩优良，并达到下述学术水平者，授予学士学位。

①较好地掌握本门学科的基础理论、专门知和基本技能；

②具有从事科学研究工作或担负专门技术工作的初步能力。

（2）硕士学位（Master's Degree）。高等学校或科学研究机构的研究生，或具有研究生毕业同等学力的人员，通过硕士学位的课程考试和论文答辩，成绩合格，达到下述学术水平者，授予硕士学位。

①在本门学科掌握坚实的基础理论和系统的专业知识；

②具有从事科学研究工作或独立担负专门技术工作的能力。

（3）博士学位（Doctor's Degree）。高等学校或科学研究机构的研究生，或具有研究生毕业同等学力的人员，通过硕士学位的课程考试和论文答辩，成绩合格，达到下述学术水平者，授予博士学位。

①在本门学科掌握坚实而宽广的基础理论和系统的专业知识；

②具有从事科学研究工作或独立担负专门技术工作的能力；

③在科学和专门技术上做出创造性成果。

我国学位的授权机构是由国务院学位委员会授权的高等学校或科学研究机构。

复习思考题

1. 我国高等教育主要法律有哪些？其主要内容是什么？
2. 为什么说思想政治教育与立德树人是高等教育的使命？
3. 我国高等教育有哪些制度？其主要内容是什么？
4. 我国高等学历教育分为几个层次？各层次的学业标准有何规定？
5. 何谓高校"双一流建设"？主要目的是什么？
6. 何谓新工科？其教育教学改革的主要目的和要求是什么？
7. 什么是专业？其主要特征有哪些？国内外对专业的理解有何不同？
8. 什么是学科？专业与学科有何不同？
9. 研究生培养分为几种类型？各有什么特点？
10. 我国学位分为几个级别？各级别授予的基本标准是什么？

第三章　交通运输专业设置及其相关学科

第一节　交通运输类专业及其演变

一、交通运输类主要专业

工学是我国大学最大的学科门类，各类工学人才直接推动着我国的经济建设和工程技术领域的发展。工学学科门类专业主要从事应用基础研究和应用研究，各专业学习过程中，结合大量的试验工作和实践实验过程，培养具有良好的科学素养，系统地、较好地掌握各专业基本理论、基本知识和基本技能与方法的科技应用型人才，能在工业生产第一线、科研部门、教育单位、企业、事业、技术和行政管理部门等单位，从事各科研究、管理实践、设计制造、科技开发和经营销售等方面工作的高级工程技术人才。

交通运输是国民经济发展的基本需要和先决条件，是社会经济的基础设施和重要纽带，有效、快速、及时地进行人员和物资的流通，是社会和经济得到稳定、持续发展的基本保证。交通运输专业是适应这种行业人才需求而设置的一门多学科交叉的传统本科专业。

交通运输是研究铁路、公路、水路及航空运输基础设施的布局及修建、载运工具运用工程、交通信息工程及控制、交通运输经营和管理的工程领域。培养从事铁路、公路、港口、海洋、航道、机场工程勘查、设计、施工与养护，机车、汽车、船舶及航空器运用工程，铁道、公路、水路、航空信息工程及控制，铁路、公路、水路及航空运输规划，经营和管理的工程技术人才。

交通运输专业主要学习运筹学、管理学、系统工程学、交通运输组织学、交通运输设备运用等方面的基本理论和基本知识，接受交通运输技术管理、运务管理、信息管理的基本训练，使学生具有运用运输技术设备，合理组织运输生产以获得最佳社会与经济效益的基本能力。

根据《普通高等学校本科专业目录(2012年)》，交通运输(学科代码:081801)专业属于工学学科中交通运输类专业之一，与其相关的专业有交通工程、航海技术、轮机工程、飞行技术、物流工程、物流管理等。

1997年，全国普通高等学校本科专业目录(修订)，将交通运输(081701)、载运工具运用工程(081702)、道路交通管理工程(082004)调整合并成新的交通运输专业。涉及铁、公、水、空4个领域。交通运输专业(081201)是在原交通运输管理工程、铁道运输与管理信息系统、航政管理、外贸运输等专业的基础上扩充的大类专业。根据教育部颁布的《普通高等学校本科专业目录(1998)》，交通运输类属于工学(08)学科门类，交通运输类(0812)目录内专业有：交通运输(081201)、交通工程(081202)、油气储运工程(081203)、飞行技术(081204)、航海技术(081205)、轮机工程(081206)，目录外专业还有：物流工程(081207W)、海事管理(081208W)、交通设备信息工程(081209W)。

根据教育部颁布的《普通高等学校本科专业目录(2012年)》，交通运输类属于工学(08)学科门类，交通运输类(0818)共有8个专业：交通运输(081801)、交通工程(081802)、航海技术(081803K)、轮机工程(081804K)、飞行技术(081805K)、交通设备与控制工程(081806T)、救助与打捞工程(081807T)、船舶电子电气工程(081808TK)，新版专业目录与1998版专业目录对比，如表3-1所示。另外，在公安技术类(0831)中，还设有交通管理工程(083103TK)；管理学类(1204)中，也还设有交通管理(120407T)，可授管理学或工学学士学位。

2012版与1998版专业目录对比　　　　　　　　　　　　　表3-1

专业目录(2012年)		专业目录(1998年)	
代码	专业类	代码	专业类
0818	交通运输类	0812	交通运输类
081801	交通运输	081201	交通运输
081802	交通工程	081202	交通工程
081803K	航海技术	081205	航海技术
081804K	轮机工程	081206	轮机工程
081805K	飞行技术	081204	飞行技术
081806T	交通设备与控制工程	081213S	交通信息与控制工程
		081209W	交通设备信息工程
		080647S	交通设备与控制工程
081807T	救助与打捞工程	081211S	救助与打捞工程
081808TK	船舶电子电气工程	080636S	船舶电子电气工程
0831	公安技术类(工学)	0821	公安技术类
083103TK	交通管理工程	082104W	交通管理工程
1204	公共管理类(管理学)	—	—
120407T	交通管理(可授管理学或工学学士学位)	—	—

二、交通运输类专业简介

1. 交通运输(081801)

培养目标：本专业培养德、智、体等方面全面发展，具备较坚实的数学、力学、管理学、计算机、外语、必要的人文社科和经济管理基础知识以及机电、土木、系统工程等工程技术基础知识，掌握载运工具运用与保障技术、交通运输系统规划、客货运输组织及调度等的基本理论、知识与技能，能在交通运输领域从事载运工具技术使用与管理、运输规划与设计、运输组织、管理和调度等工作，能在教学、科研单位从事相关教学科研工作的宽口径应用型和复合型工程技术、管理专门人才。

培养要求：本专业学生主要学习交通运输工程、机械电子工程、控制科学与工程、管理科学与工程等学科方面的基本理论和基本知识，接受载运工具技术运用与管理、运输线网和枢纽规划与设计、客货运输组织与管理等方面的基本训练，掌握载运工具运用与保障技术、交通运输系统规划、客货运输组织调度等系统知识，并具备能运用所学知识解决工程实际问题的基本能力。

毕业生应获得以下几方面的知识和能力：

（1）具有良好的交通运输工程职业道德、坚定的追求卓越的态度、强烈的爱国敬业精神、社会责任感和丰富的人文科学素养；

（2）具有从事交通运输工程工作的所需的工程数学和其他相关的自然科学知识以及一定的运输经济管理知识；

（3）具有良好的运输安全质量、运输环境、职业健康和运输服务的意识；

（4）掌握扎实的交通运输工程、机械电子工程、控制科学与工程、管理科学与工程等方面的基本理论、基本知识，了解交通运输的发展历史及趋势；

（5）掌握交通运输领域常用的一般技术分析方法或设计方法，具有综合运用所学理论，分析交通运输中存在的问题，并能提出相应的解决方案，能够参与运输生产及运营系统的设计，并具有保障其稳定运行的能力；

（6）具有较强的创新意识和进行运输系统或相关产品的开发或设计、技术改造与创新的初步能力；

（7）掌握文献检索、资料查询的基本方法，具有较强的计算机与信息技术能力，具有职业发展学习能力；

（8）了解国内外关于交通运输领域的技术标准、政策和法规；

（9）具有较好的组织管理能力，较强的交流沟通、环境适应和团队合作能力；

（10）具有应对危机与突发事件的初步能力；

（11）具有不少于一门的外语综合应用能力，具备国际视野和跨文化环境下的交流、竞争与合作的初步能力。

主干学科：交通运输工程、机械电子工程、控制科学与工程、管理科学与工程。

核心知识领域：运筹学、机电工程学、交通运输设备及技术使用、载运工具检测与诊断技术及其维护、运输组织学、运输经济学、交通运输安全、交通运输法规、交通运输系统规划与设计、交通运输企业管理等。

主要实践性教学环节：分为课程实验教学和专业实践教学两部分，包括驾驶实习、生产实习、课程设计、毕业实习、毕业设计（论文）、社会实践、科技训练等多种形式。

主要专业实验：大学物理实验、力学实验、电工电子技术实验、交通运输设备及性能实验、运输系统模拟与仿真实验等。

修业年限：四年。

授予学位：工学学士。

2. 交通工程（081802）

培养目标：本专业培养具备交通运输系统分析与规划、交通设计、交通工程设施设计、施工与管理、交通系统智能化控制与管理和交通安全等方面的专业知识及能力，能够从事本领域的及规划、设计、施工、管理与运营的高级工程技术及管理的复合型人才。

培养要求:本专业学生主要学习交通工程的基本理论和基本知识,接受交通系统规划、设计、施工及运营管理等方面的基本训练,具备以上基本能力。

毕业生应获得以下几方面的知识和能力:

(1)掌握交通系统问题的分析方法,掌握交通工程学、交通规划与管理、交通信息与控制的基本理论和基本知识;

(2)掌握交通及其设施的规划、设计、施工与维护管理的基本理论与方法;

(3)具有运用交通工程学基础知识和交通运输规划、交通工程设计和交通控制系统等技术,能够解决交通系统出现的各类问题并具有开发相关系统的基本能力;

(4)熟悉国家关于交通运输规划、建设及运营及管理的方针、政策和法规,熟悉相应的标准规范;

(5)了解国内外交通工程研究领域的发展动态;

(6)具有一定的科学研究和实际工作的能力,并具有一定的批判性思维能力。

主干学科:系统工程、交通工程、交通运输工程及交通规划。

核心知识领域:交通工程导论、交通工程系统分析、结构设计原理、力学、道路工程材料、交通规划、交通设计、交通土木工程(路基路面工程、桥梁工程等)及交通控制与管理。

主要实践性教学环节:认识学习、测量实习、交通工程实习、工程材料实验、道路工程课程设计、交通分析课程设计、交通规划课程设计、交通控制课程设计、交通设计课程设计、专业工程案例分析、创新实践及毕业设计等。

主要专业实践:工程材料实验、机电基础实践道路工程课程设计、交通控制课程设计、交通分析课程设计、交通规划课程设计及交通设计课程设计等。

修业年限:四年。

授予学位:工学学士。

3.航海技术(081803K)

培养目标:本专业培养德、智、体等方面全面发展,具备船舶航行、货物运输管理、船舶与人员安全与管理、无线电通信等方面的知识,能在各港航企事业单位从事船舶驾驶、营运管理以及相关的科研和教学等工作,符合相关国际公约和国家船员适任标准要求的高级航海技术复合型人才。

培养要求:本专业学生主要学习船舶航行、货物积载与装卸、船舶与人员安全管理和无线电通信等方面的基本理论和基本知识,接受航线设计、船舶操纵与避碰、模拟器及实船训练等的基本训练,掌握独立指挥和组织船舶航行与营运的基本能力。

毕业生应获得以下几方面的知识和能力:

(1)具有良好的工程职业道德,强烈的爱国敬业精神、社会责任感和丰富的人文科学素养,掌握一定的军事理论知识,具备一定的军事素养;

(2)具有从事工程工作所需要的数学和其他相关的自然科学知识以及一定的经济管理知识,具备良好的专业英语能力,能够熟练、正确、规范地运用航海标准用语进行业务表达和交流;

(3)具有良好的质量、海洋环境保护、职业健康、安全和服务意识;

（4）具有扎实的工程基础知识、交通信息工程及控制、航海科学与技术的基本理论、基础知识,了解航海科技发展的现状、热点、重点及发展趋势;

（5）具有综合运用所学科学理论分析并提出解决问题的方案,并解决工程实际问题的能力,具有航线设计、组织船舶航行和船舶运营管理的初步能力,具备保证海上安全运营的实际操作能力及专业技能;

（6）具有创新意识,掌握船舶操纵、导航、货物运输以及通信等基本技术,具备本专业领域科学研究和技术改造的初步能力;

（7）掌握文献检索、资料查询的基本方法,具备信息获取和职业发展学习能力;

（8）了解本专业领域的技术标准,熟悉航行安全、海洋环境保护和船舶防污染等方面的国际公约和国内法律法规;

（9）具有良好的组织管理能力、领导能力和服从意识,具有较强的交流沟通、环境适应和团队合作的能力;

（10）具有良好的心理素质,有一定急救知识和救护能力,有较强的海上求生能力,应变能力、心理调节和承受能力,具备应对危机和突发事件的初步能力;

（11）了解国内外历史、地理、宗教、法律和法规,具有一定的国际视野以及较强的人际交往和跨文化交流能力。

主干学科:交通运输工程。

核心知识领域:船舶原理基础、电工技术基础、船舶电子技术基础、航路与航法、船舶结构与设备、船舶信号与通信、船舶操纵与避碰、船舶导航与信息系统、海上遇险与安全系统、船舶货运、航海气象学与海洋学、船舶安全与管理、远洋运输业务、海事法律。

主要实践性教学环节:专业证书培训、船舶实习、货物积载与系固、GMDSS 设备操作、航线设计、驾驶台资源管理、航海模拟器训练等。

主要专业实验:学科门类基础实验、专业基础实验、船舶定位、航海仪器使用、电子海图显示与信息系统、船舶操纵、碰壁与驾驶台资源管理等。

修业年限:四年。

授予学位:工学学士。

注:本专业为国家控制布点的专业。

4. 轮机工程(081804K)

培养目标:本专业培养德、智、体等方面全面发展,具备机械原理和轮机系统等方面知识,在水上运输各企事业单位从事船舶轮机操纵和维修、船舶机电设备维护和管理、船舶监修和监造、船舶检验以及相关的科研和教学等工作,符合国际和国家船员适任标准的高级轮机技术复合型人才。

培养要求:本专业学生主要学习船舶动力装置及辅助装置、船舶电力系统与电气设备等方面的基本理论和基本知识,接受轮机设备操纵、维护与维修、技术管理、模拟器和实船训练等基本训练,具有操纵和维修船舶动力及辅助装置,履行船舶监修、监造职责的初步能力。

毕业生应获得以下几方面的知识和能力:

（1）具有良好的工程职业道德,强烈的爱国敬业精神、社会责任感和丰富的人文科学素养,掌握一定的军事理论知识,具备一定的军事素养;

(2) 具有从事工程工作所需要的教学和其他相关的自然科学知识以及一定的经济管理知识，具备良好的专业英语能力，能够熟练、正确、规范的运用航海标准用语进行业务表达和交流；

(3) 具有良好的质量、海洋环境保护、职业健康、安全和服务意识；

(4) 具有扎实的工程基础知识、轮机工程和电气工程及其自动化方面的基本理论知识，了解轮机发展现状、船舶技术和发展趋势；

(5) 具有综合运用所学科学理论分析并提出解决问题的方案，并解决工程实际问题的能力，具有操纵船舶动力装置，实施轮机维护与修理，履行船舶监修、监造职责的初步能力；

(6) 具有创新意识，掌握轮机工程等方面的基础知识，具有本专业领域科学研究和技术改造的初步能力；

(7) 掌握文献检索、资料查询的基本方法，具备信息获取和职业发展学习能力；

(8) 了解本专业领域的技术标准，熟悉船舶安全运输、海洋环境保护和船舶防污染等方面的国际公约和国内法律法规；

(9) 具有良好的组织管理能力、领导能力和服从意识，具有较强的交流沟通、环境适应和团队合作的能力；

(10) 具有良好的心理素质，有一定急救知识和救护能力，具有较强的海上求生能力、应变能力、心理调节和承受能力，具有应对危机和突发事件的初步能力；

(11) 了解国内外历史、地理、宗教、法律和法规，具有一定的国际视野以及较强的人际交往和跨文化交流能力。

主干学科：船舶与海洋工程。

核心知识领域：工程力学与流体力学、热力学与动力工程、船舶动力装置及系统、机械设计与金属材料、船舶管理体系及防污染技术、船舶辅助设备、轮机测试与维修技术、船舶电子与电气技术、轮机监测与自动控制、轮机专业英语。

主要实践性教学环节：金工实习、专业证书培训、船舶实习、船舶柴油机拆装、船舶电气设备管理与工艺、轮机模拟器训练、机舱资源管理等。

主要专业实验：学科门类基础实验、专业基础实验、柴油机实验、辅机实验、船舶电气实验、轮机自动化实验、船舶动力设备综合实验等。

修业年限：四年。

授予学位：工学学士。

注：本专业为国家控制布点的专业。

5. 飞行技术(081805K)

培养目标：本专业培养适应社会主义现代化建设需要，适应21世纪民用航空事业发展，具备德、智、体等方面全面素质和综合能力，符合国际民航培训标准的航线运输机驾驶高级应用型人才。本专业毕业生达到商用驾驶员执照附加多发仪表等级的知识和技能标准要求，并完成航线运输驾驶的基础训练，能够从事民航国内、国际航线运输机驾驶工作。

培养要求：本专业学生系统地学习本专业必需的基础理论、专业基础理论和专业理论，接受航空运输飞行员必需的操纵技术、航行方法和机组资源管理(CRM)等专业训练。本专业培养学生适应严格、紧张、连续工作所需的良好的心理素质及强健体魄。

毕业生应获得以下几方面的知识与能力：

(1) 具有为国家富强、民族振兴而奋斗的理想、事业心和责任感，理论联系实际、实干创新的精神和勤奋、团结协作的品质与健全的人格、良好的社会公德和职业道德；

(2) 了解现代民用航空器的系统、动力装置及机载设备的工作原理及应用；

(3) 熟悉现代航行系统、航空气象、空中交通管制和飞行安全的有关法律法规，了解航空运输营运知识；

(4) 掌握飞机基本驾驶术和目视、仪表飞行规则的航行术；

(5) 具有适应飞行职业所需要的良好心理素质、机组资源管理能力；

(6) 达到国际民航组织对飞行人员英语语言能力的要求，具有一定的人文知识和计算机应用能力；

(7) 具有健康的体魄和健全的心理素质，达到大学生健康体质标准。

主干学科：交通运输工程、航空宇航科学与技术。

核心知识领域：飞行原理、空中领航、飞行英语、飞机系统、航空动力装置、航空气象、民航飞机电气仪表及通信系统、空中交通管制基础、仪表飞行程序、飞行性能与计划、航线运输驾驶员执照理论课程、航线运输驾驶员飞行训练课程。

主要实践性教学环节：私用驾驶员执照飞行训练、商用驾驶员执照飞行训练、仪表等级训练、多发等级训练、高性能飞机/机组配合训练、飞行实践综合报告、航空公司实习。

修业年限：四年。

授予学位：工学学士。

注：本专业为国家控制布点的专业。

三、专业方向及其演变

1. 交通运输专业方向

由于交通运输专业系大类专业，所以可根据铁路、公路、航空和水运等各类高等院校培养要求不同、专业内容偏重以及应用范围不同的情况，在强调本专业基本内容的前提下，设置不同的专业方向。例如，铁路院校设铁路(轨道)运输专业；水运、海事及与之相关院校设国际航运管理、国际多式联运和外贸运输三个专业方向；航空院校设民用飞机运用工程、民航信息工程、空中交通管理与派签、民航运输管理等专业；交通、汽车及相关院校设汽车运用工程、汽车贸易、公路运输管理等专业方向。

1) 铁路(轨道)运输专业方向。

培养从事铁路运输和城市轨道交通管理方面的高级工程技术人才。要求学生掌握铁路运输和城市交通布局及运用的主要原则，掌握现代化的运输生产管理和技术经济的基本理论，能够合理地组织运输生产，有效地管理运输企业，正确地规划场站线路，具有较强的分析和解决运输生产实际问题的能力。

除公共课和基础课外，主要课程还有运筹学、现代管理学、运输设备、行车组织、客货运组织、站场与枢纽规划、城市交通管理等。主要在铁路和城市交通等运输管理部门和运输生产企业从事技术与管理工作。

2）载运工具运用工程专业方向。

培养从事载运工具运输、载运工具试验、研究系统设计与管理工作的高级工程技术人才。

本专业方向的学生主要学习载运工具原理及其装备结构、电子技术、运用规划和管理方面的基础理论与科学方法。还应具有机械设计的基本能力，掌握各种运行条件下载运工具运用的现代测试、故障诊断及维修技术的基础理论和基本技能，以及运用现代方法进行运用系统优化设计与组织管理的能力。

主要课程有工程力学、机械原理、机械零件与设计、电子技术、检测技术、载运工具构造与原理、载运工具性能理论、载运工具运用学、载运工具可靠性与维修理论、载运工具技术管理及系统工程理论。

主要实践环节包括认识实习、金工实习、课程设计、生产实习、毕业实习、毕业设计等环节。

毕业生可在交通运输部门、运输企业、汽车制造厂、汽车改装厂、维修企业、检测站等，从事技术管理、工艺设计、维修机具与检测设备设计等工作。

3）道路交通管理工程专业方向。

本专业方向的学生主要学习交通运输管理、交通基础设施规划与设计、交通系统的运营与管理、运输经济学等理论及应用为中心的专业内容。

主要课程有高等数学、工程数学、工程力学、运输经济、运筹学、管理信息系统、交通系统规划与设计、汽车运输学。本专业方向的人才可在城市规划与设计、交通规划与设计、交通设施运营与管理、交通运输企业等的技术部门和行政管理部门工作。

主要实践环节包括场站运营管理实习、调度组织实习、驾驶技术实习、交通调查和运输市场调查、课程设计、生产实习、毕业实习、毕业设计等。

2. 交通工程专业方向

1997年，全国普通高等院校本科专业目录进行修订和调整，将原交通工程（081708）、总图设计与运输工程（081708）、道路交通事故防治工程（082005）专业合并组成新的交通工程（081202）专业。

主要培养具备交通工程和系统规划、设计与控制等方面的知识，能在国家与省、市的发展计划部门，交通规划与设计部门，交通管理部门等从事交通运输规划、交通工程设计、交通控制系统开发等方面的高级工程人才。主要学习系统工程学、交通工程学等方面的基本理论，并接受识图制图、工程测量、工程概算等的基本训练，达到具有进行交通基础设施规划、设计与工程项目评价方面的基本能力。

本专业毕业生应具备以下知识与能力：

(1) 掌握交通工程学科的基本理论、基本知识；

(2) 掌握系统工程的一般分析方法和系统控制的基本技术；

(3) 具有交通运输规划、交通工程设计和控制系统开发能力；

(4) 熟悉关于交通运输规划、建设与管理的方针、政策和法规；

(5) 了解交通工程特别是智能运输系统设计与应用的发展动态。

公安院校培养具备法学、交通工程学、交通事故分析、鉴定、再现、预防等方面的知识和能力,能在各级交通管理部门从事交通管理、交通事故分析、交通事故处理等实际工作的专门人才。开设的主要课程:工程力学、交通工程学、系统工程学、行政法学、公安学概论、道路工程、机动车性能、安全检测、交通法规、交通管理、心理学、道路交通管理、交通事故处理、道路交通事故鉴定技术、道路交通事故分析与再现、交通安全工程。

民航院校主要培养民用机场运营管理、规划设计和维护施工的高级工程技术与管理人才。开设主要课程有理论力学、材料力学、结构力学、土力学、地基与基础、建筑制图、建筑材料与结构、工程测量、机场规划与设计等。

1)交通管理工程专业方向

培养公安交通管理部门、交通科研院所从事交通管理与控制、交通事故分析、预防和处理方面的高级工程技术人才。

本专业方向应具备的能力:

(1)熟悉交通工程和自动控制等基础理论和方法;

(2)了解高速公路、城市道路监控、通信、交通诱导等技术;

(3)掌握交通事故预防的基本理论和方法;

(4)具备分析和处理道路交通事故的初步能力;

(5)了解智能运输系统的结构框架和发展动态。

主要课程有道路工程、交通安全工程、交通流理论、交通环境工程、交通工程勘测与设计、交通规划原理、交通事故致因分析与防治、城市交通管理与控制、轨道交通系统、立交桥设计、高速公路建设与管理、智能交通系统、交通工程概算等。

本专业毕业生主要在公安、城建、保险等部门从事道路交通安全管理、交通系统设计、交通控制等工作,也可以在大专院校及科研院所从事教学与科研工作。

2)总图设计与运输工程专业方向

培养工业企业总平面设计及运输组织管理方面的高级工程技术人才。主要学习城市总体规划、分区规划、城市乡镇体系规划、道路交通规划以及工业园区规划、工业企业总图运输规划设计理论,掌握铁路、公路和机械化运输结构、设计原理、运输组织管理方法,能正确选定工业企业厂址和运输方式,设计既符合生产工艺又符合经济原则的工业企业总平面及运输生产过程。

本专业毕业生应具备以下几方面的知识和能力:

(1)具有工厂厂址选择和工业企业总体规划的能力;

(2)掌握工业企业总平面布置的理论与方法;

(3)掌握运输方式选择及设计的基本原理;

(4)具有运输组织管理能力。

四、与交通运输相关的其他专业

根据教育部2012年颁布的《普通高等学校本科专业目录(2012年)》,与交通运输专业人才培养相关的学科门类和专业主要有:工学(08)门类中的机械类(0802)和交通运输类(0818)专业,管理学(12)门类的管理科学与工程类(1201)和物流管理与工程类(1206)专业等。与交通运输专业相关的学科门类和专业,如图3-1所示。

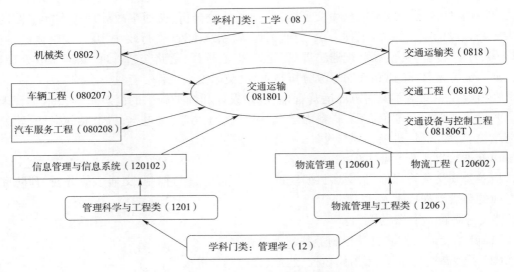

图 3-1　与交通运输专业相关的学科门类和专业

第二节　交通运输工程学科及领域

一、交通运输工程学科研究范畴

交通运输是现代社会有效、快速、及时地在地区之间进行人员和物资流通的基本保证，是社会和经济得到正常发展的必要条件，交通运输工程学科是适应现代社会发展要求，不断发展创新的学科。事实上，交通运输系统比一般想象的要复杂得多。除了直接看到的道路、站场等硬件设施之外，采用先进技术的监控管理系统，协调需求与资源分配的决策支持系统，建立在信息技术基础上的运行管理系统等共同发挥作用，才能够保证交通系统的有效运行。

交通运输所研究的对象是一个复杂的系统。道路、铁路、航空、水运、管道等各种交通方式相互支持、补充，同时也相互竞争；各种类型的交通使用者、相关者根据各自的准则分散进行各种活动，对整个交通系统产生巨大的影响；交通系统需要不断满足社会经济发展的需求，同时又必须考虑有限的资源制约，以及对自然生态及人类居住环境产生的巨大影响。为解决交通运输问题，不仅需要在系统规划、工程建设、运行管理等方面做出巨大的努力，还必须有明确的发展战略的指导和高新技术的支持。因此，交通运输工程研究是一项富有挑战性的工作，需要多学科知识的综合运用、扎实的理论功底及丰富的实践经验学习。

交通运输系统的构成要素包括产生交通运输需求的主体、载运工具、交通运输基础设施和控制系统等。交通运输工程学科是主要研究交通运输系统构成要素及其相互作用关系的科学，涉及交通基础设施的设计施工与养护、载运工具的运用与维修、交通信息工程及控制、运输规划与运营等方面。学科关注的研究内容是交通运输需求的发生机理、需求者的行为、交通运输供给方案、载运工具运用、交通信息工程、基础设施规划建设、基础设施运用与管控、综合运输体系构建,以及需求者—载运工具—基础设施—环境的协同优化等。

交通运输工程学科的研究方向可以划分为:以基础设施建设为主线的道路与铁道工程,研究道路和铁路的工程性能和建设技术;以交通运输系统的信息化控制为主线的交通运输信息工程及控制,基于信息技术研究载运工具与基础设施的管理与控制;以基础设施规划和运行管理为主线的交通运输规划与管理,研究交通运输需求的发生形态、需求者的行为特征、供给方案,以及交通运输系统运行控制与管理;以安全运用与维修保障为主线的载运工具运用工程,研究载运工具在交通运输基础设施上应用与运用所涉及的一系列相关问题。

交通运输工程学科是需求导向型的应用学科,它是在交通运输系统综合化、高速化、信息化、大型化以及经济社会需要畅通、高效、节能环保、安全、舒适的交通运输的背景下,产生的多学科交叉的复合学科。随着交通运输需求的多样化和复杂化,有必要科学地规划建设交通运输的供给系统,为实现交通运输系统的畅通、高效、节能环保、安全、舒适需要对交通运输系统的构成要素进行管理和控制。经济发展和人类社会文明的进步对交通运输提出了新的要求。现代交通运输系统正在经历从单纯实现人与物的空间位移向提供舒适、快捷、安全与节能环保的运输服务的转变,新时代赋予了交通运输工程学科新的内涵。基于对交通运输需求与供给之间耦合作用机理的认识,交通规划思想正在由被动适应交通需求增长向主动引导交通供需平衡转变。在交通设计领域,以满足结构力学性能为核心的传统交通基础设施设计方法正在被面向不同层次需求的全寿命设计理论所代替。信息技术的发展有望实现对交通运输系统构成要素的高度串联,交通运输系统管理与控制的研究正在向主动型、智能化、集成化方向发展。交通运输工程日益呈现出鲜明的交叉学科的特征。

为满足经济社会对交通运输系统的需求,交通运输工程学科的发展趋势是:
(1)从单一满足需求向需求诱导和需求管理转变;
(2)从被动适应经济社会发展向引领经济社会发展转变;
(3)从单纯实现人与物的空间位移向提供舒适、快捷、安全与节能环保的运输服务转变;
(4)运行控制从局部信息化向全程实时信息化转变;
(5)从分散独立系统向综合一体化系统转变。

信息技术、电子技术、材料技术、现代控制技术和环境控制技术等现代工程技术和高新技术为本学科的研究注入了创新活力。交通运输工程学科的研究内容也发生相应的变化,主要的研究内容是以实现安全、舒适、快捷、经济、节能环保的交通运输目的,研究多重的交通运输需求的行为特征、高效合理的交通运输需求控制与管理措施、节能环保的运载工具的发展趋势、载运工具的安全高效运用、基础设施的建设技术、系统的信息化与智能化、综合运输体系的构建与运营管理技术等。所有这些都推动和促进了现代交通运输系统朝着高速、重载、自动化、信息化、大型化、专业化和综合化的方向迅猛发展。

二、学科构成

交通运输工程学科针对由铁路、公路、水路、航空和管道等多种运输方式构成的区域或城市交通运输体系进行研究，直接的研究对象是交通运输系统构成要素及其相互作用关系，即交通运输需求、载运工具、基础设施及其管控系统。学科关注的研究内容是交通运输需求的发生机理、需求者的行为、交通运输供给方案、载运工具运用、交通信息工程、基础设施规划建设、基础设施运用与管控、综合运输体系构建，以及需求者—载运工具—基础设施—环境的协同优化等。交通运输工程学科的隶属及分支关系，如表3-2所示。

交通运输工程学科的隶属及分支关系 表3-2

学位类型	学科门类	一级学科	二级学科
学术型	08 工学	0823 交通运输工程	082301 道路与铁道工程 082302 交通信息工程与控制 082303 交通运输规划与管理 082304 载运工具运用工程
专业型	类别	领域	
	0852 工程硕士（原）	085222 交通运输工程（原）	
	08 工程硕士（新）	0861 交通运输（新）	
	08 工程博士（新）	0861 交通运输（新）	

三、学术型学位

1. 道路与铁道工程（082301）

1）学科概况

道路与铁道工程学科涵盖铁道、公路、城市道路、机场等工程的规划、勘测、设计、施工、养护与管理等。

2）培养目标

道路与铁道工程学科博士学位和硕士学位的培养目标，如表3-3所示。

道路与铁道工程学科博士学位和硕士学位的培养目标 表3-3

培养层次	博士学位	硕士学位
培养目标	应具有严谨的学风,实事求是和勇于创新的科学精神; 在铁道、公路、城市道路、机场等工程的规划、勘测、设计、施工、养护与管理等掌握坚实而宽广的基础理论和系统的专业知识; 深入了解交通运输工程的发展趋势和动向,熟练掌握工程测试、数据处理与计算分析的先进技术,具有从事创造性科学研究的能力; 至少掌握一门外国语,能熟练地阅读本专业的外文资料,具有一定的写作能力和进行国际学术交流的能力; 具备学术带头人的素质;能担任高等学校、科学研究院所的教学、科研工作,或在生产部门从事高层次的技术和管理工作	应具有严谨的学风,实事求是和勇于创新的科学精神; 在铁道、公路、城市道路、机场等工程的规划、勘测、设计、施工、养护与管理等具有坚实的基础理论和深入的专业知识; 了解交通运输工程的发展趋势和动向,掌握工程测试、数据处理与计算分析的先进技术,具有独立开展科学研究的能力; 熟练掌握一门外国语,能阅读本专业的外文资料; 可在高等学校、科学研究院所或生产部门从事教学、科研和技术工作

3) 研究范围

道路、铁道及机场的规划理论与方法;道路、铁道选线设计理论,优化及 CAD 技术;道路、铁道及机场的技术标准、设计、施工、养护技术及管理系统;路基土工稳定性理论及新技术与新结构,特殊地区路基设计与构筑;遥感技术、GIS 与 GPS 等新技术在道路、铁道及机场工程中的应用;高速、重载铁路及城市有轨交通的轨道结构理论;路面与机场跑道面结构理论及新材料、新工艺;道路、铁道及机场工程的灾害预警及防治技术等。

4) 学制与学位

学制三年,授予工学博士学位或工学硕士学位。

2. 交通信息工程与控制(082302)

1) 学科概况

交通信息工程及控制学科是研究铁路、公路、水路和航空等交通信息的采集、传输、处理与控制的基本理论和电子、通信、信息与控制技术在交通运输工程中的应用。

2) 培养目标

交通信息工程与控制学科博士学位和硕士学位培养目标,如表3-4 所示。

表3-4 交通信息工程与控制学科博士学位和硕士学位的培养目标

培养层次	博士学位	硕士学位
培养目标	应具有严谨的学风,实事求是和勇于创新的科学精神; 在交通信息工程、交通控制工程等方面掌握坚实而宽广的基础理论和系统的专业知识; 深入了解本学科的发展趋势、动向和学术前沿; 对交通信息工程及控制系统具有独立分析能力,能主持和组织实施科研与生产所需的试验、监测、分析和研究,并取得创造性成果; 至少掌握一门外语,能熟练地阅读本专业的外文资料,具有一定的写作能力和进行国际学术交流的能力; 具备学术带头人的素质;能担任高等学校、科学研究院所的教学、科研工作,或在生产部门从事高层次的技术和管理工作	应具有严谨的学风,实事求是和勇于创新的科学精神; 在交通信息工程、控制工程等方面掌握坚实的基础理论和深入的专业知识; 深入了解本学科的现状、发展动向和国际学术前沿; 对交通信息工程及控制系统某些方面具有深入分析,并独立开展科研工作的能力; 熟练掌握一门外语,能阅读本专业的外文资料; 可在高等学校、科学研究院所或生产部门从事教学、科研和技术工作

3) 研究范围

交通信息工程与控制系统的研究;交通信息工程与控制关键技术的研究;智能运输系统(ITS)的理论与技术;交通信息系统;交通运输安全保障与防护技术。

4) 学制与学位

学制三年,授予工学博士学位或工学硕士学位。

3. 交通运输规划与管理(082303)

1) 学科概况

交通运输规划与管理学科主要研究交通运输系统管理的理论和方法。通过对交通运输系统规划和综合评价,及对交通运输系统运作过程的科学管理,优化交通运输系统资源配置,实现交通运输管理现代化。

2) 培养目标

交通运输规划与管理学科博士学位和硕士学位培养目标,如表3-5所示。

交通运输规划与管理学科博士学位和硕士学位的培养目标　　表3-5

培养层次	博士学位	硕士学位
培养目标	应具有严谨的学风,实事求是和勇于创新的科学精神; 在交通运输规划、交通运输管理等方面具有坚实而宽广的基础理论和系统的专业知识; 深入了解本学科的发展趋势、动向和学术前沿;对交通运输系统规划、交通运输管理、智能运输系统和交通安全等方面具有独立从事创造性科学研究的能力; 能熟练运用计算机和先进的交通测试设备; 至少掌握一门外国语,能熟练地阅读本专业的外文资料,具有一定的写作能力和进行国际学术交流的能力; 具备学术带头人的素质;能担任高等学校、科学研究院所的教学、科研工作,或在生产部门从事高层次的技术和管理工作	应具有严谨的学风,实事求是的科学精神; 掌握本学科坚实的基础理论和深入的专业知识; 深入了解本学科的发展趋势、动向和学术前沿; 具有独立从事交通运输规划和管理等方面的科学研究的能力; 能熟练掌握一门外国语,能阅读本专业的外文资料; 可在高等学校、科研院所、生产部门和交通运输部门从事本专业的教学、科学研究和技术管理工作

3) 研究范围

交通运输发展战略规划与策略研究,交通运输系统规划与设计(铁路、公路、水路、机场、港口、交通枢纽),交通运输现代化管理,交通运输系统优化分析,智能运输系统,交通流理论,物流工程,交通与环境,交通运输系统安全,交通运输技术经济。

4) 学制与学位

学制三年,授予工学博士学位或工学硕士学位。

4. 载运工具运用工程(082304)

1) 学科概况

交通运输工具包括机车车辆、汽车、船舶和航空器。载运工具运用工程是一门多学科交叉的学科,主要研究载运工具的运行品质、安全性、可靠性、监测及维修等理论与技术。载运工具的合理运用与管理是交通运输安全、经济、高效的重要条件。本学科涉及机械工程、材料科学与技术、电子科学与技术、控制理论与技术、管理科学与工程、系统科学等多学科,现代信息技术、计算机技术等综合集成高新技术。本学科的发展将充分依托这些学科和高新技术发展的最新成果,并同道路与铁道工程交通信息工程及控制、交通运输规划与管理等学科协调发展。

2) 培养目标

载运工具运用工程学科博士学位和硕士学位培养目标,如表3-6所示。

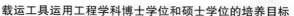

载运工具运用工程学科博士学位和硕士学位的培养目标　　　　表 3-6

培养层次	博士学位	硕士学位
培养目标	应具有本学科坚实而宽广的基础理论和深入系统的专业知识； 深入了解本学科的发展趋势、动向和学术前沿； 在研究载运工具的运行品质、安全性、可靠性、监测及维修等理论与技术等方面具有独立从事创造性科学研究能力； 应具有严谨求实的科学态度与作风，具备学术带头人的素质； 至少掌握一门外国语，能熟练地阅读本专业的外文资料，具有一定的写作能力和进行国际学术交流的能力； 能担任高等学校、科学研究院所的教学、科研工作，或在生产部门从事高层次的技术和管理工作	应具有本学科坚实的基础理论和深入的专业知识； 了解本学科的发展趋势、动向和学术前沿； 具有从事载运工具的运行品质、安全性、可靠性、监测及维修等理论与技术等方面研究的能力； 应具有严谨求实的科学态度与作风； 能熟练地掌握一门外国语，能阅读本专业的外文资料； 能在高等学校、科学研究院生产部门从事教学、科研、工程技术管理工作

3）研究范围

载运工具结构、特性与运行品质研究及模拟；载运工具可靠性、维修性研究；载运工具运行监测、诊断和维修技术研究；载运工具运行环境分析与保护；载运工具新材料、新技术、新工艺的应用与开发；轮轨（路）系统动力学研究；摩擦磨损机理及其控制技术。

4）学制与学位

学制三年，授予工学博士学位或工学硕士学位。

四、专业型学位

工程硕士专业学位是与工程领域任职资格相联系的专业性学位，侧重于工程应用，主要为大中型企业及高新技术企业培养应用型、复合型高层次工程技术和工程管理人才。在工程硕士专业学位领域设交通运输工程硕士专业学位。

铁路、公路、水路、航空是交通运输的主要方式，交通运输工程领域涉及交通运输基础设施的布局与修建、载运工具运用工程、交通信息及控制、交通运输规划与管理等，并与建筑及土木工程、测绘工程、车辆工程、船舶与海洋工程、航空工程、信息与通信工程、计算机技术、管理科学与工程等工程领域密切相关。特别是载运工具、信息技术的发展，使交通运输工程向着综合、立体、集约方向发展。

交通运输工程硕士专业学位培养从事道路与铁道工程、机场工程、港口及航道工程、载运工具运用工程、交通信息工程及控制的设计、施工、监测、使用及维修的高级工程技术人才，以及交通运输规划与经营管理的高层次人才。掌握各种工程现代设计施工的理论和方法，工程设计施工中的新工艺、新材料、新技术、新方法，试验、分析、使用及维修技术，电子、信息及控制技术，通信工程，现代工程规划和管理，运行环境分析与保护，交通安全技术等。

研究范围涉及：铁道工程的勘查、设计、施工与养护、机车与车辆运用工程，铁道信息工程与控制、铁道运输规划、经营与管理；道路工程的勘查、设计、施工与养护、汽车运用工程、道路信息工程与控制、道路运输规划、经营与管理；港口、海岸工程的勘查、设计、施工与养护、船舶运用工程、水路信息工程与控制、水路运输规划、经营与管理；机场工程的勘查、设计、施工与养护、航空信息工程与控制、航空运输规划、经营与管理。

学制二至三年，授予工程硕士学位。

第三节　交通运输工程一级学科博士、硕士学位基本要求

一、获得博士学位的基本要求

1. 应掌握的基本知识及结构

1）基础理论知识

应掌握自然辩证法、科学社会主义等社会科学的人文知识，掌握解决本领域理论与技术难题所必需的数学、力学、电学、材料学、经济学、运筹学、系统科学等基础理论知识，以及系统动力学、信息系统与网络、信号处理、现代控制理论、可靠性理论、复杂系统理论、非线性系统等其他相关理论知识。

2）专业理论知识

围绕本学科基本要求和各学位授予单位办学特色，掌握交通运输工程专业理论知识，包括运输经济学、交通流理论、交通基础设施设计施工与养护、交通信息工程、交通系统控制、交通运输系统规划、交通运输组织与管理、载运工具安全与可靠性、载运工具监测与维修工程等专业理论和知识。加强与交叉学科间的融会贯通，形成系统的综合性知识结构。

3）工具运用

（1）熟练掌握一门外语，具备国际学术交流的能力。

（2）掌握复杂系统的实验设计，以及工程测试、信息获取、数据处理与计算分析的先进方法。

（3）能够熟练运用行业相关计算机软件，如优化、系统仿真、统计分析、决策支持软件等，并能进行二次开发。

（4）能够熟练运用各种文献库的检索工具获得相关领域的研究成果，把握相关学科信息。

4）实践经验和方法论知识

结合科学研究项目或工程实践，掌握观察事物和处理问题的方式、方法，积累专业研究经验，扩大知识面。

2. 应具备的基本素质

1）学术素养

博士生应对交通运输领域的科学问题有浓厚的兴趣和为科学而奋斗的精神，具有敢于坚持真理和不断探索真理的意识。掌握坚实宽广的基础理论和系统深入的专门知识，深入了解交通运输工程学科发展方向，具备独立从事科学研究的能力，在理论分析、问题驱动、学科交融三个层次上进行研究，提升交通运输工程学科发展水平。同时，掌握土木工程、机械

工程、电气工程、控制科学与工程、计算机科学与技术、信息与通信工程、航空宇航科学与技术、安全科学与工程、管理科学与工程、应用经济学、城乡规划学等相关学科知识。特别是应较深入了解与博士学位论文研究方向密切联系的学科知识。

要求博士生具有高尚的品格和人文综合素养，具备良好的团队合作精神，尊重他人的学术思想和研究成果，具有求实创新、理性质疑的精神。善于处理人与人、人与社会和人与自然的关系。

2）学术道德

博士生应遵守学术道德规范、保密法和知识产权等国家有关法律、法规，自觉维护学术诚信，规范学术行为，充分尊重他人的劳动和研究成果，对他人的研究成果能够进行正确辨识，并在学位论文、研究报告中加以明确和规范的标识，坚决抵制学术不端行为。

在科学研究、技术运用、工程设计实践及社会科学实证考察中，严格遵循科学方法，实事求是，自觉承担人类可持续发展的社会责任。

3. 应具备的基本学术能力

1）获取知识能力

掌握本学科学术研究的前沿动态和最新成果，有效获取专业知识和研究方法，探究知识的来源。

通过参加交通运输工程及相关领域的学术会议、专题讲座、学科竞赛、科学实验和工程实践等活动以及查阅本学科内有影响力的高质量学术期刊和网络资源等手段，获得本学科文献资料，并对研究现状、学科动向做出准确综述和判断，能够从中提取出有价值的信息。

2）学术鉴别能力

本学科培养的博士生应具备本学科基本学术鉴别能力，包括对研究问题、研究过程和已有成果等进行价值判断的能力。

博士生应具备本学科学术问题的发现、提炼和确认的能力，表现为对学术问题的必要性、科学性、创新性和解决问题的可能性的正确认识。能够衡量学术问题在本学科以及相关工程实践领域的重要程度；能够分析学术问题在本学科理论和方法体系中得以支撑的基础和依据；能够评价学术问题的提出和解决对于本学科相关原理、方法和工程技术应用领域的贡献程度；能够判断既有理论、方法以及研究者所具备的知识对于问题解决的支持程度。

博士生应具备对研究过程的科学性和规范性，包括基本过程、基本框架、技术路线、实验方案、科学抽象、模型和定量分析等进行判断和评价的能力。

博士生应具备对本学科研究成果的鉴别能力，能够利用社会经济和技术评价体系、文献检索系统等确认科研成果的科学价值、经济效益、社会价值和生态价值。

3）科学研究能力

本学科博士生应具有提出交通运输工程领域有价值的研究问题的能力，以及独立从事研究的能力。

能够根据学科发展和工程实际问题的需求，在已有研究成果的基础之上，独立地提出研究内容、关键问题、技术路线、研究方法等。

根据研究课题的重点和难点制订研究计划，并有效组织协调各方面资源执行研究计划。能够围绕一个主攻方向有计划、分阶段地完成整体研究工作。

4）学术创新能力

本学科博士生应注重创新意识和创新能力的培养，勇于质疑、勤于实践、积极创新。通过学术交流、学术讨论等方式搜集解决问题的不同思路、不同方法，分析现有解决方法的不足，结合实际问题找出创新办法。善于从实践中找出研究问题，始终以解决实际问题为科学研究的原始动力。能根据研究主题实时跟踪同行的最新研究动向，为实际问题的解决提供可能的创新方向。借鉴不同学科的研究思路和方法，不墨守成规，提倡发散思维、逆向思维，进行创新思维训练。保持对科学的好奇心和想象力，提出和实践创新思路。

5）学术交流能力

通过各种方式拓宽科学研究思维，实现学科间的交叉研究和交流。具有良好的书面文字表达和口头语言表达能力，通过学术交流表达学术思想、分享学术观点和展示学术成果，扩大学术视野，活跃学术思维，启迪学术思想。

4. 学位论文基本要求

博士学位论文是博士阶段研究成果的集中体现。博士学位论文可以反映博士生已具备坚实宽广的基础理论和系统深入的专门知识，具有独立从事科学研究工作的能力，在交通运输工程领域取得创新性的成果。

1）选题与综述的要求

交通运输工程博士论文选题，围绕交通运输工程学科的重大、复杂或前沿科技问题，瞄准国际交通运输工程学科的发展前沿，密切结合我国经济建设的需要，高度关注交通运输工程中与经济、社会、科技发展密切联系的重大或深远意义的领域，努力把握交通运输学科发展趋势，结合本单位交通运输工程学科的特色和优势，立足于较高的起点和学科发展的前沿，选择交通运输工程学科前沿领域等对国家经济建设、科技进步和社会发展具有重要意义的课题开展学位论文工作。

论文的选题应具备科学性、学术性、创新性和可行性，鼓励选题与高层次科研项目和国家重大、重点工程相结合。

学位论文的选题应以学术创新为主线，符合科学发展规律和技术发展需求，并要进行充分论证。论证的基本方式是进行充分、全面的综述。综述是选题的支撑部分，要求围绕选题研究内容，广泛地搜集相关领域的最新发展动态、发展前沿，梳理研究现状、提炼存在问题，论述发展趋势，制订研究计划。在充分阅读各种文献和对信息进行整理加工的基础上，综述在研究选题领域的研究基础，特别是前人的研究进展，已有的技术发展状态，论证已有的认识、技术发展态势、所需求的新知识以及解决问题的瓶颈和制约因素。

根据研究需要，综述需要阅读大量国内外文献进行学术研究选题，至少要阅读100篇以上国外文献，其中最近5年内的文献应占一半以上，权威文献至少30%以上；技术发展研究选题，有条件的要进行文献查新，文献中专利文献要占一定比例，其中应包括国外文献。综述全文不少于5000字，图标不少于5幅，参考文献在150~300篇之间。

2）规范性要求

（1）博士生应进行广泛的调查研究，在导师的指导下，密切结合本学科领域科学研究的最新进展或者实际需要而进行博士学位论文的选题。内容应充分体现本学科博士生的创新能力、综合运用所学知识的能力以及独立分析问题和解决问题的能力，选题应尽量结合导师的科研项目开展。

(2) 博士学位论文格式规范指导性要求。学位论文除论文正文外,一般还应包括:论文独创性声明和版权使用授权书、主要工作(贡献)声明、中英文摘要、参考文献等。

(3) 学位论文撰写学术规范指导性要求。各学位授予单位应根据国家关于学位论文的相关文件规定,如中华人民共和国国家标准《科学技术报告、学位论文和学术论文的编写格式》(GB7713—87)、《文后参考文献著录规则》(GB7714—2005)等制订具体的博士学位论文撰写规范。

学位论文撰写应符合学术规范,正确、合理、规范引用科技名词术语及设备、元器件的名称,应采用国家标准或部颁标准中规定的术语或名称。

(4) 论文格式规范,条理清楚,表达准确,数据可靠,图表清晰,结论明确。

3) 成果创新性要求

博士学位论文的创新性表现形式主要有:在交通运输工程基础理论上做出原创性创新;针对具体的交通运输工程实际,利用现有理论和技术进行集成创新;引进消化某学科的理论或者技术,针对交通运输工程的具体应用背景进行再创新。

博士学位论文的创新性内容可在研究对象、研究方法、研究结果等三个方面得以体现,具体表现为:发现有价值的新现象、新规律或提出新的假说、观点;设计、实验技术上有重大的创造或革新;解决前人未解决的科学技术、工程技术的关键问题。

博士生在攻读、申请学位期间,应以第一作者或等同第一作者身份发表反映学位论文研究成果的学术论文,或有相关的成果如专利、获奖等,具体数量和要求由学位授予单位自行制定。

二、获得硕士学位的基本要求

1. 应掌握的基本知识及结构

1) 基础理论知识

硕士生应掌握解决本领域理论与技术问题所必需的数学、力学、电学、材料学、经济学、运筹学,以及信息系统与网络、信号处理、现代控制理论、系统科学、环境科学等基础理论知识。

2) 专业理论知识

掌握能反映本学科基本要求和各学位授予单位办学特色的知识,如交通运输工程学、运输经济学、交通基础设施设计施工与养护、交通信息工程、交通系统控制、交通运输系统规划、交通运输组织与管理、载运工具安全与可靠性、载运工具监测与维修工程等专业理论知识。

3) 工具的运用

(1) 较熟练掌握一门外语,具备一定的国际学术交流能力。

(2) 掌握实验系统设计方法、实验技能和数据分析的基本理论和方法。

(3) 能够运用行业相关计算机软件,如优化、系统仿真、统计分析、决策支持软件等。

(4) 能够运用各种文献库的检索工具获得相关领域的研究成果,把握相关学科信息。

2. 应具备的基本素质

1) 学术素养

硕士生应掌握本学科较扎实的基础理论和较系统的专业知识,并能够将交通运输工程的基础理论知识与技术创新和生产实践结合起来思考问题和解决问题。具有合理的知识结构和必要的实验技能。具有较好的学术洞察力、学术潜力和创新意识以及良好的人文综合素养;具备进行科学研究的素质,以求真务实的态度,对科学问题进行理性分析并实证研究,能够运用现代科学技术综合分析与解决实际问题;能够合理使用本学科相关的知识产权;具有求实创新、理性质疑的精神。善于处理人与人、人与社会和人与自然的关系。

2)学术道德

硕士生应恪守学术道德规范和知识产权等有关国家法律、法规,自觉维护学术诚信,规范学术行为,充分尊重他人的劳动和研究成果,坚决抵制学术不端行为。

在科学研究、技术运用、工程设计实践及社会科学实证考察中,严格遵循科学方法,实事求是,自觉承担人类可持续发展的社会责任。

3. 应具备的基本学术能力

1)获取知识能力

了解本学科学术研究的前沿动态和最新成果,通过参加交通运输工程及相关领域的学术会议、专题讲座、学科竞赛、科学实验和工程实践等活动以及查阅本学科内有影响力的高质量学术期刊和网络资源等手段,获得本学科文献资料,有效获取专业知识和研究方法。

2)科学研究能力

应具备正确地评价和利用已有研究成果的能力,能够根据实际问题的需求,在已有研究成果的基础之上,针对实际问题,独立地设计技术路线、研究方法,提出解决实际问题的方案,有效地解决交通运输工程的实际问题。

3)实践能力

应具有从研究与技术开发中发现问题的能力,能综合运用所学知识,对研制与开发过程中存在的问题进行分析,提出解决方案与措施,并进行实验验证;具有较强的组织协调和与他人合作的能力。

4)学术交流能力

具有良好的口头、书面和演示性交流的技能,在科技论文撰写、学术报告与学术交流中能清楚地表达自己的学术观点,能对自己的研究计划、研究方法、研究结果进行陈述和答辩,并对他人的研究工作进行评价和借鉴。

5)其他能力

具有一定的组织协调能力,其中包括协调、联络、技术洽谈和国际交流能力,能够协助组织与实施科研工作,较好地解决相关问题。

4. 学位论文基本要求

硕士学位论文应反映作者掌握较扎实的本学科领域的基础理论和较系统的专门知识,具有从事科学研究工作或独立担负专门技术工作的能力。

1)规范性要求

(1)学位论文选题应在本学科领域具有一定的理论意义,并对国家经济和社会发展具有一定的实用价值,选题应尽量结合导师的科研项目。

(2)硕士学位论文格式规范指导性要求。学位论文除论文正文外,一般还应包括:论文独创性声明和版权使用授权书、主要工作(贡献)声明、中英文摘要、参考文献等。

(3)学位论文撰写学术规范指导性要求。各学位授予单位应根据国家关于学位论文的相关文件规定,如中华人民共和国国家标准《科学技术报告、学位论文和学术论文的编写格式》(GB7713—87)、《文后参考文献著录规则》(GB7714—2005)等制订具体的硕士学位论文撰写规范。

学位论文撰写符合学术规范,正确、合理、规范引用科技名词术语及设备、元器件的名称,应采用国家标准或部颁标准中规定的术语或名称。

(4)论文格式规范,条理清楚,表达准确,数据可靠,图表清晰,结论明确。

2)质量要求

(1)学位论文的基本论点和结论在学术上或对国民经济建设和交通运输发展具有一定的理论或实用价值。

(2)学位论文所涉及研究内容应反映作者掌握了必要的交通运输工程学科领域的基础理论和专门知识。

(3)能够综合运用交通运输工程的基础理论、专业知识与科学方法,提出解决科学问题及实际应用问题的新见解,研究的科学问题应有一定难度。

三、获得专业学位的基本要求

1. 概况

交通运输工程领域工程硕士专业学位是与交通运输行业相关任职资格相联系的专业性学位。硕士生应成为该行业基础扎实、素质全面、工程应用能力强,并具有一定创新能力的应用型、复合型、高层次工程技术和工程管理人才。

交通运输系统是由轨道运输、公路运输、水路运输、航空运输和管道运输这五种运输方式构成的。交通运输工程是涵盖以上每一种运输方式中的政策制度、规划设计、施工建设、运行控制、运营管理等内容,包括交通基础设施规划与建设、载运工具运用与管理、交通信息工程与控制、交通运输规划与管理、交通运输安全、综合运输和多式联运等多方面内容的工程领域,是交通运输工程的基本理论、方法和技术,以及其他领域的基本理论、方法和技术在交通运输系统的应用。

交通运输工程领域业务范围包括:

(1)在交通基础设施规划与建设方面:轨道、道路、航道、机场等工程的勘察、设计、施工与养护。

(2)在载运工具运用与管理方面:轨道机车车辆、汽车、轮船、飞机等载运工具结构及其运用的可靠性、安全性,运行过程中的动态性能与环境影响,载运工具的诊断与维护。

(3)在交通信息工程与控制方面:控制、通信、计算机、微电子、信息等技术在交通领域中的交叉集成应用,运输过程自动化与运输信息集成化、智能化,交通物联网及车联网,交通系统智能控制,综合化的交通信息及控制系统。

(4)在交通运输规划与管理方面:交通运输系统规划,建设与运营管理,综合运输,城市地区及区域交通规划与管理,客货运输需求分析与市场营销理论与方法。

(5)在交通运输安全方面:交通运输安全和保障体系,交通运输的安全评价、安全认证以及突发事件应急反应与处置等。

(6)在综合运输及其他方面：综合交通运输规划与管理，综合交通运输经济与行为分析，运输方式相互衔接中的技术、经济和管理问题，交通发展对社会经济的适应，交通与环保、城市规划、土地利用诸方面的协调，载运工具、交通环境及各种交通附属设施相互作用。

交通运输工程领域与电气、电子、土木、机械、材料、信息、管理等学科与领域联系密切。随着轨道、公路、水路、航空、管道等运输方式向高速、重载、安全、经济、节能、环保方向不断发展，交通运输工程领域研究内容不断更新，并呈现综合、交叉的特点。

2. 应具备的基本素质

应具有高度的对国家、对人民的责任感和使命感，诚实守信的品德，良好的职业道德和敬业精神；具有扎实的基础理论和系统的专业知识及基本技能；具有科学的思维方式、工作方法，大局、环保、安全意识；具有科学严谨的学习态度与求真务实的工作作风；具有良好的身心素质和艰苦奋斗的精神。

3. 应掌握的基本知识

基本知识包括基础知识和专业知识，涵盖本领域任职资格所需的主要知识点。

1）基础知识

应掌握本领域扎实的基础理论。基础理论包含人文社科知识、自然科学知识及工具类知识，如自然辩证法、管理学、知识产权、工程伦理、数学、力学、自动控制、计算机技术、信息检索、外语等。研究生可根据具体研究方向及行业需求，在不同方面有所侧重。

2）专业知识

应掌握本领域系统的专业知识。本领域的核心专业知识包括交通运输工程导论，交通运输基础设施检测养护原理与方法，交通运输设备原理及运用，综合交通运输规划等方面。

培养单位可针对不同的研究方向和工程应用实践，设置选择具体的专业技术课程。同时，突出本领域新技术、新方法和新工艺的教学与实践。

硕士生还可以根据学校特色、行业任职资格的需求，选择学习专业知识，形成系统和较为合理的专业知识结构。

4. 应接受的实践训练

实践训练是交通运输工程领域工程硕士培养过程中至关重要的环节。充分的、高质量的专业实践是工程硕士培养质量的重要保证。通过实践环节应达到基本熟悉交通运输行业工作流程和相关职业及技术规范；理论联系实际，培养研究能力；结合实践训练开展论文工作。

实践形式可以多样化，全日制工程硕士实践时间不少于半年，实践环节包括课程实验、企业实践、应用研究等，实践内容及计划由校内和校外指导教师共同商定。实践结束，研究生撰写的实践报告要有一定的深度和独到的见解，实践环节的成果能直接服务于实践单位的技术开发、技术改造和生产提高，并由校企双方导师给出成绩评定。

5. 应具备的基本能力

1）获取知识的能力

应能通过检索、阅读等手段，利用教材、专著、论文、资料、专利及网络资源等获取知识。采取课程学习、专题讲座、学术报告、文献查阅、交流与研讨等多种方式，了解本领域的热点和发展动态，培养自主学习的能力，养成终身学习的习惯。

2)应用知识能力

具有从事科研工作,特别是独立担负交通运输行业专门技术工作的能力。从实践中发现问题,提出解决方案,并解决实际问题。有创新意识,及时掌握并应用新理论和新方法。

3)组织协调能力

具备口头、书面和演示交流的技能。在科研团队或工程建设组织中能有效地与他人沟通协作。能够有效地组织交通运输行业单一工程项目的策划与实施,并有效地协调和解决实施中的问题。

6. 学位论文基本要求

1)选题要求

学位论文选题应直接来源于交通运输基础设施规划与建设、交通运输规划与运营管理、载运工具运用、交通综合控制及系统安全管理的生产实际或具有明确的工程背景。学位论文要求有明确的拟解决的关键技术问题,具有解决问题所需的条件与保障。论文的研究内容应有工程实用价值或应用前景。

选题报告内容应包括选题的背景和意义、课题的发展现状、研究综述、尚需解决的问题,课题的研究目标、研究内容和需要解决的关键问题,课题研究的技术路线和进度安排。

2)形式及其内容要求

学位论文形式可以是产品研发、工程设计、应用研究、工程软科学研究等。研究生在导师指导下选择一种论文形式,对不同形式的论文有不同的要求。

(1)产品研发:来源于交通运输生产实际的新产品开发、关键部件研发,以及对国内外先进产品的引进消化再研发,包括各种软、硬件产品研发。研发工作有一定的先进性、新颖性及工作量。研发采用科学、规范、先进的技术手段和方法。研发的产品符合行业规范,满足相应的生产工艺和质量标准,性能先进,有实用价值。论文应系统地概括产品研发中所涉及的主要工作及主要结论,并明确提出产品研发中的新思路或新见解;展望所研发产品的应用及改进前景。

(2)工程设计:综合运用交通运输工程理论、科学方法、专业知识与技术手段,结合技术经济、人文和环保知识,对交通运输行业的工程项目、大型设备、装备及其工艺等进行的设计。设计方案科学合理、数据准确,符合国家、行业标准和规范,同时符合技术经济、环保和法律要求。设计成果可以是工程图纸、设计作品、工程技术方案、工艺方案等,应有完整的设计说明和报告。论文应综合运用基础理论和专业知识对设计对象进行分析研究,系统地概括工程设计所涉及的主要工作及结论,并明确指出设计的新思路或者新见解,简要论述本工程设计的优缺点及前景展望,提交相关的设计方案图纸和说明书。

(3)应用研究:直接来源于交通运输工程实际问题或具有明确的工程应用背景,综合运用基础理论与专业知识、科学方法和技术手段开展的交通运输工程领域的应用性研究。研究工作具有一定的难度及工作量,论文要对拟解决的问题进行理论分析、实验研究或仿真,要求方案合理、数据翔实准确,研究成果具有一定的先进性和实际应用价值,并体现作者的新观点或新见解。简要描述成果的应用价值,并对未来改进研究进行展望和提出建议。

(4)工程软科学研究:研究各种运输方式以及相互间的技术经济和管理问题;研究交通与社会发展,交通与环境保护,交通与城市规划,交通与产业布局、土地利用等诸方面的协调,研究交通安全管理等问题。通过对上述问题和命题的研究,找出规律,给出结论,并提出建议或解决方案。论文要有一定的广度和深度,并对其进行深入剖析。研究成果要给出明确的结论,提出相应的对策及建议或解决方案。成果应体现作者的新思想或新见解,给出进一步的工作建议。

3) 规范要求

学位论文可由以下部分组成:封面、独创性声明、学位论文版权使用授权书、摘要、正文、参考文献、致谢等。正文一般不少于2.5万字。

学位论文撰写要求概念清晰,层次分明,用词准确,文字通畅,图表清晰,数据可靠,引用他人文章应明确标注。

4) 水平要求

学位论文的水平要求如下:

(1)学位论文工作有一定的技术难度和深度,论文成果具有一定的先进性和实用性。

(2)学位论文工作应在导师指导下独立完成,论文工作量饱满。

(3)学位论文中的文献综述应对选题所涉及的工程技术问题或研究课题的国内外状况有清晰地描述与分析。

(4)学位论文的正文应综合应用基础理论、专业知识、科学方法和技术手段对所解决的科研问题或工程实际问题进行分析研究,并能在某些方面提出独特的、切合实际的新见解。

复习思考题

1. 根据2012版高校专业设置目录,交通运输类专业有哪些?其培养目标及毕业要求是什么?
2. 交通运输工程学科所含的二级学科或学科方向是什么?其主要研究内容是什么?
3. 你所在学校的专业分为几个门类?你所学的专业有何特点?
4. 你所在学校有几个学科?与交通运输工程相关的学科有何特点?
5. 交通运输工程学科的二级学科或学科方向的培养目标的主要内容是什么?
6. 博士研究生与硕士研究生在培养目标上有何差别?
7. 学术型研究生与专业型研究生在培养目标上有何差别?
8. 你所在学校的交通运输工程本科及研究生教育有何特点?

第四章　交通运输专业人才知识结构特征

第一节　交通运输系统及方式简介

一、交通运输系统及其要素

1. 交通运输系统及其组成

系统是具有特定功能的、相互间具有联系的许多要素构成的一个整体。对交通运输系统而言,其特定功能就是实现人或物的空间位移,其要素就是实现整个运输功能所需的基础设施、运输工具、从业人员和运作组织等。因此,交通运输系统可定义为:在一定的时间和空间内,由运输过程所需的基础设施、运输工具和运输参与者等若干动态要素相互作用、相互依赖和相互制约所构成的具有特定运输功能的有机整体。

构成交通运输系统的要素主要有基础设施、运输装备、运输对象和运输组织。基础设施又分为运输线路与运输节点两个要素,依据可移动性区分为运输基础设施和运输设备两类,属于交通运输系统的硬件,运输行政管理组织和运输生产经营组织属于交通运输系统的软件。

2. 运输线路

运输线路的含义是供运输工具定向移动的通道,是运输工具赖以运行的物质基础,是构成运输系统最重要的要素。

运输线路分为陆上运输线路(包括铁路和公路)、水运航线、民航航线和管道。其中,铁路和公路为陆上运输线路,除了引导运输工具定向行驶外,还需承受运输工具、货物或人的重量;航线有水运航线和空运航线,主要起引导运输工具定位定向行驶的作用,运输工具、货物或人的重量由水或空气的浮力支撑;管道是一种相对特殊的运输线路,由于其严密的封闭性,所以既充当了运输工具,又起到了引导货物流动的作用。

3. 运输节点

运输节点指以连接不同运输方式为主要职能,处于运输线路上的承担货物集散、运输业务办理、运输工具维护和修理的基地与场所,是交通运输网络的重要组成部分。公路运输线路上的停车场(库)、货运站,铁道运输线路上的中间站、编组站、区段站、货运站,水运线路上的港口、码头,空运线路上的空港,管道运输线路上的管道站等都属于运输节点范畴。一般而言,由于运输节点处于运输线路上,又以转运为主,所以货物在运输节点上停滞的时间较短。

各种运输方式之间及内部各环节之间存在的联系与衔接,构成了多个层次的运输枢纽。一般特点是多种运输方式或多种交通线路的交汇点,设有大型综合性交通港站或多个大型的独立式交通港站。按照运输枢纽衔接运输方式的多少,可将其分为综合性运输枢纽及方式性运输枢纽,如港口枢纽、铁路枢纽、航空枢纽等。

4. 运输装备

运输装备指在运输线路上用于载重货物并使其发生位移的各种设备和装置,它们是运输能够进行的基础设备,也是运输得以完成的主要手段。根据从事运送活动的独立程度,运输装备可以分为三类:仅提供动力但无装载货物容器的运输工具,如铁路机车、牵引车、拖船等;无动力但有装载货物容器的运输工具,如车皮、挂车、驳船、集装箱等;既提供动力,又有装载货物容器的运输工具,如轮船、汽车、飞机等。管道运输是一种相对独特的运输方式,其动力设备与载货容器的组合较为特殊,载货容器为管道,动力装置设备为泵站,因此设备总是固定在特定的空间内,不像其他运输工具那样可以凭借自身的移动带动货物移动,故可将泵站视为运输工具,甚至可以连同管道都视为运输工具。

5. 运输对象

运输活动作用的对象(运输活动的客体)是货物或旅客。

6. 运输参与者

运输活动的主体是运输参与者,货物的所有者是物主或货主。运输必须由物主和运输参与者共同参与才能进行。

(1) 物主。包括托运人(或称委托人)和收货人,有时托运人与收货人是同一主体,有时不是同一主体。不管托运人托运货物,还是收货人收到货物,均希望在规定的时间内,以最低的成本、最小的损耗和最方便的业务操作,将货物从起始地转移到指定的地点。

(2) 承运人。运输活动的承担者,可能是铁路货运公司、航运公司、民航货运公司、储运公司、物流公司或个体运输业者等。承运人是受托运人或收货人的委托,按委托人的意愿以最低的成本完成委托人委托的运输任务,同时获得运输收入。承运人根据委托人的要求或在不影响委托人要求的前提下合理地组织运输和配送,包括选择运输方式、确定运输线路、进行货物配载等。

(3) 货运代理人。为获得代理费用而招揽货物、组织运输的人员,其本人不是承运人,只负责把来自各用户的小批量货物合理组织起来以大批量装载,然后交由承运人进行运输。待货物到达目的地后,货运代理人再把大批量装载拆分成原先较小的装运量,送往收货人。货运代理人主要是以大批量装载来实现较低的费率,并从中获取利润。

(4) 运输经纪人。替托运人、收货人和承运人协调运输安排的中间商,其协调的内容包括装运装载、费率谈判、结账和货物跟踪管理等。

7. 运输组织

(1) 运输行政管理组织。从运输管理的宏观层面上,一般指的是各级政府主管部门及授权机关,是行使运输行政管理的主体。

(2) 运输生产经营组织。直接进行运输生产与经营活动的组织和机构。通常情况下,运输生产组织特指运输企业,包括铁路运输企业、公路运输企业、水路运输企业、航空运输企业、联运运输企业、运输服务企业等。

二、交通运输方式分类及特点

1. 交通运输方式分类

按运输方式可划分为公路运输、铁路运输、水路运输、航空运输和管道运输。

除此之外，还可以按运输主体划分，将运输系统分为自有运输、营业运输和公共运输；按产权性质划分，可将运输系统分为国有运输和民营运输；按运输的空间范围划分，可将运输系统分为市内运输、城际运输、乡村运输，或者分为国内运输、国际运输等。

2. 公路运输

公路运输指主要使用汽车或其他运输工具（如拖拉机、人力车等）在公路上载运货物的一种运输方式。公路运输是构成陆上运输的两个基本运输方式之一，主要承担近距离、小批量的货运，也承担铁路运输难以到达地区的长途、大批量货运，以及铁路、水运的优势难以发挥的短途运输。公路不仅可以直接运进或运出货物，而且也是车站、港口和机场集散货物的重要手段。

公路运输的主要优点：机动灵活，货物损耗少，运送速度快，可以实现门到门运输；投资少，修建公路的材料和技术比较容易解决。

公路运输的主要缺点：运输能力相对小；运输能耗相对较高；运输成本较高；劳动生产率较低；汽车不适宜运输大宗和长距离货物；公路建设占地较多。

因此，公路运输比较适宜在内陆地区运输短途旅客、货物，可以与铁路、水路联运，为铁路、港口集疏运旅客和物资，可以深入山区及偏僻的农村进行旅客和货物运输；在远离铁路的区域从事干线运输。

3. 铁路运输

铁路运输指在铁路上把车辆编组成列车载运货物的另一种陆上运输方式，它是现代最重要的货物运输方式之一。铁路运输主要承担长距离、大批量的长途货运，在没有水运条件的地区，几乎所有大批量的货物运输都是依靠铁路运输。目前，我国高铁客运建设快速发展，铁路运输是干线运输中起主力作用的重要运输方式。

铁路运输的主要优点是：运行速度相对较快，高铁时速可达200km/h以上；运输能力大，一般每列客车可载旅客1800人左右，一列货车可装2000～3500t货物，重载列车可装20000多t货物；铁路运输过程受自然条件限制较小，连续性强，能保证全年运行；客货运输到发时间准确性较高，运行比较平稳，安全可靠；平均运距相对公路运输的运距较长，但相对水路运输和民航运输的运距短；铁路运输成本较低；铁路运输能耗较低。

铁路运输的缺点是：基础设施投资较大、建设周期较长；基础设施建设占地较多。

因此，铁路适于在内陆地区运送中长距离、大运量、时间性强、可靠性要求高的一般货物和特种货物，在运输量比较大的地区之间投资建设铁路比较合理。

4. 水路运输

水路运输指使用船舶及其他航运工具，在江河、湖泊、海洋上载运货物的一种运输方式。水路运输主要承担长距离、大批量的长途运输，在内河及沿海，水运也常作为小型运输工具使用，承担补充及衔接大批量干线运输的任务。水路运输也是干线运输中起主力作用的运输方式之一。水路运输有四种运输形式，即沿海运输、近海运输、远洋运输和内河运输。

水路运输的主要优点是：运输成本低；劳动生产率高；平均运距长；远洋运输在我国对外经济贸易方面占独特重要地位。

水路运输的主要缺点：受自然条件影响较大，内河航道和某些港口受季节影响较大，冬季结冰、枯水期水位变低，难以保证全年通航；运送速度慢，在途中的货物多，会增加货主的流动资金占有量。

总之,水路运输综合优势较为突出,适宜于运距长,运量大,时间性不强的各种大宗物资运输。

5. 航空运输

航空运输指使用飞机或其他航空器进行货物运输的一种运输方式。航空货运不仅提供专门用于货物运输的飞机,以及定期和不定期的航空货运航班,而且还利用定期和不定期客运航班进行货物运输。

民航运输的优点是:运行速度快,一般在 800~900km/h 左右;机动性能好,几乎可以飞越各种天然障碍,可到达其他运输方式难以到达的地方。

民航运输的缺点是:飞机造价高、能耗大、运输能力小、成本很高、技术复杂。

因此,民航运输只适宜长途旅客运输和体积小、价值高的物资、鲜活产品及邮件等货物运输。

6. 管道运输

管道运输指利用管道输送气体、液体和粉状固体的一种特殊的运输方式,它是随着石油和天然气产量的增大而发展起来的,目前已成为陆上油、气运输的主要运输方式。近年来,利用管道输送粉状固体(如煤、精矿)也有很大的发展。本书所指的管道运输不包括城市自来水、煤气等的管道运输。

管道运输的优点是:运输量大;建设工程量小,占地少,管道运输只需要铺设管线,修建泵站,土石方工程量比修建铁路小得多。而且在平原地区大多埋在底下,不占农田;能耗小,在各种运输方式中是最低的;安全可靠,无污染,成本低;不受气候影响,可以全天候运输,送达货物的可靠性高;管道可以走捷径,运输距离短;可实现封闭运输,损耗少。

管道运输的缺点是:专用性强,只能运输石油、天然气及固体料浆(如煤炭等),但是具有固定可靠的市场;管道运输量与最高运输量之间的变化幅度小,采用管道运输困难时还要以公路、铁路、水路运输作为过渡。

三、综合交通运输体系及特点

1. 综合运输体系概念

综合运输体系(Comprehensive System of Transport)是指各种运输方式在社会化的运输范围内和统一的运输过程中,按其技术经济特点组成分工协作、有机结合、连续贯通、布局合理的交通运输综合体。综合运输体系是由铁路、公路、水路、管道和航空等各种运输方式及其线路、站场等组成,每种运输方式有其特定的运输线路和运输工具,形成各自的技术运营特点、经济性能和合理使用范围,在分工的基础上协作配合,实现优势互补的有机结合。

综合运输体系大致由三个系统组成:具有一定技术装备的综合运输网及其结合部系统;综合运输生产系统,即各种运输方式的联合运输系统;综合运输组织、管理和协调系统,系统要有利于宏观管理、统筹规划和组织协作。

综合运输体系必须拥有完备的基础设施、先进的运输装备和高效的组织管理,符合可持续发展原则;各种运输方式作为一个有机整体,充分发挥各自的比较优势,实现高效运行与衔接,提供运输全过程的安全、快捷、方便、舒适、经济和优质服务,即应在运行上高效、经济上合理、环境上舒适、安全上可靠。

综合运输体系的发展必须符合以下原则,即满足经济社会发展的需求,与国情和国力相适应;遵守可持续发展的原则,且要求各种运输方式内部要素的充分、协调和配套发展等。

综合运输体系的经济基础是各运输方式能够整合到门到门的运输链中,并显示出各自合理的内在经济特性和运行特性,以提高运输系统的总体效率。各种运输方式间的整合体现在基础设施和其他硬件(如装卸设备、车辆和通信设备等)、运行和服务,以及法规条件等方面。综合运输体系功能系统的组成,包括:

(1)构建现代综合交通运输网络与装备系统。综合运输网包括各种运输方式不同层次和等级网络间的衔接配合,使旅客或货物可便捷地从一种运输方式转移到另一种运输方式,这是综合运输体系的物质基础。

(2)以现代信息技术与现代化管理手段为基础的安全、高效的运营与管理系统。即各种运输方式的联合生产、经营和后勤支持系统,包括相应运输工具、技术装备、工艺和标准等的协调一致,这是综合运输实现生产高效率、经营高效益和服务高质量的关键。

(3)充分体现市场经济规律与"用户选择""以人为本"服务准则的优质高效服务系统。

2. 体系建立和形成的意义

发展综合运输体系是当代运输发展的新趋势、新方向,主要原因是:随着世界新技术革命的发展,交通运输广泛采用新技术,实现运输工具和运输设备的现代化;随着运输方式的多样化,运输过程的统一化,各种运输方式朝着分工、协作协调配合的方向发展。

发展综合运输体系是我国交通运输发展的新模式,可以改变各种运输方式缺乏横向联系的弊端,使交通运输行业从单一的、孤立的发展模式向综合的、协调的模式转变,这无疑会给我国经济建设带来良好效果。

发展综合运输体系可增强有效运输生产力,缓解交通运输不平衡、不协调的状况。交通运输是一个大系统,各种运输方式、各条运输路线、各个运输环节如果出现不协调,都不能充分发挥有效的运输生产力。多年来,我国交通运输出现的不平衡状况,如有些线路压力过大,而有些线路运力得不到充分发挥;有些运输方式严重超负荷,而有些运输方式又不能充分发挥作用等,采取综合运输体系将有效地改变这一不协调、不平衡的现状。

发展综合运输体系是提高运输经济效益的重要方法。按照各种运输方式的技术特点,建立合理的运输结构,可以使各种运输方式扬其所长、避其所短,既可扩大运输能力,又可提高经济效益。

综合运输体系的发展应满足日益增长的国内需求和全球性变革的挑战,目前我国已经建立起基于单一运输方式(如铁路、公路、水运、民航和管道)为基础的全国运输系统框架,并初步形成了综合运输体系的雏形。但是如何使之不断发展和完善,早日实现"建立健全畅通、安全、便捷的现代化综合运输体系"的目标,是当今我国交通运输业发展的任务。我国综合运输体系的发展受许多因素影响,通过分析这些影响因素,充分发挥其积极作用,最大限度地消除其消极作用,对于我国综合运输体系的完善具有重要的作用。

综合运输体系是运输生产力发展到一定阶段的产物,是各种运输方式通过运输过程本身要求而联系起来的综合体系。这就使各种运输方式在分工的基础上,协作配合、优势互补,即在运输生产过程中的有机结合,在各个运输环节上的连接贯通,以及各种运输网和其他运输手段的合理布局。综合运输是涉及国民经济各部门、各种运输方式的技术经济和组织管理的应用科学问题,其研究内容包括运输业与国民经济的关系、各种运输方式的技术经济特点及其组织运用、多种运输方式的联运以及运输技术发展方向等内容。当前的研究内容大致可分为运输体系的综合发展、各种运输方式的综合利用以及运输技术发展方向和先进技术的应用。

四、智能交通运输系统及特点

1. 智能交通系统简介

智能交通系统(Intelligent Traffic System,ITS)又称智能运输系统(Intelligent Transportation System),是将先进的科学技术(信息技术、计算机技术、数据通信技术、传感器技术、电子控制技术、自动控制理论、运筹学、人工智能等)有效地综合运用于交通运输、服务控制和车辆制造,加强车辆、道路、使用者三者之间的联系,从而形成一种保障安全、提高效率、改善环境、节约能源的交通运输系统。

智能交通系统的前身是智能车辆道路系统(Intelligent Vehicle Highway System,IVHS)。现在,智能交通系统还包括机场、车站客流疏导系统,城市交通智能调度系统,高速公路智能调度系统,运营车辆调度管理系统,机动车自动控制系统等。

智能交通系统通过人、车、路的和谐、密切配合提高交通运输效率,缓解交通阻塞,提高路网通过能力,减少交通事故,降低能源消耗,减轻环境污染。

据研究预测,应用ITS可减少交通阻塞10%~50%,节省能源5%~15%,减少空气污染25%以上,减少企业的运营成本5%~25%,减少事故30%~60%。

2. 智能交通系统的组成

智能交通系统是一个复杂的综合性系统,从系统组成的角度可分成以下子系统。

1)先进的交通信息服务系统(ATIS)

ATIS是在完善的信息网络基础上建立的。交通参与者通过装备在道路、车、换乘站、停车场以及气象中心的传感器和传输设备,向交通信息中心提供各地的实时交通信息;ATIS得到这些信息并进行处理后,实时向交通参与者提供道路交通信息、公共交通信息、换乘信息、交通气象信息、停车场信息以及与出行相关的其他信息;出行者根据这些信息确定自己的出行方式、出行路线。当车辆装备自动定位和导航系统时,该系统还可以帮助驾驶员自动选择行驶路线。

2)先进的交通管理系统(ATMS)

ATMS有一部分与ATIS共用信息采集、处理和传输系统,但是ATMS主要是给交通管理者使用的,用于检测控制和管理公路交通,在道路、车辆和驾驶员之间提供通信联系。它将对道路系统中的交通状况、交通事故、气象状况和交通环境进行实时的监视,依靠先进的车辆检测技术和计算机信息处理技术,获得有关交通状况的信息,并根据收集到的信息对交通进行控制,如信号灯、发布诱导信息、道路管制、事故处理与救援等。

3)先进的公共交通系统(APTS)

APTS的主要目的是采用各种智能技术促进公共运输业的发展,使公交系统实现安全便捷、经济、运量大的目标。如通过个人计算机、闭路电视等为公众就出行方式和事件、路线及车次选择等提供咨询,在公交车站通过显示器向候车者提供车辆的实时运行信息。在公交车辆管理中心,可以根据车辆的实时状态合理安排发车、收车等计划,提高工作效率和服务质量。

4)先进的车辆控制系统(AVCS)

AVCS 的目的是开发帮助驾驶员实行车辆控制的各种技术,从而使汽车行驶安全、高效。AVCS 包括对驾驶员的警告和帮助,障碍物检测和规避等自动驾驶技术。

5)货运管理系统(FMS)

FMS 指以高速道路网和信息管理系统为基础,利用物流理论进行管理的智能化物流管理系统。FMS 综合利用卫星定位、地理信息系统、物流信息及网络技术,有效组织货物运输,提高货运效率。

6)电子不停车收费系统(ETC)

ETC 是先进的路桥收费方式。通过安装在车辆挡风玻璃上的车载器与在收费站 ETC 车道上的微波天线之间的微波专用短程通信,利用计算机联网技术与银行进行后台结算处理,从而达到车辆通过路桥收费站不需停车就能交纳路桥费的目的,所交纳的费用经过后台处理后清分给相关的收益业主。在现有的车道上安装电子不停车收费系统,可以使车道的通行能力提高 3~5 倍。

7)紧急救援系统(EMS)

EMS 是一个特殊的系统,它的基础是 ATIS、ATMS 和有关的救援机构和设施,通过 ATIS 和 ATMS 将交通监控中心与职业的救援机构联成有机的整体,为道路使用者提供车辆故障现场紧急处置、拖车、现场救护、排除事故车辆等服务。

3. 智能交通体系框架

目前,中国智能交通系统(ITS)体系框架(第二版)的基本情况如下:用户服务包括 9 个服务领域、47 项服务、179 项子服务;逻辑框架包括 10 个功能领域、57 项功能、101 项子功能、406 个过程、161 张数据流图;物理框架包括 10 个系统、38 个子系统、150 个系统模块、51 张物理框架流图;应用系统包括 58 个应用系统。中国 ITS 体系框架(第二版)用户服务列表,如表 4-1 所示。

中国 ITS 体系框架(第二版)用户服务列表　　　　表 4-1

用户服务领域	用户服务
1. 交通管理	1.1 交通动态信息监测 1.2 交通执法 1.3 交通控制 1.4 需求管理 1.5 交通事件管理 1.6 交通环境状况监测与控制 1.7 勤务管理 1.8 停车管理 1.9 非机动车、行人通行管理
2. 电子收费	2.1 电子收费

续上表

用户服务领域	用户服务
3. 交通信息服务	3.1 出行前信息服务 3.2 行驶中驾驶员信息服务 3.3 途中公共交通信息服务 3.4 途中出行者其他信息服务 3.5 路径诱导及导航 3.6 个性化信息服务
4. 智能公路与安全辅助驾驶	4.1 智能公路与车辆信息收集 4.2 安全辅助驾驶 4.3 自动驾驶 4.4 车队自动运行
5. 交通运输安全	5.1 紧急事件救援管理 5.2 运输安全管理 5.3 非机动车及行人安全管理 5.4 交叉口安全管理
6. 运营管理	6.1 运政管理 6.2 公交规划 6.3 公交运营管理 6.4 长途客运营管理 6.5 轨道交通运营管理 6.6 出租车运营管理 6.7 一般货物运输管理 6.8 特种运输管理
7. 综合运输	7.1 客货运联运管理 7.2 旅客联运服务 7.3 货物联运服务
8. 交通基础设施管理	8.1 交通基础设施维护 8.2 路政管理 8.3 施工区管理
9. ITS 数据管理	9.1 数据接入与存储 9.2 数据融合与处理 9.3 数据交换与共享 9.4 数据应用支持 9.5 数据安全

4. 智能交通运输系统的特点

智能交通是一个基于现代电子信息技术面向交通运输的服务系统。它的突出特点是以信息的收集、处理、发布、交换、分析、利用为主线，为交通参与者提供多样性的服务。

智能交通系统具有以下两个特点：一是着眼于交通信息的广泛应用与服务，二是着眼于提高既有交通设施的运行效率。

与一般技术系统相比,智能交通系统建设过程中的整体性要求更加严格。这种整体性体现在:

(1)跨行业特点。智能交通系统建设涉及众多行业领域,是社会广泛参与的复杂巨型系统工程,从而造成复杂的行业间协调问题。

(2)技术领域特点。智能交通系统综合了交通工程、信息工程、控制工程、通信技术、计算机技术等众多科学领域的成果,需要众多领域的技术人员共同协作。

(3)政府、企业、科研单位及高等院校共同参与,恰当的角色定位和任务分担是系统有效展开的重要前提条件。

(4)智能交通系统将主要由移动通信、宽带网、射频识别、传感器、云计算等新一代信息技术作支撑,更符合人的应用需求,可信任程度提高并变得"无处不在"。

第二节　交通运输专业人才知识结构

一、关于知识

知识是人类从各个途径中获得的经过提升总结与凝练的系统性认识,也是人类在实践中认识客观世界(包括人类自身)的成果,包括事实、信息的描述或在教育和实践中获得的技能。知识是人类对物质世界以及精神世界探索的结果总和,其获取涉及许多复杂的过程,包括感觉、交流、推理。知识也可以看成是人类智慧的最根本的因素,知识具有一致性、公允性,判断真伪要以逻辑,而非立场。柏拉图对知识的定义是:一条陈述能称得上是知识必须满足三个条件,它一定是被验证过的,正确的,而且是被人们相信的,这也是科学与非科学的区分标准。

知识可分为简单知识和复杂知识、独有知识和共有知识、具体知识和抽象知识、显性知识和隐性知识等。按现代认知心理学的理解,知识有广义与狭义之分。广义的知识可以分为两类,即陈述性知识、程序性知识。

(1)陈述性知识。指描述客观事物的特点及关系的知识,也称为描述性知识。陈述性知识主要包括符号表征、概念、命题。

符号表征是最简单的陈述性知识,指代表一定事物的符号。如学生所学习的英语单词的词形、数学中的数字、物理公式中的符号、化学元素的符号等都是符号表征。

概念是对一类事物本质特征的反映,是较为复杂的陈述性知识。

命题是对事物之间关系的陈述,是复杂的陈述性知识。命题可以分为两类:一类是非概括性命题,只表示两个以上的特殊事物之间关系;另一类命题表示若干事物之间的关系,这类命题叫作概括,如"圆的直径是它的半径的两倍",这里的倍数关系是普遍的关系。

(2)程序性知识。指关于操作步骤的知识,也称操作性知识。这类知识主要用来解决"做什么"和"如何做"的问题,用来进行操作和实践。策略性知识是一种较为特殊的程序性知识,它是关于认识活动的方法和技巧的知识。例如,如何有效记忆,如何明确解决问题的思维方向等。

布卢姆在《教育目标分类学》中认为,知识是"对具体事物和普遍原理的回忆,对方法和过程的回忆,或者对一种模式、结构或框架的回忆"。这是从知识所包含内容的角度进行的表述,属于一种现象描述。1996年,经济合作与发展组织(OECD)在《以知识为基础的经济》的年度报告中将知识分为四大类:

①知道是什么的知识(Know-what),主要是叙述事实方面的知识;
②知道为什么的知识(Know-why),主要是自然原理和规律方面的知识;
③知道怎么做的知识(Know-how),主要是指对某些事物的技能和能力;
④知道是谁的知识(Know-who),涉及谁知道和谁知道如何做某些事的知识。

二、关于知识结构

1. 知识结构特性

知识结构指一个人经过专门学习培训后所拥有的知识体系的构成情况与结合方式。合理的知识结构是胜任职业岗位的必要条件,是人才成长的基础。职业岗位所需要的是知识结构合理,能根据当今社会发展和职业的具体要求,将自己所学到的各类知识科学地组合起来的人才,以适应社会对人才的要求。任何事物都有差异性,但同时也具有共同的特性。知识结构没有绝对的统一模式,但同样具有共同的特性。

首先,知识结构具有整体性。一切事物都是有机的整体,知识结构与其他事物一样,是一个有机的整体,组成整体的各部分之间,都相互依赖、相互联系、相互作用、相互制约。如果知识结构只有数量的优势,而没有相互协调、配合融通,就很难发挥知识结构的整体优势。

其次,知识结构是动态的,而不是静止的,是随着社会的发展而变化的。在社会不发达的阶段,知识结构相对而言较为简单;随着社会的进步,科学技术的日新月异,根据社会的需要应对知识结构经常进行调整、充实、提高。如不更新知识,就难以适应现代社会的要求。

再者,知识结构具有有序性。从一般知识结构的组成来看,是从低到高,从核心到外围的层次。由低到高是指从基础知识到专业技术知识,直至前沿科技知识,要求知识由浅入深的积累,并逐步提高。从核心到外围是指在核心知识确立的情况下,将那些与核心知识有关的知识紧密地联系在一起,构成一个合理的知识结构,突出核心知识的中心作用。否则知识结构杂乱无章,主次不分,发挥不了知识结构的整体作用。

所谓合理的知识结构,就是既有精深的专门知识,又有广博的知识面,具有事业发展实际需要的最合理、最优化的知识体系。建立起合理的知识结构,培养科学的思维方式,提高自己的实用技能,以适应将来在社会上从事职业岗位的要求。因此,建立知识结构,一定要防止知识面过窄的倾向。建立合理的知识结构是一个复杂长期的过程,必须注意如下原则。

(1)整体性原则,即专博相济,一专多通,广采百家为我所用。

(2)层次性原则,即合理知识结构的建立,必须从低到高,在纵向联系中,划分基础层次、中间层次和最高层次,没有基础层次,较高层次就会成为空中楼阁,没有高层次,则显示不出水平。因此任何层次都不能忽视。

(3)比例性原则,即各种知识在顾全大局时,数量和质量之间应合理配比。配比的原则应根据培养目标来定,成才方向不同知识结构的组成就不一样。

(4)动态性原则,即所追求的知识结构决不应当处于僵化状态,而是能够不断进行自我调节的动态结构。这是为适应科技发展知识更新、研究探索新的课题和领域、职业和工作变动等因素的需要,不然跟不上飞速发展的时代步伐。

2. 知识结构模型

人才成长离不开教育，教育是成材的基础，也是建立现代知识结构的重要途径，从人才成长的规律来看，高等教育是人的先天素质和后天育才有机结合的最佳平台。当今学术界对人才的知识结构主要提出了三种模式。

(1) 宝塔型。这种知识结构形如宝塔，包括基本理论、基础知识、专业基础知识、专业知识、学科知识及学科前沿知识构成。基本理论、基本知识为宝塔型底部，学科前沿知识为高峰塔顶。这种知识结构的特点是强调基本理论、基础知识的宽厚扎实、专业知识的精深，容易把所具备的知识集中于主攻目标上，有利于迅速接通学科前沿。现今中国学校大多是培养这样知识结构的人才。

(2) 网络型。这种知识结构以所学的专业知识为中心，与其他专业相近的、有较大相互作用的知识作为网状连接，形如蜘蛛网。这种知识结构是以自己的专业知识作为一个"中心点"，与其他相近的、作用较大的知识作为网络的"纽结"相互联结，形成一个适应性较大的知识网。这种知识结构的特点是知识广度与深度的统一，这种人才知识结构呈复合型状态。

(3) 幕帘型。这种知识结构指一个具体的社会组织对其组织成员在知识结构上有一个总的要求，而作为该组织的个体成员，将依其在组织中所处的层次，在知识结构上又存在一些差异。以一个企业为例，企业对其成员的整体知识结构要求是，具有财会、安全、商业、保险、管理等知识。而对企业中处于不同层次的个人来说，要求掌握上述知识的比例是截然不同的，从而组成各自不同的知识结构。这种知识结构强调个体知识结构与组织整体知识结构的有机结合，要了解所选职业岗位在社会组织中的位置及具体层次，以此来调整自己的知识结构，增强就业后的适应性。

三、通识教育知识

1. 概述

通识教育起源于19世纪，主要是针对大学的专业过于专门以及所学知识被严重割裂等问题，提出进行通识教育，以达到培养学生独立思考、对不同的学科有所认识，以至能将不同的知识融会贯通的目的。自20世纪以来，通识教育已广泛成为欧美大学的必修科目。掌握通识教育知识是实现通识教育理念和目标的关键因素。一般而言，通识教育知识是指除专业知识之外的基础课程知识。如果说专业知识旨在培养学生在某一知识领域的专业技能和谋生手段，那么通识类知识则要通过知识的基础性、整体性、综合性、广博性，使学生拓宽视野、避免偏狭，培养学生独立思考与判断能力、社会责任感和健全人格。

一般而言，大学本科的课程体系主要由"公共基础课＋学科基础课＋专业课"三部分构成。其中，"公共基础课"部分应视作"通识教育课程"，主要包括思想政治理论课、英语、军训与体育、通识教育选修课等。

大学培养人才模式应从专门型、知识型向素质型、通识型和应用型转变，通识教育是使受教育者掌握相关的知识、观念、工具和方法，促使其身心全面和谐发展的基础性教育。面对人类知识量的大量积累和剧增，综合能力同创新能力、学习能力等都是学生素质的重要方面。随着知识的高度分化和综合化趋势的不断加强，通识教育已经被世界上越来越多的大学所认可和接受。通识教育是现代高等教育的发展趋势,为个人今后多方向全面发展提供知识储备。在通识教育的基础上,通过人文社会科学大类基础课程教学,培养学生掌握较为广博的基础知识并提高其综合素质。

2. 人文社会科学知识

交通运输专业应具备的人文社会科学知识主要包括:政治思想理论,思想道德修养,法律基础,军事理论,科技写作,中国传统文化,文学艺术,其他人文社科知识。要求掌握马克思列宁主义、毛泽东思想、邓小平理论、"三个代表"重要思想、科学发展观和习近平新时代中国特色社会主义思想等的基本内容,了解中国和世界历史文化。

人文社会科学是人文科学和社会科学的总称。

人文科学原指同人类利益有关的学问,有别于在中世纪教会中占统治地位的神学。后来含义几经演变,其狭义指对拉丁文、希腊文、古典文学的研究,包括哲学、经济学、政治学、历史学、法学、文艺学、伦理学、语言学等。社会科学是指以社会现象为研究对象的科学,如政治学、经济学、军事学、法学、教育学、文艺学、史学、语言学、民族学、宗教学、社会学等,其任务是研究并阐述各种社会现象及其发展规律。

人文科学是以人类的精神世界及其沉淀的精神文化为对象的科学。社会科学则是一种以人类社会为研究对象的科学。如果说人文科学主要研究人的观念、精神、情感和价值,即人的主观精神世界及其所积淀下来的精神文化的话,那么社会科学更多的则是研究客观的人类社会。前者常用意义分析和解释学的方法研究微观领域的精神文化现象,其涵覆的科学包括文、史、哲及其衍生出来的美学、宗教学、伦理学、文化学、艺术学等;后者则侧重于运用实证的方法来研究宏观的社会现象,其涵属的科学主要有经济学、社会学、政治学、法学等。

然而,由于"人"与"社会"在本质上的一致性和不可分割性,在实际中"不可能对它们做出任何本质上的分别"。所谓的社会现象,主要"取决于人的一切特征",而人文科学在这方面或那方面又都是社会性的,因而在实际生活中,人们往往是将它们作为一个整体加以讨论。

在研究方法上,人文社会科学借鉴和参照了自然科学的一些实证做法,但它又有着完全不同于自然科学的研究对象、研究方法和研究道路。在科学的发展史上,它与自然科学一道,共同支撑起完整的科学"大厦",从而为人类科学事业的繁荣发挥着自身独特的无可替代的作用。

人文社会科学具有双重属性和双重功能。双重属性指科学性和价值性,双重功能指科学认识功能和意识形态功能。一方面,它必须从客观事实出发,秉执科学的原理和法则,按照科学的逻辑和程序,运用科学的手段和方法,进行科学的认识和实践,从而得出科学的结论,以保持科学的理论品格,实现科学的认识功能。另一方面,它又以人类自身的文化现象和社会现象为研究对象,因而不可避免地要承担意识形态功能。

人文社会科学的意识形态功能,是指其在坚持科学性的前提之下,自觉地维护一定的价值观念和社会利益。如果说自然科学研究自然界,研究事物必然的因果关系,研究普遍性和共性,排除偶然性、意义和价值的话,那么人文社会科学则研究人界、人及其创造和表达,它不仅要寻求普遍的、共同的规律,而且也研究偶然性和特殊性,并具有价值性。概而言之,人文社会科学既是事实科学又是价值科学,是客观和主观、真理和价值、事实和规范相汇通相统一的科学。

人文社会科学是相对于自然科学而言的知识体系。当然,两者都是对客观事物的本质、发展规律的揭示,并相互渗透、相互转化,具有内在相关性、相似性和统一性。人文社会科学根源于人类精神活动与社会活动的特殊性,具有与自然科学不同的特点,认识两者之间的差异有助于了解它们的特点。人文社会科学领域的众多学科门类相互贯通,联为一体,形成了人文社会科学的体系结构。其中,不同学科以不同的结合方式融入体系结构之中,各学科在体系结构中的地位和作用也各不相同。目前普遍认可的人文社会科学的一级学科有:哲学、历史学、文学、艺术、经济学、社会学、法学、管理学等。对人文社会科学体系结构的探讨,有助于从宏观上把握人文社会科学的基本特点。

3. 外语知识

外语知识包括大学英语、专业英语及第二外语。要求熟练掌握基本语法、基本词汇,能较好地阅读和翻译本专业的文献资料,有一定的听说与写作能力。

外语指非本国人使用的语言或指某一地区的本土居民不使用的语言。例如,英语在中国就是一种外语。它也指某人所属国家不使用的语言,也即对一名生活在中国的英语使用者来说,中文也是一门外语。

现在,世界上主要的语系有七大类。英语是联合国工作语言之一,也是事实上的国际交流语言。英语属于印欧语系中日耳曼语族下的西日耳曼语支,并通过英国的殖民活动传播到世界各地。由于在历史上曾和多种民族语言接触,它的词汇从一元变为多元,语法从"多屈折"变为"少屈折",语音也发生了规律性的变化。根据以英语作为母语的人数计算,英语可能是世界上第三大语言,但它是世界上使用最广泛的第二语言。世界上60%以上的信件是用英语书写的,上两个世纪英国和美国在文化、经济、军事、政治和科学上的领先地位使得英语成为一种准国际语言。

4. 计算机信息技术知识

计算机信息技术知识包括计算机应用基础、计算机语言及其他信息技术。要求熟练掌握计算机基础知识,掌握一种或一种以上的计算机高级语言编程。

计算机俗称电脑,是一种能够按照程序运行,自动、高速处理海量数据的现代化智能电子设备。计算机的主要特点表现在以下几个方面:

(1)运算速度快。运算速度是计算机的一个重要性能指标。计算机的运算速度通常用每秒钟执行定点加法的次数或平均每秒钟执行指令的条数来衡量。运算速度快是计算机的一个突出特点。计算机的运算速度已由早期的每秒几千次发展到现在的最高可达每秒几千亿次乃至万亿次。这样的运算速度是何等的惊人!计算机高速运算的能力极大地提高了工作效率,把人们从浩繁的脑力劳动中解放出来。过去用人工旷日持久才能完成的计算,而计算机在"瞬间"即可完成。曾有许多数学问题,由于计算量太大,数学家们终其一生也无法完成,使用计算机则可轻易地解决。

(2)计算精度高。在科学研究和工程设计中,对计算的结果精度有很高的要求。一般的计算工具只能达到几位有效数字(如过去常用的四位数学用表、八位数学用表等),而计算机的结果精度可达到十几位、几十位有效数字,根据需要甚至可达到任意的精度。

(3)存储容量大。计算机的存储器可以存储大量数据,这使计算机具有了"记忆"功能。目前计算机的存储容量越来越大,已高达千兆数量级的容量。计算机具有"记忆"功能,是与传统计算工具的一个重要区别。

(4)具有逻辑判断功能。计算机的运算器除了能够完成基本的算术运算外,还具有进行比较、判断等逻辑运算的功能。这种能力是计算机处理逻辑推理问题的前提。

(5)自动化程度高,通用性强。由于计算机的工作方式是将程序和数据先存放在机内,工作时按程序规定的操作,一步一步地自动完成,一般无须人工干预,因而自动化程度高。这一特点是一般计算工具所不具备的。

计算机通用性的特点表现在几乎能求解自然科学和社会科学中一切类型的问题,能广泛地应用于各个领域。计算机用途广泛,归纳起来有以下几个方面:

(1)数值计算。数值计算即科学计算,是应用计算机处理科学研究和工程技术中所遇到问题的数学计算。应用计算机进行科学计算,如卫星运行轨迹、水坝应力、气象预报、油田布局、潮汐规律等,可为问题求解带来质的进展,使往往需要几百名专家几周、几月甚至几年才能完成的计算,只要几分钟就可得到正确结果。

(2)信息处理。信息处理是对原始数据进行收集、整理、分类、选择、存储、制表、检索、输出等的加工过程。信息处理是计算机应用的一个重要方面,涉及的范围和内容十分广泛,如自动阅卷、图书检索、财务管理、生产管理、医疗诊断、编辑排版、情报分析等。

(3)实时控制。实时控制是指及时搜集检测数据,按最佳值对事物进程的调节控制,如工业生产的自动控制。利用计算机进行实时控制,既可提高自动化水平,保证产品质量,也可降低成本,减轻劳动强度。

(4)辅助设计。计算机辅助设计为设计工作自动化提供了广阔的前景,受到了普遍的重视。利用计算机的制图功能实现各种工程的设计工作,称为计算机辅助设计,即CAD。如桥梁设计、船舶设计、飞机设计、集成电路设计、计算机设计、服装设计等。当前,人们已经把计算机辅助设计、辅助制造(CAM)和辅助测试(CAT)联系在一起,组成了设计、制造、测试的集成系统,形成了高度自动化的"无人"生产系统。

(5)智能模拟。也称人工智能。利用计算机模拟人类智力活动,以替代人类部分脑力劳动,这是一个很有发展前途的学科方向。具有一定"学习、推理和联想"能力的机器人的不断出现,正是智能模拟研究工作取得进展的标志。智能计算机作为人类智能的辅助工具,将被越来越多地应用到人类社会的各个领域。

信息技术(Information Technology,IT),指应用计算机科学和通信技术来设计、开发、安装和实施信息系统及应用软件,以及管理和处理信息所采用的各种技术的总称。它也常被称为信息和通信技术(Information and Communications Technology,ICT)。主要包括传感技术、计算机与智能技术、通信技术和控制技术。人们对信息技术的定义,因其使用的目的、范围、层次不同而有不同的表述。

(1)广义而言,信息技术指能充分利用与扩展人类信息器官功能的各种方法、工具与技能的总和。该定义强调的是从哲学上阐述信息技术与人的本质关系。

(2)泛义而言,信息技术指对信息进行采集、传输、存储、加工、表达的各种技术的总和。该定义强调的是人们对信息技术功能与过程的一般理解。

(3)狭义而言,信息技术指利用计算机、网络、广播电视等各种硬件设备、软件工具及科学方法,对文图声像等各种信息进行获取、加工、存储、传输与使用的技术的总和。该定义强调的是信息技术的现代化与高科技水平。

信息技术的应用包括计算机硬件和软件,网络和通信技术,应用软件开发工具等。计算机和互联网普及以来,人们日益普遍地使用计算机来生产、处理、交换和传播各种形式的信息(如书籍、商业文件、报刊、唱片、电影、电视节目、语音、图形、影像等)。物联网和云计算作为信息技术的新形态被提出、发展,物联网将当下几乎所有技术与计算机互联网技术结合起来,让信息更快更准地收集、传递、处理并执行,这也是科技的最新呈现形式与应用。

信息技术代表着当今先进生产力的发展方向,信息技术的广泛应用使信息的重要生产要素和战略资源的作用得以发挥,使人们能更高效地进行资源优化配置,从而推动传统产业不断升级,提高社会劳动生产率和社会运行效率。

信息技术在全球的广泛使用,不仅深刻地影响着经济结构与经济效率,而且作为先进生产力的代表,对社会文化和精神文明产生着深刻的影响。

信息技术已引起传统教育方式发生着深刻变化。计算机仿真技术、多媒体技术、虚拟现实技术和远程教育技术以及信息载体的多样性,使学习者可以克服时空障碍,更加主动地安排自己的学习时间和速度。特别是借助于互联网的远程教育,将开辟出通达全球的知识传播通道,实现不同地区的学习者、传授者之间的对话和交流,不仅可以大大提高教育的效率,还能给学习者提供一个宽松且内容丰富的学习环境。远程教育的发展将在传统的教育领域引发一场革命,并促使人类知识水平的普遍提高。

互联网已经成为科学研究和技术开发不可缺少的工具。科研人员可以随时进入并从中获取最新科技动态的信息宝库,大大节约查阅文献的时间和费用;互联网上信息传递的快捷性和交互性,使身处世界任何地方的研究者都可以成为研究伙伴,在网上进行实时讨论、协同研究,甚至使用网上的主机和软件资源,来完成自己的研究工作。

信息网络为各种思想文化的传播提供了更加便捷的渠道,大量的信息通过网络渗入到社会各个角落,成为当今文化传播的重要手段。电子出版以光盘、磁盘和网络出版等多种形式,打破了以往纸质媒介一统天下的局面。多媒体技术的应用和交互式界面的采用为文化、艺术、科技的普及开辟了广阔前景。网络等新型信息介质为各民族优秀文化的继承、传播、交流、交融提供了崭新的可能性。网络改变着人与人之间的交往方式,改变着人们的工作方式和生活方式,也就必然会对文化的发展产生深远的影响,一种新的适应网络时代和信息经济的先进文化将逐渐形成。

信息技术推广应用的显著成效,促使世界各国致力于信息化,而信息化的巨大需求又驱使信息技术高速发展。当前信息技术发展的总趋势是以互联网技术的发展和应用为中心,从典型的技术驱动发展模式向技术驱动与应用驱动相结合的模式转变。

5. 体育知识

体育知识包括大学体育和专项体育。要求达到国家对大学生身体素质的要求。

体育(physical education,缩写 PE 或 P. E.)是一种复杂的社会文化现象,它以身体与智力活动为基本手段,根据人体生长发育、技能形成和机能提高等规律,达到促进全面发育、提高身体素质与全面教育水平、增强体质与提高运动能力、改善生活方式与提高生活质量的一种有意识、有目的、有组织的社会活动。

随着国际交往的扩大,体育事业发展的规模和水平已是衡量一个国家、社会发展进步的一项重要标志,也成为国家间外交及文化交流的重要手段。体育可分为大众体育、专业体育、学校体育等种类,包括体育文化、体育教育、体育活动、体育竞赛、体育设施、体育组织、体育科学技术等诸多要素。

四、学科基础知识

1. 数学与自然科学

交通运输专业学科基础知识包括高等数学(微积分、级数、微分方程),工程数学(线性代数、概率论与数理统计),大学物理,数学建模,计算方法及其他。要求掌握高等数学、概率论与数理统计、大学物理等基本内容。

数学(mathematics 或 maths,经常被缩写为"math"),是研究数量、结构、变化、空间以及信息等概念的一门学科。在人类历史发展和社会生活中,数学发挥着不可替代的作用,也是学习和研究现代科学技术必不可少的基本工具。在数学中,作为一般思维形式的判断与推理,以定理、法则、公式的方式表现出来,而数学概念则是构成它们的基础。正确理解并灵活运用数学概念,是掌握数学基础知识和运算技能、发展逻辑论证和空间想象能力的前提。

正确地理解和形成一个数学概念,必须明确这个数学概念的内涵——对象的"质"的特征以及外延——对象的"量"的范围。一般来说,数学概念是运用定义的形式来揭露其本质特征的。有些数学概念要经过长期的酝酿,最后才以定义的形式表达,如函数、极限等。定义是准确地表达数学概念的方式。

许多数学概念需要用数学符号来表示,如 dy 表示函数 y 的微分。数学符号是表达数学概念的一种独特方式,对学生理解数学概念起着极大的作用,它把学生掌握数学概念的思维过程简约化、明确化。许多数学概念还需要用图形来表示。有些数学概念本身就是图形,如平行四边形、棱锥、双曲线等。有些数学概念可以用图形来表示,比如 $y = x + 1$ 的图像。有些数学概念具有几何意义,如函数的微分。数形结合是表达数学概念的又一独特方式,它把数学概念形象化、数量化。总之,数学概念是在人类历史发展过程中逐步形成和发展的。

数学是理性思维和想象的结合,它的发展建立于社会的需求,具有统一性、对称性、简单性。透过抽象化和逻辑推理的使用,由计数、计算、量度和对物体形状及运动的观察中产生。数学历来以其高度的抽象性、严密的逻辑性被人们所赏识,却很少有人把它与美学联系起来,数学起源于建筑,正是对美的追求,才产生了数学。数学似乎与美学毫不相干,其实,这是对数学本质的一种误解,是对数学与美学的关系以及数学中的美缺乏真正的了解和认识,数学以一种独特的方式在诠释美学。

自然科学是研究自然界的物质形态、结构、性质和运动规律的科学,包括数学、物理学、化学、生物学、天文学等基础科学和医学、农学、气象学、材料学等应用科学,它是人类改造自然的实践经验即生产斗争经验的总结,其发展取决于生产的发展。原始社会中,人类对自然界的斗争,因生产工具简单、粗笨,还受到原始宗教及其他意识的影响,自然科学的发展是缓慢的。不过,人类取得的每一个科技进步,都推动了生产的发展,同时又促进自然科学知识的不断积累,预示着科技的新突破。因此,尽管当时的人们尚处于蒙昧与野蛮状态,但他们在与自然界的斗争的过程中,以辛勤的劳动与聪明智慧,不断地推动着科学技术的发展。

自然科学是研究无机自然界和包括人的生物属性在内的有机自然界的各门科学的总称。自然科学是研究大自然中有机或无机的事物和现象的科学,包括天文学、物理学、化学、地球科学、生物学、地理学等。其认识的对象是整个自然界,即自然界物质的各种类型、状态、属性及运动形式。认识的任务在于揭示自然界发生的现象以及自然现象发生过程的实质,进而把握这些现象和过程的规律性,以便解读它们,并预见新的现象和过程,为在社会实践中合理而有目的地利用自然界的规律开辟各种可能的途径。

自然科学认为超自然的、随意的和自相矛盾的现象是不存在的,其最重要的两个支柱是观察和逻辑推理。通过对自然的观察和逻辑推理,自然科学可以引导出大自然中的规律,假如观察的现象与规律的预言不同,那么要么是因为观察有错误,要么是因为至今为止被认为是正确的规律是错误的。

物理学(Physics)是研究自然界最一般的运动规律、相互作用,以及物质的基本存在状态与结构层次的科学,是一门以实验为基础的自然科学。物理学的一个永恒主题是寻找各种序、对称性和对称破缺、守恒律或不变性。一切自然现象都不会与物理学的定律相违背,因此,物理学是其他自然科学及一切现代科技的基础。物理学的理论结构充分地运用数学作为自己的工作语言,以实验作为检验理论正确性的唯一标准。

化学(Chemistry)是研究物质的组成、结构、性质以及变化规律的科学。世界是由物质组成的,化学则是人类用以认识和改造物质世界的主要方法和手段之一。从开始用火的原始社会,到使用各种人造物质的现代社会,人类都在享用化学成果。人类的生活能够不断提高和改善,化学在其中起了重要的作用。化学与人类进步和社会发展的关系非常密切,它的成就是社会物质文明的重要标志。因此,化学是"材料科学的基础、物质科学的核心、物质工业的后盾",是一门历史悠久而又富有活力的学科。

社会科学是关于社会事物的本质及其规律的科学,是科学化的研究人类社会现象的科学。如社会学研究人类社会(主要是当代)政治、政策和有关的活动,经济学研究资源分配。广义的"社会科学"是人文科学和社会科学的统称。在现代科学的发展进程中,新科技革命为社会科学的研究提供了新的方法和手段,社会科学与自然科学相互渗透、相互联系的趋势日益加强。

科学实验、生产实践和社会实践并称为人类的三大实践活动。实践不仅是理论的源泉,而且也是检验理论正确与否的唯一标准。特别是现代自然科学研究中,任何新的发现、新的发明、新的理论的提出都必须以能够重现的实验结果为依据,否则就不能被他人所接受,甚至发表的学术论文可能都会被撤销。即便是一个纯粹的理论研究者,也必须对他所关注的实验结果,甚至实验过程有相当深入的了解才行。因此,科学实验是自然科学发展中极为重要的活动和研究方法。

数学方法有两个不同的概念,一是指研究和发展数学时的思想方法,二是在自然科学研究中经常采用的一种思想方法,其内涵是科学抽象的一种思维方法,其根本特点在于撇开研究对象的其他一切特性,只抽取出各种量、量的变化及各量之间的关系,也就是在符合客观条件的前提下,使科学概念或原理符号化、公式化,利用数学语言(即数学工具)对符号进行逻辑推导、运算、演算和量的分析,以形成对研究对象的数学解释和预测,从量的方面揭示研究对象的规律性。

2. 工程技术基础知识

交通运输专业工程技术基础知识包括:画法几何与机械制图、理论力学、材料力学、流体力学、电工与电子技术、工程材料与机械制造、互换性和技术测量、机械设计基础、计算机应用、编程语言;选修单元微机原理与接口技术、传感器技术、计算机控制技术、液压与气压传动等。要求掌握工学领域的机械、电子信息、土木等工程技术基础知识,具有机械设计、计算机应用、土木设计及工程管理方面的能力。

工程是科学和数学的某种应用,通过这一应用可使自然界的物质和能源的特性能够通过各种结构、机器、产品、系统和过程,以最短的时间和最少的人力、物力做出高效、可靠且对人类有用的东西。工程是将自然科学的理论应用到具体工农业生产部门中形成的各学科的总称。十八世纪,欧洲创造了"工程"一词,其本来含义是有关兵器制造、具有军事目的的各项劳作,后扩展到许多领域,如建筑屋宇、制造机器、架桥修路等。随着人类文明的发展,人们可以建造出比单一产品更大、更复杂的产品,这些产品不再是结构或功能单一的东西,而是各种各样的"人造系统"(如建筑物、轮船、铁路工程、海上工程、飞机等),并逐渐发展为一门独立的学科和技艺。

在现代社会中,"工程"一词有广义和狭义之分。狭义而言,工程的定义为"以某组设想的目标为依据,应用有关的科学知识和技术手段,通过有组织的一群人将某个(或某些)现有实体(自然的或人造的)转化为具有预期使用价值的人造产品过程"。广义而言,工程的定义为由一群(个)人为达到某种目的,在一个较长时间周期内进行协作(单独)活动的过程。

工程的主要依据是数学、物理学、化学,以及由此产生的材料科学、固体力学、流体力学、热力学、输运过程和系统分析等。依照工程对科学的关系,工程的所有各分支领域都有如下主要职能。

(1)研究:应用数学和自然科学概念、原理、实验技术等,探求新的工作原理和方法。

(2)开发:解决把研究成果应用于实际过程中所遇到的各种问题。

(3)设计:选择不同的方法、特定的材料并确定符合技术要求和性能规格的设计方案,以满足结构或产品的要求。

(4)施工:包括准备场地、材料存放、选定既经济又安全并能达到质量要求的工作步骤,以及人员的组织和设备利用。

(5)生产:在考虑人和经济因素的情况下,选择工厂布局、生产设备、工具、材料、元件和工艺流程,进行产品的试验和检查。

(6)操作:管理机器、设备以及动力供应、运输和通信,使各类设备经济可靠地运行。

(7)管理及其他职能。

技术是解决问题的方法及方法原理,是指人们利用现有事物形成新事物,或是改变现有事物功能、性能的方法。技术应具备明确的使用范围和被其他人认知的形式和载体,如原材料(输入)、产成品(输出)、工艺、工具、设备、设施、标准、规范、指标、计量方法等。技术是人类为了满足自身的需求和愿望,遵循自然规律,在长期利用和改造自然的过程中,积累起来的知识、经验、技巧和手段,是人类利用自然、改造自然的方法、技能和手段的总和。

第四章　交通运输专业人才知识结构特征

世界知识产权组织在1977年版的《供发展中国家使用的许可证贸易手册》中,给技术下的定义是:"技术是制造一种产品的系统知识,所采用的一种工艺或提供的一项服务,不论这种知识是否反映在一项发明、一项外形设计、一项实用新型或者一种植物新品种,或者反映在技术情报或技能中,或者反映在专家为设计、安装、开办或维修一个工厂或为管理一个工商业企业或其活动而提供的服务或协助等方面",这是至今为止国际上给技术所下的最为全面和完整的定义。实际上知识产权组织把世界上所有能带来经济效益的科学知识都定义为技术。

一项技术是关于某一领域有效的科学(理论和研究方法)的全部,以及在该领域为实现公共或个体目标而解决设计问题的规则的全部。根据生产行业的不同,技术可分为农业技术、工业技术、通信技术、交通运输技术等;根据生产内容的不同,技术可分为电子信息技术、生物技术、三药技术、材料技术、先进制造与自动化技术、能源与节能技术、环境保护技术、农业技术等。

大体而言,科学是对自然合理地研究或学习,焦点在于发现(现象)世界内元素间的永恒关系(原理)。它通常利用合乎规则的技术,即系统建立好的程序规则,如科学方法。工程是对科学及技术原理合理的使用,以达到基于经验上的计划结果。技术是人类为实现社会需要而创造和发展起来的手段、方法和技能的总和。作为社会生产力的社会总体技术力量,包括工艺技巧、劳动经验、信息知识和实体工具装备,也就是整个社会的技术人才、技术设备和技术资料。

法国科学家狄德罗主编的《科学、美术与工艺百科全书》给技术下了一个简明的定义:技术是为某一目的共同协作组成的各种工具和规则体系。这个定义基本上指出了现代技术的主要特点,即目的性、社会性、多元性。任何技术从其诞生起就具有目的性,并贯穿于整个技术活动的过程之中。技术的实现需要通过社会协作,得到社会支持并受到社会多种条件的制约。

技术既可表现为有形的工具装备、机器设备、实体物质等;也可以表现为无形的工艺、方法、规则等,还可以表现为虽不是实体物质但有物质载体的信息资料、设计图纸等。在作为物质手段和信息手段的现代技术中,技能已逐步失去原有的地位和作用,成为技术的一个要素。根据不同的功能,技术可分为生产技术和非生产技术。生产技术是技术中最基本的部分;非生产技术如科学实验技术、军事技术、文化教育技术、医疗技术等,是为满足社会生活的多种需要的技术。

技术的发明是科学知识和经验知识的物化,使可供应用的理论和知识变成现实。现代技术的发展,离不开科学理论的指导,并在很大程度上变成了"科学的应用"。然而,现代科学的发展同样离不开技术,技术的需要往往成为科学研究的目的,而技术的发展又为科学研究提供必要的技术手段。它们是互相联系、相互促进、相互制约的关系。可以预见,它们的联系还会更加密切,界限也会变得更加模糊。但是,科学与技术毕竟是两种性质不尽相同的社会文化,二者的区别也是十分明显的。科学的基本任务是认识世界,有所发现,从而增加人类的知识财富;技术的基本任务是发现世界并有所发明,以创造人类的物质财富,丰富人类社会的精神文化生活。科学要回答"是什么"和"为什么"的问题;技术则回答"做什么"和"怎么做"的问题。因此,科学和技术的成果在形式上也是不同的。科学成果一般表现为概念、定律、论文等形式;技术成果一般则以工艺流程、设计图、操作方法等形式出现。科学产品一般不具有商业性,而技术成果可以商品化。

3. 经济与管理基础知识

交通运输专业经济与管理基础知识包括运筹学、系统工程、管理科学基础、市场营销、工程技术经济学、管理信息系统及其他。要求掌握企业管理、市场营销、技术经济学等经济与管理基本原理和方法,有较强经济管理意识。

人类经济活动就是创造、转化、实现价值,满足人类物质文化生活需要的活动。简单地说,经济就是对物资的管理,是对人们生产、使用、处理、分配一切物资的整体动态现象的总称。包括人类的生产、储蓄、交换、分配的各项活动,生产是这一动态的基础,分配是这一动态的终点。

管理是人类各种组织活动中最普通和最重要的一种活动。近百年来,人们把研究管理活动所形成的基本原理和方法,统称为管理学。作为一种知识体系,管理学是管理思想、管理原理、管理技能和方法的综合。随着管理实践的发展,管理学不断充实其内容,成为指导人们开展各种管理活动,有效达到管理目的的指南。

管理活动始于人类群体生活中的共同劳动,至今专家和学者们对于什么是管理仍然各抒己见,没有统一的表述,几个典型的定义如下:

(1)管理是指在特定的环境条件下,以人为中心,通过计划、组织、指挥、协调、控制及创新等手段,对组织所拥有的人力、物力、财力、信息等资源进行有效地决策、计划、组织、领导、控制,以期高效地达到既定组织目标的过程。

(2)管理是由计划、组织、指挥、协调及控制等职能为要素组成的活动过程。

(3)管理是合理地疏与堵的思维与行为。管原意为细长而中空之物,其四周被堵塞,中央可通达。使之闭塞为堵;使之通行为疏。管,就表示有堵有疏、疏堵结合。所以,管既包含疏通、引导、促进、肯定、打开之意;又包含限制、规避、约束、否定、闭合之意。理,本义为顺玉之纹而剖析;代表事物的道理、发展的规律,包含合理、顺理的意思。管理犹如治水,疏堵结合、顺应规律而已。

(4)广义的管理是指应用科学的手段安排组织社会活动,使其有序进行。其对应的英文是 Administration 或 Regulation。狭义的管理是指为保证一个单位全部业务活动而实施的一系列计划、组织、协调、控制和决策的活动,对应的英文是 Manage 或 Run。

(5)管理是指在特定的时空条件下,通过计划、组织、指挥、协调、控制、反馈等手段,对系统所拥有的生物、非生物、资本、信息、能量等资源要素进行优化配置,并实现既定系统诉求的生物流、非生物流、资本流、信息流、能量流目标的过程。

系统科学是关于系统及其演化规律的科学。尽管这门学科自 20 世纪上半叶才产生,但由于其具有广泛的应用价值,发展十分迅速,现已成为一个包括众多分支的科学领域,如一般系统论、控制论、信息论、系统工程、大系统理论、系统动力学、运筹学、博弈论、耗散结构理论、协同学、超循环理论、一般生命系统论、社会系统论、泛系分析、灰色系统理论等分支。一切事物和过程都可以看作组织性程度不同的系统,从而使系统科学的原理具有一般性和较高的普遍性。利用系统科学的原理,研究各种系统的结构、功能及其进化的规律,称为系统科学方法,它已得到各研究领域的广泛应用,尤其在生物学领域(生态系统)和经济领域(经济管理系统)中的应用最为引人注目。系统科学研究有两个基本特点:一是它与工程技术、经济建设、企业管理、环境科学等联系密切,具有很强的应用性;二是它的理论基础不仅是系统论,而且还依赖于各有关的专门学科,与现代一些数学分支学科有密切关系。正因为如此,人们认为系统科学方法一般指研究系统的数学模型及系统的结构和设计方法。

五、专业技术知识

交通运输专业技术知识包括汽车运用技术及管理、交通运输管理、交通运输系统分析、运输规划、综合运输、城市公交、物流工程、物流管理、交通安全及其他相关知识。

要求掌握汽车运用工程、交通运输工程、交通运输系统分析、运输规划原理与方法、综合运输学、物流工程学、车辆技术管理、智能运输系统等专业知识与相关理论。

第三节　交通运输工程技术知识

一、交通运输装备

1. 交通运输设备结构与原理

交通运输设备按照不同运输方式可以分为铁路、公路、水路、航空和管道设备。交通运输设备结构与原理知识主要包括各类运输设备的功能、组成、结构特点、工作原理、主要零部件的材料、性能及使用要求等内容。

2. 交通运输设备合理运用

交通运输设备的合理运用主要包括以下内容。

(1)设备的优化配置。设备的优化配置是交通运输企业取得最佳经济效益的重要手段。只有实现设备的优化配置,才能合理地使用设备。根据运输企业的生产任务、工艺特点对设备进行单机选型、系统配套,使各运输任务与运输设备等有机地结合起来,做到互相协调,才能充分发挥其效能。

(2)设备的合理使用。合理使用设备最重要的环节是提高利用率,也就是要充分、有效地利用设备。设备只有在得到充分利用的条件下才能发挥其效能,从而达到提高生产率,降低生产成本,提高企业经济效益的目的。

设备利用率的提高涉及设备的利用数量、工作时间及工作能力三个方面。设备的利用数量与备用数量是影响设备利用率的重要因素。备用设备数量越多,设备利用率就越低;但是备用设备不足,因设备损坏时造成的停机损失就大,特别是对于某些关键生产设备更是如此。设备的时间利用反映出设备的时间负荷,只有在时间上对设备加以充分利用,才能更多完成运输任务以及早收回投资;另外,设备的时间利用率低,将使设备的无形磨损对设备贬值产生的影响加剧,在科学技术飞速发展的今天,这种影响就更加严重。此外,设备使用时间少,而同时发生的各种费用和支出并不因此而相应减少,这也将在一定程度上降低设备的效益。设备的能力利用是对其性能的利用程度,例如载货汽车空载行驶,虽然在数量和时间上都得到利用,但其作为运输货物的能力并没有发挥出来。实际上,对设备的时间及能力利用情况的分析往往是统一起来进行的。

3. 交通运输设备监测与维修

交通运输设备维修是指为保持、恢复以及提升设备技术状态进行的技术活动,包括保持设备良好技术状态的维护、设备劣化或发生故障后恢复其功能而进行的修理以及提升设备技术状态进行的技术活动。设备维修的基本内容包括设备维护、设备检查检测和设备修理(包括故障修理和主动修理)。设备维修是设备整个生命周期过程不可缺少的组成部分,也是使设备在一定时间内保持其规定功能的重要措施。

设备维修可划分为事后修理、预防维修、生产维修、主动维修和视情维修五种模式。

(1)事后修理。指设备发生故障后才进行的非计划维修,即发生事故时立即停机修理,又称故障维修。其优点是不必在状态监测上投资、不会出现过度维修,缺点是无法预测事故停机、存在设备二次损坏及生产损失、管理失控的风险。这种修理方式出于事先不知道故障在什么时候发生,缺乏修理前准备,因而修理停歇时间较长;因为修理是无计划的,常常打乱生产计划,影响交货期。事后修理是比较原始的维修制度,除在小型、不重要设备中采用外,已被其他设备维修方式所代替。

(2)预防维修。为了减少设备停工修理时间,提出了设备预防维修的制度。这种制度要求设备维修以预防为主,在设备运用过程中做好维护工作,加强日常检查和定期检查;由于加强了日常维护工作,使得设备有效寿命延长,而且由于修理的计划性,便于做好修理前准备工作,使设备修理停歇时间大为缩短,提高了设备有效利用率。预防维修一般是根据设备磨损的统计规律或经验,事先确定检修类别、周期、内容,定期进行停机维修。优点是维修以可控制的方式在方便的时间进行、减少意外事故,有效避免灾难性事故,可更好的控制备件、节约资金,缺点是状态良好的设备也被频繁检修(维修过剩),仍存在计划外故障停机。

(3)生产维修。预防维修虽有上述优点,但有时会使维修工作量增多,造成过分维修。生产维修要求以提高企业生产经济效果为目的来组织设备维修,其特点是根据设备重要性选用维修方法,重点设备采用预防维修,对生产影响不大的一般设备采用事后修理。这样,一方面可以集中力量做好重要设备的维修工作,同时也可以节省维修费用。

(4)主动维修。在设备的维修工作中,虽然设备的维护、修理工作进行得好坏对设备的故障率和有效利用率有很大影响,但是设备本身的质量如何对设备的使用和修理往往有着决定性的作用。设备的先天不足常常是使修理工作难以进行的主要原因,因此要求在设备的设计、制造阶段就考虑维修问题,提高设备的可靠性和维修性,以最大可能地使设备减少或不发生故障,一旦故障发生也能使维修工作顺利地进行。主动维修就是以故障根源分析为基础,基于可靠性的维修,是为了消除设备的先天性缺陷或频发故障,对设备的局部结构或零件的设计加以改进,并结合检修过程实施的维修方式。优点是设备寿命延长、可靠性增加、减少故障及二次损坏、停机时间减少、总维护费用降低,缺点是维修成本较高、人员技能及分析要求较高。

(5)视情维修。指以设备状态监测为基础,根据设备日常检查、定期重点检查、在线状态监测和故障诊断所提供的信息,经过分析处理,按设备实际状态来决定维修时间与内容。优点是可减少意外停机、减少备件储备、只需在适当时候进行维修,缺点是监测成本较高。

随着信息化、网络技术的迅速发展,为设备状态监控提供了强大的技术支撑。借助信息化技术手段实现了定性、定量监测数据的收集、整理、分析与应用,使设备状态监控工作逐步实现系统化、流程化、智能化,促使设备状态监控标准的持续优化及设备状态监控水平的不断提升。另外,从行为科学、系统理论的观点出发,形成了设备综合管理的概念。设备综合工程学又称设备综合管理学,英文原名是 Terotechnology,它是对设备实行全面管理的一种重要方式。1970 年首创于英国,继而流传于欧洲各国;日本在引进、学习的过程中,结合生产维修的实践经验,创造了全面生产维修制度,即设备综合管理。目前,设备综合管理已经形成了以信息化平台为基础,设备状态信息收集、分析、判断,维修计划制定,维修过程及维修后验收、考核、激励等内容系统集成的完整体系,通过检查、检测等手段,收集、分析和处理设备技术状态变化的信息,可及早发现或预测设备的功能失效和故障,适时地采取维修或更换等对策,以保证设备处于良好的技术状态。

二、交通运输基础设施

1. 基础设施的基本特点

基础设施是指为社会生产和居民生活提供公共服务的物质工程设施,是用于保证国家或地区社会经济活动正常进行的公共服务系统,是社会赖以生存发展的一般物质条件。基础设施不仅包括公路、铁路、机场、通讯、水电煤气等公共设施,而且包括教育、科技、医疗卫生、体育、文化等社会性基础设施。基础设施建设具有所谓"乘数效应",即能带来几倍于投资额的社会总需求和国民收入。一个国家或地区的基础设施是否完善,是其经济是否可以长期持续稳定发展的重要基础。

(1) 基础性。基础设施所提供的公共服务是所有的商品与服务的生产所必不可少的,若缺少这些公共服务,其他商品与服务(主要指直接生产经营活动)便难以生产或提供。

(2) 非贸易性。绝大部分基础设施所提供的服务几乎是不能通过贸易进口的。一个国家可以从国外融资和引进技术设备,但要从国外直接整体引进机场、公路、水厂是难以想象的。

(3) 不可分性。通常情况下,基础设施只有达到一定规模时才能提供服务或有效地提供服务,如公路、机场、港口、电信网络等。

(4) 准公共物品性。一部分基础设施所提供的服务具有相对的非竞争性和非排他性,类似于公共物品。非竞争性是指物品的生产成本不会随着物品消费地增加而增加,即边际成本为零。非排他性是指当某人使用基础设施所提供的服务时,不可能禁止他人使用。

2. 交通运输基础设施

交通运输业是国民经济的基础产业,是联系生产、分配、交换和消费各个环节的纽带,是沟通城乡之间、工农之间、地区之间,以及国家之间进行社会、经济、文化等联系的重要桥梁,是实现农业社会劳动地域分工和生产区域化、专业化、商品化的基础,是现代化工业进行生产布局和发展的制约因素,是工农业生产全过程顺利进行和最终实现消费的可靠保证,是国民经济发展的命脉。交通运输一般分为铁路、公路、水运、航空、管道等运输方式,形成运输能力的基本要素包括交通运输基础设施和交通运输工具两大部分。

交通运输系统基础设施是指交通运输线路(如公路、铁路、航道、管道等)、交通运输港站(如车站、港口、码头、机场等)及其附属设施(如加油、维修、收费、救援、服务站等)和支持系统(如设施的专用通信信息网和交通管制、调度、安全、导航、监控等现代化装备系统);交通运输工具则包括各种车辆、船舶和飞机等。交通运输基础设施是形成运输能力的关键,若交通运输基础设施的发展落后于交通工具的发展,即使交通运输工具再先进也不可能形成强大的运输能力。交通运输业属于基础产业,它提供的产品既是国民经济其他部门进行生产所必备的基本条件,同时也构成生产和再生产的投入要素。交通运输业提供的产品的数量、质量和价格的变化必然会涉及整个国民经济。另外,交通运输基础设施建设有着巨大的物质、资金、劳动的需求,交通运输基础设施建设和运营需占用土地、河流、港口、天空等公共资源。能源、原材料和土地资源对于发展中国家,特别是对于人口众多的中国,几乎是一种刚性约束。国内外关于交通运输与经济互动作用机制的研究表明,交通运输基础设施作用的发挥要以经济、社会和环境的协调发展为前提,交通运输基础设施在规模、种类、空间和时间上必须与经济和社会发展对交通服务的需求相适应。因此,交通运输基础设施投资项必须系统规划、统筹安排,交通运输基础设施建设项目的立项要严格按照规划执行,这样才能在宏观上取得明显的经济效益。政府应利用各种经济杠杆并采取必要的行政手段对交通运输基础设施建设进行宏观调控,充分合理地利用土地。

三、交通运输安全保障技术

交通运输安全保障技术是以交通运输系统安全保障为研究对象,针对交通运输系统安全工程的共性问题,基于交通运输安全的一般规律,并兼顾各种运输方式的特性,建立交通运输安全领域的知识方法体系。主要内容包括交通运输安全基本理论、交通运输安全统计与分析、交通运输安全评价方法、交通事故特征、交通运输安全技术、交通事故调查与处理和交通运输企业安全管理等。

道路运输安全生产管理是各级交通主管部门及其道路运输管理机构,依照国家的相关安全法律法规,为预防和减少安全事故的发生、降低事故造成的损失,结合行业的特点和要求,对道路运输企业和客运站生产经营场所、从业人员和设施设备等的安全状况,及可能发生事故的各种不安全因素进行预测,从而确保道路运输安全、有序地开展。

四、交通运输节能环保技术

交通行业是资源占用型和能源消耗型行业,我国交通部门的能源消费的速度增长高于全社会平均水平,占全社会总能源消耗的15.4%。我国的能源特点是富煤、缺油、少气。据资料统计,我国是世界上第二大石油进口国,石油的对外依存度已近50%,接近美国58%的对外依存度。即便是美国,虽拥有强大的经济、政治、军事、外交等对石油的影响力,也在积极探求石油独立以保证能源安全。在我国的石油消费中,有40%以上被交通运输部门所占用,因此,交通运输部门节油的意义十分重大。

从资源来源看,车用石油替代燃料的主体将来自三方面,煤基燃料、天然气燃料以及其他可再生能源。我国已确立了"节约优先、立足国内、煤为基础、多元发展"的能源战略,例如用煤基醇醚燃料取代石油,或采用煤的洁净利用技术制成替代石油的二次能源甲醇、二甲醚等。据测算,甲醇燃料发动机尾气排放要比汽油的低30%。另外,煤制甲醇在价格上具有得天独厚的优势。现在用煤制造甲醇每吨成本约1200元,1吨半甲醇燃料的燃烧值与1t汽油的燃烧值相当。当然,煤基燃料在交通运输中使用既要考虑燃料的经济性、安全性、环保型、可获得性,还要考虑与动力系统间的适应性。另外,从天然气燃料看,若10%左右的汽车使用天然气可替代1000万t左右的汽柴油。虽然以煤代油、以气代油是一个很好的选择,但考虑到煤炭储量、天然气储量也很有限,再加上环境污染问题,所以,未来必须大力开发可再生能源技术,以拓展对石油的替代空间。我国使用可再生能源的总体条件较好,若仅从技术上看,以现有技术可开发出的太阳能、风能、水能和生物质能的年总量可达70亿t准煤,是全国年总能源消耗的5倍。可再生能源在交通运输部门中大量使用的关键是大力发展应用技术以降低成本,目前生物质能对石油的替代已呈现较好的经济性,太阳能、氢能的替代技术也是方兴未艾。如果在交通运输业中可再生能源的利用规模提高到20%,可节油0.4亿t,至少降低我国石油对外依存度约10个百分点,将有力地保障我国的石油安全。

国务院公布的《"十二五"节能减排综合性工作方案》中,首次把交通纳入减排领域,氮氧化物被纳入主要污染物总量减排控制范围。统计数据显示,交通领域氮氧化物排放量目前已占全国氮氧化物排放量的1/3,有些城市甚至达到60%以上,氮氧化物成为首要污染物,交通领域尤其是机动车减排任重而道远。

推进交通运输节能减排,应加快构建综合交通运输体系,优化交通运输结构,积极发展城市公共交通,科学合理配置城市各种交通资源;有序推进城市轨道交通建设,提高铁路电气化比重。实施低碳交通运输体系建设,推广公路甩挂运输,全面推行不停车收费系统,实施内河船型标准化,优化航路航线,推进航空、远洋运输业节能减排。开展机场、码头、车站节能改造,加速淘汰老旧汽车、机车、船舶,基本淘汰运营的"黄标车"。加快提升车用燃油品质,全面推行机动车环保标志管理,探索城市调控机动车保有总量,积极推广节能与新能源汽车。面对日趋强化的资源环境约束和国内外节能减排新形势,建设低碳交通运输体系、加快转变发展方式,走低碳、绿色、可持续发展之路。

五、交通运输信息应用技术

现代交通运输的概念有两层含义。

第一,通过对即有运输方式注入适应现代经济发展需求的新的内涵,使交通在服务效率、成本、质量、安全等方面达到更高的水平和层次。主要体现在两个方面:一是综合运输理论的成熟和应用环境的逐渐具备对其整体经营组织和结构调整提出新的要求,按照综合运输要求发展交通运输;二是现代信息技术的出现对运输组织方式提出新的要求,即各种运输方式为提高效率、降低成本和改善服务,必须在运输基础设施布局、企业经营组织管理、企业经营动作关系等各个方面,做出向信息化方向发展的改变和调整。

第二,按照现代交通运输的基本内涵,努力提高生产力水平,推进交通运输的发展。现代交通运输是指在现代经济条件下,按照综合运输理论和现代经济发展对运输的基本要求,从追求系统效率的角度与合理的社会综合交通运输成本的层面,通过管理创新、技术创新、服务创新而构建的具有现代经济社会发展基本特征的交通运输系统。按照现代交通运输的内涵,推进交通运输的发展,既是交通运输生产力发展的内在要求,也是技术进步对交通运输的要求,符合现代经济发展和交通运输产业更新的基本规律。

当今世界,信息技术发展突飞猛进,引发社会生产方式的深刻变革。党中央、国务院高度重视信息化工作,做出了以信息化带动工业化、以工业化促进信息化、走新型工业化道路的战略部署。交通运输信息化是国家信息化建设的重要组成部分,是破解交通运输业发展难题、促进交通运输行业发展方式转变、全面提升交通运输管理能力和服务水平的重要抓手。信息化不仅将覆盖交通运输现代化建设全局,同时也将成为交通运输运行管理和社会公共服务的关键载体。

(1) 保障交通运输系统的畅通、高效,要求加强对交通基础设施和运输装备的运行监测,提高其运营管理水平和运行效率。提供畅通高效的运输通道是交通运输行业的重要任务,也是全社会对交通运输的基本要求。用信息化手段对已形成的资产进行充分利用和潜力挖掘,提高交通基础设施和运输装备运行效率,保障路网、水网畅通,已经成为迫在眉睫的重要任务。

(2) 满足人民群众安全便捷出行,要求为公众提供优质的出行信息服务。为全社会提供及时、准确的出行信息服务是交通运输行业提供高品质、多样化、多层次的交通运输服务,保障和改善民生的重要举措。我国将全面进入机动化社会,交通出行规模快速扩张,人民群众安全、便捷出行的需求日益增长。交通运输服务水平必须与人民群众日益提高的生活品质相适应,利用信息化手段,逐步提高交通智能化水平,改善出行信息服务质量,提高公共信息服务能力。

(3) 保障交通运输安全发展,要求提升交通运输安全监管和应急处置的监测预警、通信保障和决策支持水平。保障交通运输安全平稳运行是交通运输发展的永恒主题,提高安全监管和应急处置能力是管理的重要职责。交通运输行业面临的安全形势依然严峻,应对各种突发事件的任务更加繁重,必须充分掌握交通运输风险源,利用信息技术加强监测预警,提升安全生产保障能力,有效协调专业和社会力量,提高应对突发事件的快速反应能力,提供安全的出行环境;必须加强应急通信保障能力建设和应急决策分析,优化配置应急保障资源,提高应急指挥能力;必须面向社会及时发布信息,维护社会稳定,提高应急信息服务能力。

(4) 推进综合运输体系建设和发展现代物流,要求促进多种运输方式的信息共享和业务协同。发展综合运输体系是新时期交通运输部门的重要任务,交通运输是现代物流供应链中最重要的组成部分,促进现代物流业发展是转变发展方式、加快发展现代交通运输业的重要途径和切入点。推进综合运输体系建设和现代物流业发展,必须以信息化为抓手,加强各种运输方式相关信息资源的交换和共享,促进各种运输方式的有效衔接;促进物流信息资源交换与共享,提升物流公共信息服务能力,实现供应链上下游供需双方业务协同,降低物流成本,提高物流运作效率。

(5) 提高决策的前瞻性和科学性,要求准确把握交通运输经济运行状况,深化行业综合运行分析。提高决策的前瞻性和科学性是交通运输主管部门对国家和人民高度负责的重要体现。交通运输业面临的形势更加复杂,各种新问题、新矛盾不断涌现,对经济运行分析工作的广度、深度和时效性提出了更高的要求,决策部门必须借助信息监测、采集、统计、预测预警、挖掘分析等信息化手段,及时获取全面、准确的信息,做出快速判断和科学决策,改变以往决策中以定性和经验分析为主的情况,使决策更加具有前瞻性和科学性,增强指导性,避免决策失误带来的风险和损失。

（6）构建绿色交通要求利用信息技术优化运行组织模式和流程，节约能源，减少排放。交通运输是节能降耗的重要领域，降低行业能源消耗水平、减少排放是实现国家"两型社会"重大战略目标和履行国家承诺的客观要求。交通运输行业发展面临的节能减排任务更加艰巨，资源环境对交通运输的刚性约束日益凸显。必须充分利用信息技术改造传统产业，优化运输组织模式和流程，实现运输生产的精细化管理，提高运输装备的利用效率，降低空驶率，减少资源消耗、空间占用和污染排放；大力发展智能交通系统，保障交通运输系统畅通高效运行，减少因交通拥堵造成的能耗和污染；加强对交通运输行业能源消耗和排放的监测监控，加快高能耗、高排放、高污染运输装备淘汰更新。

第四节　交通运输规划与管理知识

一、运输系统规划设计

交通运输系统规划的预备知识包括交通运输学、交通工程学、运筹学、系统工程、概率论与数理统计、运输技术经济学、交通区位论、规划理论等。运输规划是运输业比较全面的长远发展计划，从某种意义上说也是一种宏观调控，做好运输规划，对运输业发展十分重要。

交通运输是国民经济中基础性、先导性、战略性产业，是重要的服务性行业。运输业要适应国民经济的发展，必须做好运输系统规划，以促进交通运输业快速、有序的发展。构建现代综合交通运输体系，是适应把握引领经济发展新常态，推进供给侧结构性改革，推动国家重大战略实施，支撑全面建成小康社会的客观要求。根据《中华人民共和国国民经济和社会发展第十三个五年规划纲要》，并与"一带一路"建设、京津冀协同发展、长江经济带发展等规划相衔接，国务院发布了关于印发《"十三五"现代综合交通运输体系发展规划》的通知。规划涉及的主要内容包括重点任务分工方案、综合运输大通道和综合交通枢纽规划、"十三五"铁路规划建设、"十三五"国家高速公路规划建设、"十三五"民用运输机场规划建设、"十三五"内河高等级航道规划建设以及"十三五"原油、成品油、天然气管道规划建设等工作。"十三五"现代综合交通运输体系发展规划提出的重点任务，如表4-2所示。

"十三五"现代综合交通运输体系发展规划提出的重点任务　　　　表4-2

序号	重点任务
1	建设多向连通的综合运输通道
2	构建高品质的快速交通网。推进高速铁路建设，完善高速公路网络，完善运输机场功能布局
3	强化高效率的普通干线网。完善普速铁路网，推进普通国道提质改造，完善水路运输网络，强化油气管网互联互通
4	拓展广覆盖的基础服务网。合理引导普通省道发展，全面加快农村公路建设，积极推进支线铁路建设，加强内河支线航道建设，加快推进通用机场建设，完善港口集疏运网络
5	打造"一带一路"互联互通开放通道。着力打造丝绸之路经济带国际运输走廊，加快推进21世纪海上丝绸之路国际通道建设，加强"一带一路"通道与港澳台地区的交通衔接
6	构建京津冀协同发展的一体化网络。打造"轨道上的京津冀"，完善综合交通网络

续上表

序号	重 点 任 务
7	建设长江经济带高质量综合立体交通走廊。打造长江黄金水道,构建立体交通走廊
8	发挥交通扶贫脱贫攻坚基础支撑作用。强化贫困地区骨干通道建设,夯实贫困地区交通基础
9	发展引领新型城镇化的城际城市交通。推进城际交通发展,加强城市交通建设
10	优化综合交通枢纽布局。完善综合交通枢纽空间布局,提升综合客运枢纽站场一体化服务水平,促进货运枢纽站场集约化发展,促进枢纽站场之间有效衔接
11	提升客运服务安全便捷水平。推进旅客联程运输发展,完善区际城际客运服务,发展多层次城市客运服务,推进城乡客运服务一体化
12	促进货运服务集约高效发展。推进货物多式联运发展,统筹城乡配送协调发展,促进邮政快递业健康发展,推进专业物流发展
13	增强国际化运输服务能力。完善国际运输服务网络,提高国际运输便利化水平,鼓励交通运输走出去
14	发展先进适用的技术装备。推进先进技术装备自主化,促进技术装备标准化发展
15	促进交通产业智能化变革。实施"互联网+"行动计划,培育壮大智能交通产业
16	推动智能化运输服务升级。推行信息服务"畅行中国",发展"一站式""一单制"运输组织
17	优化交通运行和管理控制。建立高效运转的管理控制系统,提升装备和载运工具智能化自动化水平
18	健全智能决策支持与监管。完善交通决策支持系统,提高交通行政管理信息化水平
19	加强交通发展智能化建设。打造泛在的交通运输物联网,构建新一代交通信息基础网络,推进云计算与大数据应用,保障交通网络信息安全
20	推动节能低碳发展。优化运输结构,推广应用节能低碳技术和产品
21	强化生态保护和污染防治。加强全过程全周期生态保护,强化大气、水、噪声污染防治
22	推进资源集约节约利用。提高交通资源利用效率,加强资源综合循环利用
23	加强交通运输安全生产管理
24	加快交通安全监管体系建设
25	推进交通运输应急体系建设
26	积极引导交通运输新消费
27	培育壮大交通运输新动能
28	打造交通物流融合新模式
29	推进交通空间综合开发利用
30	深化交通管理体制改革
31	推进交通市场化改革
32	加快交通投融资改革
33	完善法规体系
34	强化标准支撑

在交通运输业的发展中,运输网的发展占有十分重要的地位。因此,进行运输网规划时需考虑的主要内容有:

(1)货流特点,包括货物的发出点和到达点,表现为货物的流量和流向;

(2)运输方式,就是在一定货流的条件下,可能采用的运输方式和运输工具;

(3)运输线路,在货物到发点之间可能有多条线路相通,通过不同的线路就使运输网有不同的布局,并使几种运输方式有不同的连接方式;

(4)运输技术装备,这是构成运输网规划方案的技术因素,对每一种运输方式来说,装备技术水平不同,它所形成的运输能力也不同;

(5)营运组织特点,在一定的技术装备条件下采用不同的营运组织方式所表现出来的运输能力是不同的。

例如,国务院2004年12月审议通过的《国家高速公路网规划》。该规划确定的国家高速公路网采用放射线与纵横网格相结合的布局形态,构成由中心城市向外放射以及横连东西、纵贯南北的公路交通大通道,包括7条首都放射线、9条南北纵向线和18条东西横向线,简称为"7918网",总规模大约为8.5万km。国家高速公路网规划建成后,可以形成"首都连接省会、省会彼此相通、连接主要地市、覆盖重要县市"的高速公路网络。这个网络能够覆盖10多亿人口,直接服务区域GDP占全国总量的85%以上;实现东部地区平均30分钟、中部地区平均1小时、西部地区平均2小时抵达高速公路,客货运输的机动性将有显著提升。国家高速公路网是中国公路网中最高层次的骨干通道,主要连接大中城市,包括国家和区域性经济中心、交通枢纽、重要对外贸易口岸;主要承担区域间、省际以及大中城市间的快速客货运输,保障提供高效、便捷、安全、舒适的服务。

二、交通运输技术经济学

运输技术经济学是应用经济学的一个分支,是技术经济学原理和方法在运输这个特定领域中的应用。它是研究运输技术领域的经济问题和经济规律,研究运输技术进步与经济增长之间相互关系的科学。包括运输技术经济学的基本原理和方法,运输项目技术经济评价的方法体系以及技术经济学应用与运输领域宏观和微观分析对象等内容。

运输技术经济学的研究对象有以下三个方面:

(1)研究交通运输工程实践活动的经济效果,寻求提高经济效益的途径和方法。通常,国内外许多学者称技术经济学为技术经济效果学。工程是指人们综合应用科学的理论和技术的手段去改造客观世界的具体实践活动,以及它所取得的实际成果。在长期的生产和生活实践中,根据数学、物理学、化学、生物学等自然科学和经济地理等社会科学的理论,并应用各种技术手段,去研究、开发、设计、制造产品或解决工艺和使用等方面的问题,逐渐形成了门类繁多的专业工程,如交通运输工程、物流工程、机械工程、建筑工程、水利工程、航天工程等。

在现代生产中,技术被看作是一种自然资源转变为另一种产出性资源的手段,生产过程中投入与产出之间的转化是由技术实现的。从这个意义上来说,技术可以看成是四个基本要素的组合:生产工具与装备、生产技能与经验、生产资料与信息、生产组织与计划管理。技术的四要素是相互补充的,在任何经济活动中都要同时发挥作用,缺一不可。四要素中,任何一个要素的改善与提高都是技术进步的体现。技术进步是物质生产的技术基础以及与此相适应的组织与管理技术的改进与提高。从表现形态来看，交通运输部门与其他产业部门一样，技术可分成体现为机器、设备、基础设施等生产条件和工作条件的物质技术（硬技术）与体现为工艺方法、程序、信息、经验、技巧和管理能力的非物质技术（软技术）。不论是物质技术还是非物质技术，它们都是以科学知识为基础形成的，并遵循一定的科学规律，互相结合，在生产中共同发挥作用。

  技术的使用直接涉及生产活动中的投入与产出。投入指各种资源（包括设备、厂房、基础设施、原材料、能源等物质要素和具有各种知识和技能的劳动力）的消耗或占用；产出指各种形式的产品或服务。人们在社会生产活动中可以使用的资源总是有限的，技术本身也属于资源的范畴，它虽然有别于日益减少的自然资源，可以重复使用和再生，但是在特定的时期内，相对于人们的需求而言，不论是在数量上还是在质量上都是稀缺的。如何有效地利用各种资源，满足人类社会日益增长的物质生活需要是经济学研究的一个基本问题。而技术经济效果学就是研究在各种技术的使用过程中如何以最小的投入取得最大产出的一门学问。投入产出在技术经济分析中一般被归结为用货币量计的费用和效益，所以也可以说，技术经济效果学是研究技术应用的费用与效益之间关系的科学。

  技术经济效果学还研究如何用最低寿命周期成本实现产品、作业、服务的必要功能。对用于道路运输的汽车来说，寿命周期成本指从产品的研究、开发、设计开始，经过制造和长期使用，直到报废为止的整个产品的寿命周期内所花费的全部费用。对于汽车的使用者来说，寿命周期成本体现为一次性支付的产品购置费与在整个汽车使用期内经常性的费用之和。必要功能指产品使用者实际需要的使用价值。用最低寿命周期成本实现产品（作业、服务）的必要功能是提高整个社会资源利用效益的重要途径。研究寿命周期成本、分析运输工具更新的最佳时机是运输技术经济学研究的重要内容之一。世界上第一辆汽车是19世纪80年代由戴姆勒和本茨制造的，由于生产成本太高，在相当长一段时间内汽车仅有贵族购买和使用。后来经过亨利·福特的努力，使每辆汽车售价降至360美元。汽车的使用成本也有所降低，这为汽车的广泛使用创造了条件，最终使汽车工业成为美国经济的一大支柱。汽车工业的发展又推动了美国的钢铁、石油、橡胶等一系列行业产业的发展，同时极大地改变了人们的生活方式。这个事例说明，在保证实现产品（作业、服务）必要功能的前提下，不断追求更低的寿命周期成本，对于社会经济的发展具有重要意义。

  (2) 研究技术和经济相互关系，探讨技术与经济相互促进、协调发展。技术和经济是人类社会不可缺少的两个方面，存在着对立统一的关系。一方面，技术进步是推动社会经济发展的重要条件和手段，由于科学技术的进步，产生了许多全新的产业，如微电子工业、计算机工业、生物工程工业、高分子工业等；由于技术进步，提高了传统产业的技术装备程度和工艺水平；由于技术进步，大大地减轻了劳动强度，改善了劳动条件和劳动安全程度，扩大了就业范围；随着技术进步，人们改善和利用自然界的能力不断增强，从深度和广度上扩大了对自然资源的利用；由于交通和通信技术的发展，促进了商品信息的传播，扩大了商品交换等。另一方面，技术的发展不能脱离一定的社会条件和经济基础。任何一项新技术的产生和发展是由社会经济发展的需要所引起的，且在一定社会经济条件下得到应用和推广。社会因素（如民族传统、人口状况、劳动者的素质、社会结构、经济管理体制等）和经济条件对科学技术的发展有很大影响,它们既是技术发展的动力,又为技术发展指明了方向。然而,技术的进步和发展需要大量的资金、人力和物力。经济的发展为技术发展提供了可能性和必要性,同时,也制约着技术的发展。在发展中国家,一方面,要发展本国经济必须采用先进的技术;另一方面,必须根据本国的经济实力选择适当的技术,不能超越自己的实际能力选用价格昂贵的尖端技术。技术经济之间这种相互渗透、相互促进的关系,使任何技术的发展和应用都不仅是一个技术的问题,同时又是一个经济的问题。研究技术与经济之间的关系,探讨如何通过技术进步促进经济发展,在经济发展中推动技术进步,是技术经济学一项重要的任务,也是技术经济学进一步丰富和发展的一个新领域。

例如,要解决我国的城市交通问题,是大力发展小汽车,还是采用发展公共交通加自行车的办法?再如,我国铁路运输的牵引动力,应该以蒸汽机为主,还是以内燃机车为主,或者是以电力机车为主?这些都是涉及范围很广的宏观决策问题,每一项决策都与采用和发展什么技术有关,而且最终都会影响到整个国家经济、技术和社会的发展。

(3)研究如何通过技术创新推动技术进步,进而获得经济增长。技术进步是物质生产的技术基础以及与此相适应的组织和管理技术的改进与提高。技术创新是技术进步中最活跃的因素,它是生产要素一种新的组合,是创新者将科学知识与技术用于工业化生产,并在市场上实现其价值的一系列活动,是科学技术转化为生产力的实际过程。技术创新的内容包括:新产品的生产,新技术、新工艺在生产过程中的应用,新资源的开发,新市场的开辟。

技术创新是在商品的生产和流通过程中实现的。单纯的创造发明并非技术创新,只有当它们被用于经济活动时,才称之为技术创新。技术创新通过科技开发、生产、流通和消费四个环节构成的完整系统,实现其促进经济增长的作用,其中生产和流通是使技术创新获得经济意义的关键环节。缺少这两个环节,科技发明就不能转化为社会财富,就没有经济价值。同样,消费者(指广义的用户)若不能将各自的反映或评价传递给科技人员,发明创造就只能停留在实验室中,不能进入经济领域,无法转化为生产力,也就不是技术经济学中所要研究的技术创新。

三、交通运输组织与运营

交通运输是由铁路、水路、公路、航空、管道等多种运输方式构成的系统,并向实现综合交通运输的体系发展,形成服务于旅客、货主的协调运营的系统。交通运输组织的主要内容包括:交通运输需求分析与预测、交通运输能力评价、交通运输资源配置规划、交通运输系统及组织设计、旅客运输组织、货物运输组织、交通线网运输组织、交通场站与枢纽运输组织、交通运输组织绩效评价等,即对交通运输生产组织各环节的相关理论和技术进行详细的论述。根据交通运输方式及职能规划,具体的交通运输组织工作分为:道路旅客运输组织、道路货物运输组织、城市轨道交通运营组织、航空客运组织、航空货物运输组织、水路运输组织、远洋运输船舶的营运组织、运输代理、多式联运组织、特种货物运输组织等。

交通运输运营的主要内容有:运输计划与运输能力、运行组织与运行调度、运价与票务管理等。要掌握行车组织、客运组织、运输规划等方面的知识,涉及现代管理学科与交通运输实践的结合，注重管理创新意识、理论联系实际和分析解决问题的能力，是交通组织及运营管理人才必备的专业知识。与交通运输运营相关的专业知识涉及运筹学、交通运输工程学、交通运输经济、交通运输法规、交通运输安全管理、交通运输市场营销、交通运输线路规划与设计、交通运输站场与枢纽管理、交通运输设备原理与结构、交通运输设备技术管理等。具有交通运输规划、组织、运营、站务、票务等方面扎实的专业基础理论知识，可从事交通运输行车调度、客运组织以及综合管理工作。

四、交通运输企业管理

交通运输企业管理知识主要包括企业管理的基本理论、企业文化、战略管理、营销管理、生产管理、物流管理、设备管理、质量管理、人力资源管理、成本管理、财务管理、信息管理及创新管理等。交通运输企业管理将系统地阐述市场经济环境下，交通运输企业生产经营管理的基本原理、基本规律、管理职能及管理方法、手段，强调现代企业管理理论、方法与交通运输行业特点相结合并突出行业特点。

五、交通运输行业法规

根据《交通运输部关于完善综合交通运输法规体系的实施意见》，综合交通运输法规体系是中国特色社会主义法律体系的重要组成部分。建立和完善综合交通运输法规体系，是构建综合交通运输体系的迫切需要，是交通运输部门落实"四个全面"战略布局的重要举措，是加强交通运输法治政府部门建设的基础和保障。综合交通运输法规体系框架由跨运输方式法规系统及铁路法规系统、公路法规系统、水路法规系统、民航法规系统和邮政法规系统六个系统构成，如表4-3所示。

综合交通运输法规体系框架　　　　　　　　　　　表4-3

法规系统/子系统		名称	性质	状态
跨运输方式		综合交通运输促进法	法律	待制定
		多式联运法	法律	待制定
		综合交通运输枢纽条例	行政法规	待制定
铁路		铁路法	法律	待修订
		铁路运输条例	行政法规	待制定
		铁路安全管理条例	行政法规	已制定
		铁路交通事故应急救援和调查处理条例	行政法规	待修订
公路	公路基础设施	公路法	法律	待修订
		收费公路管理条例	行政法规	待修订
		公路安全保护条例	行政法规	已制定
	道路运输	道路交通安全法	法律	已制定
		道路运输法	法律	待制定
		道路运输条例	行政法规	待修订
		城市公共交通条例	行政法规	待制定

续上表

法规系统/子系统		名称	性质	状态
水路	水运基础设施	港口法	法律	待修订
		港口管理条例	行政法规	待制定
		航道法	法律	已制定
		航道管理条例	行政法规	待修订
	水路运输	航标条例	行政法规	已制定
		海商法	法律	待修订
		航运法	法律	待制定
		国内水路运输管理条例	行政法规	已制定
	水上交通安全和防污染	国际海运条例	行政法规	待修订
		海上交通安全法	法律	待修订
		内河交通安全管理条例	行政法规	待修订
		船舶和海上设施检验条例	行政法规	待修订
		船舶登记条例	行政法规	待修订
		船员条例	行政法规	已制定
		水上交通事故调查处理和沉船打捞清除管理条例	行政法规	待制定
		防治船舶污染海洋环境管理条例	行政法规	已制定
		防治船舶污染内河环境管理条例	行政法规	待制定
		潜水条例	行政法规	待制定
		海上人命搜寻救助条例	行政法规	待制定
民航	航空器	民用航空法	法律	待修订
		民用航空器适航管理条例	行政法规	已制定
		民用航空器国籍登记条例	行政法规	已制定
		民用航空器权利登记条例	行政法规	已制定
	运行审定	民用航空飞行标准管理条例	行政法规	待制定
	机场管理	民用机场管理条例	行政法规	已制定
	空中交通管理	中华人民共和国飞行基本规则	行政法规	已制定
		通用航空飞行管制条例	行政法规	已制定
		民用航空运输不定期飞行管理暂行规定	行政法规	已制定
		搜寻援救民用航空器规定	行政法规	待制定
	运输管理	民用航空器事故家属援助条例	行政法规	待制定
		航空运输危险品管理条例	行政法规	待制定
	通用航空	通用航空管理条例	行政法规	待制定
	安全保卫	民用航空安全保卫条例	行政法规	待修订
	航空安全与事故调查	民航航空器事故调查条例	行政法规	待制定
邮政		邮政法	法律	已制定
		邮政服务条例	行政法规	待制定
		快递条例	行政法规	待制定
		邮政业安全管理条例	行政法规	待制定

复习思考题

1. 交通运输系统由哪些要素组成？各有什么作用？
2. 运输方式可划分为哪些类型？各有什么特点？
3. 什么是综合交通运输体系？有何特点？
4. 什么是智能交通运输系统？有何特点？
5. 智能交通运输系统有哪些子系统？主要功能是什么？
6. 交通运输工程研究的主要范畴是什么？
7. 交通运输专业人才培养的主要目标是什么？
8. 交通运输工程学科关注的研究内容及研究方向有哪些？其研究具有什么突出特点？
9. 什么是知识？何谓合理的知识结构？
10. 知识结构模型有哪些？各有何特点？如何建立适合专业发展的知识结构？
11. 什么是通识知识？怎样学好通识知识？
12. 什么是人文社会科学知识？本专业需要学习的人文社会科学知识有哪些？怎样才能学好并能结合实践应用？
13. 你已经掌握了哪些计算机信息技术知识？将如何进一步深入学习？
14. "互联网+"给你熟悉的生活及学习环境带来了哪些变化？你对"互联网+"在本专业领域内的应用有何新的想法？
15. 交通运输专业学科基础知识包括哪些？你感兴趣的课程有哪些？为什么？
16. 你认为数学、物理、化学对专业课程的学习和将来从事专业工作有何意义？
17. 什么是自然科学？包括那些门类？
18. 什么是科学？什么是技术？什么是工程？科学与技术有何区别？
19. 交通运输专业包括哪些工程技术基础知识？
20. 交通运输设备的合理运用主要包括哪些研究内容？
21. 交通运输设备维修有哪些方式？其主要特点及适用范围是什么？
22. 何谓基础设施？其基本特点是什么？
23. 简述交通运输安全、节能、环保的主要研究内容？
24. 信息应用技术对交通运输业发展有何影响？
25. 运输系统规划的内容及目的？
26. 交通运输技术经济学研究的内容及意义？
27. 交通运输组织与运营工作的内容及作用？
28. 交通运输法律与行政法规有何区别？

第五章　交通运输专业教学质量标准及其培养方案

第一节　专业教学质量国家标准

一、教学质量国家标准制定原则

目前,我国高等教育规模位居世界首位,进入了国际公认的大众化发展阶段。随着高等教育教学改革不断深化,人才培养质量稳步提高,科学研究水平全面提升,社会服务能力显著增强,国际合作交流日益广泛,国际地位明显提高,各项改革取得突破性进展,高等教育迎来了生机勃勃的崭新局面。2013年7月17日,教育部高等教育司理工处发布《关于理学本科专业类教学质量国家标准框架说明》(以下简称"标准")。本科专业类教学质量国家标准是该专业类人才培养、专业建设等应达到的基本要求,主要适用于三个方面:一是作为设置专业的参考,各高等院校增设新专业时,应对照"标准"来评估师资队伍、教学条件等是否达到专业的基本要求;二是作为人才培养和专业建设的指导性规范,学校要以"标准"为基础制订人才培养目标和专业建设规划;三是作为质量评价的参考。因此,专业类教学质量国家标准的制定应遵循的原则是:

(1)把握标准定位尺度。将"标准"作为各类本科专业设置、建设和评价的基本要求和依据。

(2)统筹标准内容集成。将"标准"作为专业准入的门槛,指导高校制订和实施本校的专业人才培养方案,促进人才培养质量的持续改进。

(3)按照框架要求编制。"标准"应严格符合教育部的统一格式,对于我国各类本科专业具有良好的普适性。

(4)合理确定标准的规定。"标准"内容要尽可能体现专业类的共性要求。

(5)注重相关标准的衔接。"标准"要注重与本科教学工作评估标准、学位授予基本要求等的衔接,工科专业类国家标准要与工程教育专业认证标准相衔接。

(6)广泛征求各方面意见。"标准"制定过程中,要广泛听取不同类型高校和行业企业的意见,达成基本共识。

由于我国高等院校数量众多,存在研究型大学、教学科研型大学、教学型本科院校和高等专科学校或高等职业学校等不同的类型。因此,在专业类教学质量国家标准制定过程中还必须关注以下问题:

(1)正视高校多样性现实。不同类型的高校应有不同的分工,具有不同的发展目标、重点与特色,彼此不可替代。不同高校办学历史、学科基础、师资水平、办学条件、服务面向等存在较大差异。制定统一的专业类教学质量国家标准应该尽可能避免导致人才培养的趋同性、同质化，甚至导致一些高校失去自身特色。应该在大类基础上充分考虑到分类学科的质量标准，使之更有针对性。

(2) 关注各类型人才需求。要充分注重我国当前社会经济建设、科学研究和学科发展对不同类型人才培养的多重需求。

(3) 体现培养目标的层次。充分容纳不同类型人才培养的实际需求。

(4) 鼓励有特色培养目标。即不同高校可以在符合"专业类教学质量国家标准"的基本要求前提下，根据人才培养目标特色、定位，制定进一步细化、量化的质量标准。从而鼓励各高等学校决策者根据自身的类型定位，选择差异化发展策略，办出特色，有效规避"千校一面、千人一面"的局面。

本科教学质量保证过程首先是确定培养目标。根据培养目标制定培养标准，设计培养方案；利用所有可利用的资源条件，通过教学过程的各个环节实施培养方案，达到培养目标；通过质量监控，使上述质量活动处于有效监控状态，并对相关信息进行分析，从而达到持续地改进质量的目的。

专业教学质量国家标准包括质量目标、教学资源、教学过程、质量管理4个方面；每个方面各包括3个要素，总计12个要素，对每个要素都规定了基本要求。

1. 质量目标

质量目标是"在质量方面所追求的目的"，即人才培养的总目标、总规划，这种规划确定了培养什么样的人以及如何培养人的要求。

(1) 培养目标。培养目标是学校人才培养的质量预期，是开展教育教学活动、构建知识体系、配置课程资源的基本依据。不同类型的学校所确定的培养目标可能不一样。

学校应确立先进的人才培养理念，准确进行人才培养定位，科学、合理地确定每个专业具体的培养目标，明确人才服务面向。人才培养目标确定应符合学校的办学定位，充分体现国家、社会及学生的要求与期望。

(2) 培养标准。培养标准是学校针对人才培养目标所制定的各个方面（例如，学生应达到的思想品德标准、能力标准、学习标准）、各个教学环节（例如，教师课程教学的标准等）的基本要求。不同类型的学校由于培养目标的不同，培养标准也不相同。

学校应科学、合理地确定各个方面、各个环节的质量标准，质量标准应能够指导教学过程的工作，确保人才培养目标的实现。

(3) 培养方案。培养方案是保证教学质量，达到人才培养质量目标的纲领性文件，是组织开展教学活动的依据。培养方案包括专业培养目标、专业标准、培养规格、知识结构、课程体系、主要课程、学制或学分、毕业条件、授予学位等。

培养方案应符合专业培养目标；培养方案的制定应能够很好地体现知识、能力与素质的协调发展；应建立培养方案的制定和审批程序，以及监控和评审制度，应保证得到有效执行。

2. 教学资源

教学资源是学校为人才培养所提供的所有软件、硬件条件，例如，教师、实验室、图书资料、实习、实践、实训基地、教学经费等；对资源的合理配备和有效使用可以保证实现既定的培养目标。

（1）教师队伍。教师是最重要的教学资源，是核心要素。高水平的教师队伍是高水平教学的基本保障。学校建立了一支数量充足、能够满足人才培养需要的教师队伍；教师队伍年龄、学历、职称、学缘结构合理；教师能够把足够的精力投入本科教学。

对于研究型人才培养，要求教师中具有博士学位的比例不低于60%；教师中外籍教师、具有海外教学背景或获得国际著名大学学位的比例不低于10%；教授、副教授为本科生授课比例不低于95%；教师有机会参加国际会议、出国访问、访学等。

对于应用型人才培养，要求教师中具有硕士、博士学位的比例不低于60%；符合岗位任职资格的主讲教师比例不低于90%；具备专业（行业）职业资格和任职经历的比例不低于30%。

（2）学习条件。学习条件是学校为学生学习所提供的所有条件，包括实验室、图书资料、网络、实习、实践、实训基地、教室等，以及为保证学生有效学习所建立的学生学习支持系统，包括有效的学业指导和心理咨询等。

学校应以学生需求为服务宗旨，为学生提供恰当并充足的学习资源，图书馆、体育设施、实习、实践、实训基地等能够满足人才培养要求，并建立全方位的学生学习支持系统。

对不同类型学校的学习条件可提不同的要求。例如，对以培养研究型人才为主的学校应要求将高水平的科研资源、学科资源转化为教学资源；积极引进国外优质教学资源，为学生提供多途径学习异国文化的机会等。

（3）教学经费。教学经费主要体现教学经费的投入与使用，包括教学四项经费（本专科生业务费、教学差旅费、体育维持费、教学仪器设备维修费），尤其是持续增长情况。教学经费的投入应满足人才培养的需要，保证持续增长并有效使用。

3. 教学过程

教学过程是人才培养质量的形成过程，由各个教学环节组成。教学环节对培养质量的形成起着基础性作用。

（1）理论教学。理论教学是教学的主渠道，包括备课、讲授、讨论、作业、答疑、考试等，理论教学要突出强调教学内容与课程体系的改革，倡导研究型、启发式教学方法的应用。

学校应切实加强教育教学研究，不断深化教学内容、教学方法的改革，以充分调动和发挥学生的积极性和主动性，确保学生在校期间很好地掌握了基本理论。

（2）实践教学。实践教学包括实验、实习、实训、课程设计、毕业设计（论文）等环节。实践教学要突出构建以提高学生创新能力、实践能力为核心的实践教学体系。

学校应切实加强实践教学，能够有效地实践教学环节应满足专业培养方案中对学生创新能力和实践动手能力培养的要求。

对不同类型学校的实践教学可提不同要求，例如，对以培养研究型人才为主的学校应要求依托高水平的科研项目、高水平教师队伍，建立鼓励大学生开展创新实践的机制，对学生进行创新能力的培养；对以培养应用型人才为主的学校应更强调加强学生实训和社会实践。

（3）第二课堂。第二课堂是通过开展丰富多彩的活动，例如，讲座、社团活动、课外科技活动、文体活动、社会调查、社会实践等，培养学生高尚的思想品德和良好的综合素质。

学校应建立并完善第二课堂教育体系，围绕思想政治与道德修养、社会实践与志愿服务、学术科技与创新创业、文化艺术与身心发展、社团活动与社会工作以及技能培训等方面，开展丰富多彩的第二课堂活动。

4. 质量管理

质量管理是保证教学过程中各个环节质量的一种手段，即通过对影响质量的要素进行一系列有计划、有组织的监控、评估、分析后，进行持续性地质量改进。

（1）质量监控。质量监控是对教学的关键环节，例如课堂教学、实验与实习、毕业设计（论文）、考试等质量控制点，制定质量保证流程和实施条例，按照"计划—执行—检查—处理（PDCA）"的运行机制，使执行过程与监督过程形成一个循环闭合的流程。

学校应建立完善的教学管理规章制度和质量监控机制，对主要教学环节的教学质量实施全方位有效监控；建立一支高水平的教学督导队伍，对日常教学工作进行检查、监督和指导；建立完善的评教、评学等制度。

（2）质量分析。质量分析是对反映人才培养质量的各个指标，例如生源质量、学生的学习状况、毕业生就业去向和就业质量、毕业生工作状况和成就感，用人单位的反映等进行定期的分析。

学校应建立制度，对生源情况进行年度分析，对应届生就业情况进行年度分析，对在校生学业状况进行年度分析，对校友工作情况进行定期调查与分析。

（3）质量改进。质量改进是针对人才培养过程中存在的问题，及时采取纠正与预防措施，并进行持续改进。

学校应针对质量监控、质量评估和质量分析中发现的问题，制定纠正与改进措施，配备必要的资源，进行质量改进，并对纠正与改进措施的有效性适时进行评价。

二、交通运输专业教学质量国家标准

1. 基本培养目标

为提高交通运输类专业教学工作的针对性和实效性，明确人才培养要求，切实推动建立高等学校交通运输类专业人才培养质量标准体系，推动交通运输类专业内涵式发展，保证教育教学质量，提高交通运输类专业人才培养质量，更好地适应现代交通运输业发展和人才队伍建设的需要。把促进人的全面发展和适应社会需要作为衡量人才培养水平的根本标准，落实文化知识学习和思想品德修养、创新思维和社会实践、全面发展和个性发展紧密结合的人才培养要求，研究制定交通运输类专业教学质量国家标准。

按现代交通运输方式划分，交通运输系统由公路、铁路、水路、航空和管道五种交通运输方式构成。因此，我国高校在交通运输专业人才培养过程中基本是结合各自高校优势学科特色按方向培养交通运输专业人才。本专业标准限于面向道路运输的交通运输专业（以下简称"交通运输"）。本标准是由教育部高等学校道路运输与工程教学指导分委员会组织编写，适应于面向培养道路运输专业人才。

交通运输专业是以运筹学、经济学、管理学、机电学、系统科学、控制理论和土木学科为基础，以交通运输工程学科为主干学科的一门工学专业。

交通运输专业的基本培养目标是：培养德、智、体、美全面发展，具备较坚实的数学、计算机、外语、人文社科、经济管理知识基础及机械、电子信息、控制工程及土木工程等工程技术基础,掌握道路客货运输规划、运营与保障的基本理论与技术,以及某个专门方向较深入的知识与技能,能在交通运输多个领域从事交通运输规划与设计、运营与管理、车辆技术使用与管理等工作,在教学、科研单位从事教学、科研工作的宽口径复合型工程技术类和运营管理类专门人才。

交通运输专业人才基本培养目标表明:该专业学生应具有工学、管理学交叉知识结构,故各校在制定专业人才培养目标时,可根据办学历史、师资和实验室条件,有针对性的分为汽车技术运用和道路运输管理两个专业方向,并注意定期开展道路运输领域人才需求调研,对培养目标定期评估、修订。

2. 培养规格

学制一般为4年,逐步过渡到学分制;授予"工学学士"学位。总学时不低于2500学时;学分不低于180学分(包含实践学分)。

3. 培养要求

1)素质要求

(1)思想道德素质。思想道德素质包括政治素质、思想素质、道德品质、法制意识、诚信意识和团队意识六个方面的培养。

政治素质:应掌握社会发展及其规律的基础知识,坚持四项基本原则,热爱祖国,热爱社会主义。

思想素质:应初步掌握辩证唯物主义,善于从相互联系、发展和对立统一中去观察、分析和解决问题,树立积极向上的世界观、价值观和人生观。

道德品质:应具有社会主义的道德品质和文明的行为习惯;具有敬业精神和职业道德。

法制意识:应具有很强的法制观念和意识。

诚信意识:应具有诚信做人、做事、做学问的理念。

团队意识:应具有协调配合的团队精神。

(2)文化素质。文化素质包括文化素养、文学艺术修养、现代意识和理性意识四个方面的培养。

文化素养:应具有中华文化传统的基本知识,自觉传承和弘扬民族精神;具有一定的人文科学知识,对中外历史有一定了解。

文学艺术修养:应具有对音乐、美术、艺术的一定鉴赏力。

现代意识:应具有较强的竞争意识,富有合作精神,善于与人交流。

理性意识:应具有适应意识,有自我控制能力,能理性地处理生活、工作与学习中发生的各种问题。

(3)身心素质。身心素质主要包括身体素质和心理素质两个方面的要求。

身体素质:应具有健康的身体,良好的体魄。

心理素质:应具有健康的情绪,正确的自我认识,良好的人际关系,健全的人格,良好的气质与性格,坚强的意志,坚忍不拔的毅力,良好的环境适应能力。

(4)专业素质。专业素质主要包括科学素质和工程素质两个方面的培养要求。

①科学素质。科学素质主要体现在科学思维方法、科学研究方法、创新意识和科学素养四个方面的培养。

科学思维方法:应具有较强的逻辑思维、辩证思维、形象思维,有理性的批判意识;有尊重客观事物发展的科学务实的思维方法。

　　科学研究方法:应能较好掌握交通运输专业相关理论与工程技术的科学研究方法和基本思路。

　　创新意识:应具有较强的创新思想和创新精神。

　　科学素养:应具有求实、求真精神,有理性的批判意识和跟踪自然科学重要发现、发展的意识。

　　②工程素质。工程素质主要体现在工程意识、综合分析素养、价值效益意识和革新精神四个方面的培养。

　　工程意识:应具有良好的工程实践意识和质量意识。

　　综合分析素养:应具有综合分析在实际工作中遇到的科学和技术问题的能力,并能提出解决问题的思路。

　　价值效益意识:在科学研究和技术研发实践中具有市场意识和价值效益意识。

　　革新精神:敢于革新,善于提出革新的新思路、新方法。

　　2)能力要求

　　(1)获取知识的能力。获取知识的能力包括自学能力、表达能力、社交能力、计算机及信息技术应用能力、文献检索能力五个方面。

　　自学能力:应具有较强的自主学习能力,高效的学习方法。具有终身学习的观念。

　　表达能力:应具有良好的书面和口头表达能力,以及基本的外语交流能力。

　　社交能力:应具有良好的社交和协调能力。善于与他人合作,待人谦和,虚心求教。

　　计算机及信息技术应用能力:应熟练掌握计算机基础知识,掌握一种或以上的计算机高级语言编程方法,会使用常用的计算机应用软件。

　　文献检索能力:应具有基本的资料搜集和文献检索能力,特别是利用互联网进行资料检索和查询。

　　(2)应用知识的能力。应用知识的能力包括应用知识解决问题的能力、实验能力和工程实践能力三个方面。

　　应用知识解决问题的能力:基础理论扎实,具有发现、提出、分析和解决问题的能力。

　　实验能力:应能熟练使用常用的实验仪器;掌握实验原理,并具有实验方案的设计能力。

　　工程实践能力:应具备综合分析并解决实际工程技术中出现的问题,且善于提出新思路、新方法,并在综合类实践中具有较强的系统分析和调试能力。

　　(3)创新能力。创新能力包括创新思维能力、创新实验能力、科研开发能力和科技研究能力四个方面。

　　创新思维能力:应具有创造性的科学思维能力。

　　创新实验能力:在实践环节中,能积极探索、善于验证已有的结论,并具备较强的自主设计实验的能力。

　　科研开发能力:应具有较强的钻研精神和接受新理论,新知识并进行新技术开发的能力。

　　科技研究能力:应具有提出科技选题和实施科技研究能力。

3) 知识要求

(1) 工具性知识。主要体现在外语、计算机、信息技术应用、文献检索、方法论和科技写作六个方面。

外语：应具有一定的本专业外文书籍、外文课件和文献资料的阅读与翻译能力。能写专业论文的外文摘要。能使用外文进行一般性交流。

计算机：应熟练掌握本专业需要的各类计算机技术的相关知识。

信息技术应用：了解数据库、管理信息系统，熟练掌握各种利用互联网的相关技术知识。

文献检索：掌握多种文献检索方法的相关知识。

方法论：掌握系统工程方法、数理统计方法、系统分析与设计方法、运筹学方法。

科技写作：了解并掌握科技写作的特点、要素与方法。

(2) 人文社会科学。主要体现在文学、历史、哲学、思想道德、政治学、艺术、法学、社会学和心理学九个方面。

文学：阅读一定数量的文学名著。

历史：了解中华文明史、世界史和世界科技发展中发生的重大事件。

哲学：系统地学习马克思主义哲学，掌握唯物辩证法的基本思想。

思想道德：中华民族传统的道德观念和优秀的道德品质。

政治学：系统学习毛泽东思想、邓小平理论等主要内容。

艺术：了解基本的中外音乐、美术或其他艺术知识。

法学：具有系统的法律基本知识。

社会学：具有一定的社会学知识。

心理学：具有基本的心理学知识，了解大学生的基本心理特征，能够进行初步的自我心理调整。

(3) 自然科学知识。主要体现在数学、物理两个方面。

数学：具有系统的数学知识。基本概念清楚，推导演算熟练，能灵活运用。

物理学：具有基本的大学物理知识及必要的工程力学知识(如理论力学、材料力学、流体力学)，概念清楚，理论扎实，实验技能强。

(4) 经济与管理知识。主要体现在经济学和管理学两个方面。

经济学：基本掌握现代经济学的基本概念、基本原理、基本方法，能正确认识社会主义市场经济体制下的经济规律。

管理学：具有一定的运输管理基础知识。

(5) 工程技术与专业知识。主要体现在工程技术基础、专业基础知识、专业方向知识和工程实践四个方面。

工程技术基础：掌握工学领域的机械、电子信息、土木等工程技术基础知识，具有机械设计、计算机应用、土木设计及工程管理方面的能力。

专业基础知识：从宽口径的角度培养道路交通运输领域的专业基础知识，学习交通运输中涉及的汽车技术、运输规划、运营组织、交通运输系统建设与管理等关键性课程，建立起较广泛的专业基础知识架构。

专业方向知识：本专业设置汽车技术运用和道路运输管理两个专业方向。该专业学生应熟练掌握至少一个专业方向的基本知识与相关理论,各高校可根据自身办学历史、办学条件优势、市场需求等自主选定。

工程实践:金工实践、驾驶实践、汽车拆装实习、运输生产实习、汽车检测试验、机械类课程设计、工程类课程设计、毕业设计(论文)等。

第二节 工程教育专业认证及毕业要求

一、工程教育专业认证简介

工程教育专业认证是指专业认证机构针对高等教育机构开设的工程类专业教育实施的专门性认证,由专门职业或行业协会(联合会)、专业学会会同该领域的教育专家和相关行业企业专家一起进行,旨在为相关工程技术人才进入工业界从业提供预备教育质量保证。

随着全球一体化进程的不断加快,国家之间的联系日益紧密,各国高等教育领域的竞争日趋激烈。作为高等教育体系重要组成部分的工程教育,在教育领域的国际交流和竞争中也扮演着重要的角色。工程专业人才在世界范围内的流动日益频繁,提高工程教育质量、完善注册工程师制度、加强国际工程教育互认已成为工程教育发展的基本趋势。目前全球关于工程教育学历或者从业资格的国际互认协议主要有:《华盛顿协议》《悉尼协议》《都柏林协议》《亚太工程师计划》《工程技术员流动论坛协议》和《工程师流动论坛协议》。

工程教育专业认证是国际通行的工程教育质量保障制度,也是实现工程教育国际互认和工程师资格国际互认的重要基础。工程教育专业认证的核心就是要确认工科专业毕业生达到行业认可的既定质量标准要求,是一种以培养目标和毕业出口要求为导向的合格性评价。工程教育专业认证要求专业课程体系设置、师资队伍配备、办学条件配置等都围绕学生毕业能力达成这一核心任务展开,并强调建立专业持续改进机制和文化以保证专业教育质量和专业教育活力。

2013年6月,我国成为《华盛顿协议》预备成员;2014年初提交转正申请,经过该组织的资料审查、现场考察和会议表决后,2016年6月成为正式成员。今后,我国将全面参与《华盛顿协议》各项规则的制定,我国工程教育认证的结果将得到其他成员认可,通过认证专业的毕业生在相关国家申请工程师执业资格时,将享有与本国毕业生同等待遇。正式加入《华盛顿协议》,标志着我国高等教育对外开放向前迈出了一大步,我国工程教育质量标准实现了国际实质等效,工程教育质量保障体系得到了国际认可,工程教育质量达到了国际标准,中国高等教育真正成为国际规则的制定者,实现从国际高等教育发展趋势的跟随者向领跑者转变。

工程教育是我国高等教育的重要组成部分,在高等教育体系中"三分天下有其一"。我国普通高校工科毕业生总规模已位居世界第一。工程教育在国家工业化进程中,对门类齐全、独立完整的工业体系的形成与发展,发挥了不可替代的作用。中国工程教育专业认证协会成立于2015年10月,是由工程教育相关的机构和个人组成的全国性社会团体,主要负责我国工程教育认证工作的组织实施,由教育部主管,是中国科协的团体会员。认证协会致力于通过开展工程教育专业认证,提高我国工程教育质量,为工程教育改革和发展服务,为工程教育适应政府、行业和社会需求服务,为提升中国工程教育国际竞争力服务。协会建立了国际实质等效的工程教育认证体系,认证工作得到了国际社会的广泛认可。我国正式加入国际上最具影响力的工程教育学位互认协议《华盛顿协议》,通过认证协会认证的工程专业,毕业生学位得到《华盛顿协议》其他组织的认可,极大地提高了我国工程教育的国际影响力。

二、国外工程教育专业认证协议

1. 华盛顿协议

1989年,有关工程学士学位专业鉴定问题(Professional Accreditation)在美国华盛顿签订了国际相互承认的协议——《华盛顿协议》。这个协议覆盖了三大洲的6个国家,即美国、加拿大、英国、爱尔兰、澳大利亚和新西兰。

1993年,《华盛顿协议》扩展到五大洲的8个国家(地区),接受了中国香港和南非的入盟申请书。

1995年,《华盛顿协议》开始酝酿和筹划专业工程师的国际相互承认问题。但考虑到工程师资格的国际相互承认是不同于工程专业鉴定相互承认的另一个问题,应在《华盛顿协议》之外解决。

1997年,工程师流动问题论坛(Engineers Mobility Forum,EMF)成立,《华盛顿协议》解决了专业工程师的国际相互承认问题。同年,香港工程师协会(Hong Kong Institution of Engineers,HKIE)经评审成为《华盛顿协议》正式签约组织。

1999年,日本工程教育(本科)专业认证机构(Japan Accreditation Board for Engineering Education,JABEE)成立;2001年成为《华盛顿协议》预备成员,2005年经评审成为《华盛顿协议》正式签约组织。

2007年6月,俄罗斯成为《华盛顿协议》预备成员,一些亚太国家也提出申请,德国被延长两年。

2008年,已在世界范围内享有盛誉的《华盛顿协议》,吸引了欧洲国家工程协会联合会(European Federation of National Engineering Associations,FEANI)等前来谈判入盟问题。

2. 专业认证机构(Specialized or Programmatic Accreditation)

(1)美国工程和技术认证委员会(Accreditation Board for Engineering and Technology,ABET),在教育、医学、工商管理、工程、音乐、卫生护理等专业都设有专业认证机构,其中ABET负责工程与技术各专业(包括土木、机械、电子、化学工程等30多个工程专业)的专业认证工作。ABET由加盟学会/协会组成董事会,董事会下设8个委员会,分别是工程认证委员会、技术认证委员会、计算科学认证委员会、应用科学认证委员会、工业咨询委员会、国际活动委员会、其他常务和特别委员会、执行委员会。其中,工程、技术、计算科学、应用科学4个认证委员会分别根据自己制定的标准和自评问卷实施其认证功能和确定其认证活动。这4个委员会还制定了专业标准,它们是专业评鉴的准绳。ABET的主要职能是为全国工程教育(本科)专业制订认证政策、准则和程序,认证并开发与学历教育相关的工程专业课程,改善工程教学质量。ABET对推动美国工程教育的改革与发展,保证其工程教育质量起到了重要作用。

(2)德国工科专业认证机构(Accreditation of Bachelor's and Master's Study Programs in Engineering, Informatics, Natural Sciences and Mathematics, ASIIN),是德国唯一对工科、信息科学与计算机科学、自然科学和数学学科本科教育项目、硕士教育项目的认证机构。ASIIN是在德国工程师协会的倡导下,由各大学、应用科学大学、权威的科技协会、专业教育和进修联合会以及重要的工商业组织共同参与成立的非营利机构。1999年,ASIIN成立。2000年,制订专业认证准则和程序,并获得德国认证委员会的资格认可。2003年,建立专家库并在国际上获得《华盛顿协议》预备组织资格。2004年,推行欧洲认证工程项目(European Accredited Engineering Project, EUR – ACE),目的是建立欧洲体系的工程教育(本科)专业认证。经过ASIIN认证的专业点的毕业生,可以获得"欧洲工程师"的头衔。

ASIIN的会员大会由4方面的会员组成:大学会员组——技术大学协调组,应用科学大学会员组——应用科学大学协调组,工业会员组——工业联合会和工会组织,协会会员组——技术与科学协会以及专业组织。理事会由每一个会员组提名3个代表组成,理事会下设总部。理事会另设工程与信息科学认证委员会和自然科学与数学认证委员会,认证委员会从专家库中聘任专家按学科分别成立14个技术委员会。认证委员会负责制订认证准则、程序和认证要求,提名各技术委员会成员和各审核小组成员,基于审核小组的审核报告发布认证决议。

(3)英国工程委员会(Engineering Council of United Kingdom, ECUK),是英国皇家特许的非政府机构,《华盛顿协议》发起方之一。1981年,ECUK成立。英国高等教育质量的保证工作是由高等教育质量保证机构负责,该机构提出高等学校学历与学位资格框架、学科基准、专业规格指南等。专业认证和工程师资质鉴定则统一委托给ECUK负责。ECUK是经皇家特许的权力机构,在国内负责对各工程专业进行管理,在国外代表英国工程师的利益。它的重要使命就是为工程师、工艺师和技术员制订专业能力和职业道德的国际性标准,并授权工程师学会确保和提高这一标准。

三、工程教育专业认证与本科教学评估的区别

根据《教育部关于普通高等学校本科教学评估工作的意见》(教高〔2011〕9号)的规定,院校评估包括合格评估和审核评估。合格评估的对象是2000年以来未参加过院校评估的新建本科学校,审核评估的对象是参加过院校评估并获得通过的普通本科学校。

合格评估的重点是考察学校基本办学条件、基本教学管理和基本教学质量,学校服务地方经济社会发展的能力和应用型人才培养的能力,学校教学改革和内部质量保障体系建设和运行的情况。评估结论分为"通过""暂缓通过"和"不通过"三种。"通过"的学校5年后进入审核评估。

审核评估重点考察学校办学条件、本科教学质量与办学定位、人才培养目标的符合程度,学校内部质量保障体系建设及运行状况,学校深化本科教学改革的措施及成效。审核评估形成写实性报告,不分等级,周期为5年。

高校本科教学评估与专业认证有很大的不同,表5-1列出了两者的不同点比较。

工程教育专业认证与教学水平评估的比较　　　　　　表 5-1

序号	比较项目	工程专业认证	教学评估
1	工作要求	自愿申请	强制接受
2	目标结果	合格评估	状态评估
3	工作范围	一个专业	整个学校
4	专业性质	仅适应于工程类专业	适应所有专业
5	组织部门	非官方组织	政府组织
6	工作标准	国际等效	教育部制定
7	实施目的	培养人才国际互认	教学质量水平
8	国际化程度	与国际接轨	国内评价
9	专家成员	高校、企业、公司等	全部来自高校
10	考查程度	详细全面	重点抽查
11	展示广度	侧重全体学生	个别特色优势
12	工程要求	重视实践	没有特殊要求
13	有效期	3~6 年	5 年

四、工程教育专业认证意义

教学评估是评价、监督、保障和提高教学质量的重要举措，是我国高等教育质量保障体系的重要组成部分。开展教学评估的目的是促进高等学校全面贯彻党的教育方针，推进教学改革，提高人才培养质量，增强本科教学主动服务经济社会发展需要和人的全面发展需求的能力；促进政府对高等学校实施宏观管理和分类指导，引导高等学校合理定位、办出水平、办出特色；促进社会参与高等学校人才培养和评价、监督高等学校本科教学质量。

工程教育专业认证作为高校专业评估的一种形式，其意义主要体现在：

（1）推动工程专业教学质量的提升。工程教育专业认证既是工科专业的建设标准，又是所有专业培养可资借鉴的指导思想。引进工程教育认证评估体系，可以推进工程教育改革与创新，健全工科专业的建设与发展质量标准和质量监控体系，完善工程教育与行业、企业的联系机制，增强工程教育人才培养对产业发展的适应性，促进工程教育的国际互认，提升工程专业人才的国际竞争力。

（2）进入国际就业市场的通行证。工程教育专业认证是国际通行的工程教育质量保证制度，也是实现工程教育国际互认和工程师资格国际互认的重要基础。在我国，工程教育专业认证是由专门职业或行业协会、学会（联合会）会同该领域的教育工作者和相关行业、企业专家一起进行，是针对高等教育本科工程类专业开展的一种合格评价。从 2006 年开始，我国在计算机、机械、电子电器、化工制药等专业开始试点进行工程教育专业认证。目前认证专业类已扩大到 15 个，在推动我国工程教育改革上发挥了重要作用。

五、工程教育专业认证基本理念

工程教育专业认证的基本理念是：

(1)强调面向全体学生。将学生作为首要服务对象，学生和用人单位对学校或专业所提供服务的满意度是能否通过认证的重要指标。

(2)强调以学生的学习产出为导向。对照毕业生核心能力、素质要求，评价专业教育的有效性。

(3)强调合格评价。专业认证强调工程教育的基本质量要求，是一种合格评价。

(4)强调质量的持续改进。要求专业建立持续有效的质量改进机制，并进行持续的评估。

工程教育专业认证强调，"学生"是办学的中心，"自评工作"是专业认证最重要的环节，"持续改进"是提高教学质量的保障，"全员参与"是做好专业认证的条件。对学生来说，取得经认证合格的专业的毕业文凭就相当于拿到了进入国际就业市场的"入场券"。

工程教育专业认证不仅是工程教育改革的必然趋势和内在要求，也是学校促进专业建设、提高人才培养质量的契机。通过工程教育专业认证的专业，其社会影响力将得到增强，会吸引优秀的高中毕业生报考，从而形成良性循环。而开展工程教育专业认证，最大受益者还是专业的培养对象，即学生。

六、工程教育专业认证过程及要求

工程教育专业认证一般是由申请单位提交专业认证申请书和专业认证自评报告，认证分委员会在受理申请和审查自评报告并通过后，接着就是派专家组到被认证单位和专业做现场考查，现场考查的主要目的和任务是核实自评报告的情况。对专业认证进行现场考查主要包括以下7个方面。

(1)学生。现场考查"学生"方面的情况主要包括：吸引优秀生源的制度和措施，生源质量，学生学习指导、职业规划、就业指导和心理辅导的措施和效果，学生评价制度是否完善和是否开展评价，评价制度是否能够证明毕业要求和培养目标的实现，转专业和转学认证制度是否完善等。

(2)培养目标。现场考查"培养目标"方面的情况主要包括：培养目标公开程度，专业培养定位的合理性(层次、类型、面向等)，培养目标是否可衡量，对培养目标是否达成的评估制度是否完善(定期、企业参与)，培养目标达成度等。

(3)毕业要求。现场考查"毕业要求"方面的情况主要包括：毕业要求是否覆盖认证标准中的基本要求，各项能力是否有相应的教学过程实现，对毕业要求是否实现的评估情况，毕业要求是否能够支持培养目标的达成等。

(4)持续改进。现场考查"持续改进"方面的情况主要包括：教学过程管理机制(制度、架构、执行)是否完善，培养方案的制定、评估和修订情况，毕业要求和培养目标的评估情况，各门课程支持毕业要求和培养目标实现的评价情况，评价结果的利用情况，毕业生跟踪反馈机制是否完善，外部评价机制是否完善(方式、频度、结果利用情况)，内部评价和外部评价结果是否在教学质量支持改进中发挥作用等。

(5)课程体系。现场考查"课程体系"方面的情况主要包括：课程设置满足培养目标和毕业要求程度,行业企业专家参与课程体系设计情况,课程体系设置的完整、科学与合理制度,核心课程教学内容是否支持培养目标的达成,实践环节满足培养目标和毕业要求程度,实践环节满足学生自主、动手、综合、实验、设计和创新能力培养的程度,学生工程意识、协作精神以及综合解决问题能力培养形式与效果,毕业设计(论文)内容的工程性、专业性、规模、完整性,企业或行业专家参与毕业设计(论文)选题、指导和考核情况等。

(6)师资队伍。现场考查"师资队伍"方面的情况主要包括:专业教师数量和结构满足教学需要的程度,行业企业兼职教师情况,教师能力和水平满足教学情况,具有企业工程背景的教师情况,教师对教学和教改的投入情况,教师参与学生指导的情况,教师对在教学质量提高过程中承担的责任的理解以及发挥作用情况,对教师工作评价方式与记录等。

(7)支持条件。现场考查"支持条件"方面的情况主要包括:教学经费到位和满足教学需要程度,专门性教室、实验室、实习基地和相关设施的功能满足教学需要程度,图书资料特别是工程实践必需的资料、图纸、手册、软件齐备,专门性资料的使用率和使用效果,计算机网络配置状况和使用情况,企业参与教学活动和提供教学条件情况,校企共建实践基地情况,教师队伍建设政策措施和支持青年教师发展政策的完备情况,教学管理与服务政策规范完善,能支持培养目标的达成等。我国工程教育专业认证与国际工程专业认证不是内容等同认证,而是等效认证。

七、工程教育专业认证对毕业生能力要求

工程教育专业认证的核心就是要确认工科专业毕业生达到行业认可的既定质量标准要求,是以培养目标和毕业要求为导向的合格性评价。因此,应高度重视工程教育专业认证提出的新要求,切实结合专业人才培养过程,针对"复杂工程问题"的解决、识别、表达、文献研究分析、设计解决方案、基于科学原理并采用科学方法、预测与模拟、评价及其沟通和交流等,教学过程应能支撑培养目标的达成并能通过评价证明毕业要求的达成。中国工程教育专业认证协会2015年3月修订的《工程教育认证标准(2015版)》中的毕业要求,如表5-2所示。

《工程教育认证标准(2015版)》中的毕业要求   表5-2

序号	项目	要求
1	工程知识	能够将数学、自然科学、工程基础和专业知识用于解决复杂工程问题
2	问题分析	能够应用数学、自然科学和工程科学的基本原理,识别、表达,并通过文献研究分析复杂工程问题以获得有效结论
3	设计/开发解决方案	能够设计针对复杂工程问题的解决方案,设计满足特定需求的系统、单元(部件)或工艺流程,并能够在设计环节中体现创新意识,考虑社会、健康、安全、法律、文化以及环境等因素
4	研究	能够基于科学原理并采用科学方法对复杂工程问题进行研究,包括设计实验、分析与解释数据,并通过信息综合得到合理有效的结论
5	使用现代工具	能够针对复杂工程问题,开发、选择与使用恰当的技术、资源、现代工程工具和信息技术工具,包括对复杂工程问题的预测与模拟,并能够理解其局限性
6	工程与社会	能够基于工程相关背景知识进行合理分析,评价专业工程实践和复杂工程问题解决方案对社会、健康、安全、法律以及文化的影响,并理解应承担的责任
7	环境和可持续发展	能够理解和评价针对复杂工程问题的专业工程实践对环境、社会可持续发展的影响

续上表

序号	项目	要求
8	职业规范	有人文社会科学素养、社会责任感,能够在工程实践中理解并遵守工程职业道德和规范,履行责任
9	个人和团队	能够在多学科背景下的团队中承担个体、团队成员以及负责人的角色
10	沟通	能够就复杂工程问题与业界同行及社会公众进行有效沟通和交流,包括撰写报告和设计文稿、陈述发言、清晰表达或回应指令。并具备一定的国际视野,能够在跨文化背景下进行沟通和交流
11	项目管理	理解并掌握工程管理原理与经济决策方法,并能在多学科环境中应用
12	终身学习	具有自主学习和终身学习的意识,有不断学习和适应发展的能力

《工程教育认证标准(2015版)》中,对"毕业要求"的多项条款中(12条中有8条)提到的"复杂工程问题",必须具备下述特征(1),同时应具备下述特征(2)~(7)的部分或全部。

(1)必须运用深入的工程原理,经过分析才可能得到解决;

(2)涉及多方面的技术、工程和其他因素,并可能相互有一定冲突;

(3)需要通过建立合适的抽象模型才能解决,在建模过程中需要体现出创造性;

(4)不是仅靠常用方法就可以完全解决的;

(5)问题中涉及的因素可能没有完全包含在专业工程实践的标准和规范中;

(6)问题相关各方利益不完全一致;

(7)具有较高的综合性,包含多个相互关联的子问题。

第三节 专业培养方案制定要求

一、相关概念

1. 培养方案

专业人才培养方案是根据专业培养目标和培养规格所制定的实施人才培养活动的具体计划,是对专业人才培养的培养目标与规格、内容与方法、条件与保障等培养过程和方式的描述和设计。高校各专业都要制定专业培养方案,它是专业人才培养的总体蓝图,是学校和专业实现教育目的,体现国家、社会对人才培养质量的统一要求和质量标准的整体规划,是从事教育教学活动的总依据。专业培养方案是教育教学活动的重要文件,经学校确定印发后,要坚决执行,不能随意更动。

2. 教学计划

教学计划是课程设置的整体规划,规定了各类课程所占比例、每门课程的学时及开课时间等,同时对实践教学、课外活动等做出全面安排。教学计划、教学大纲和教材互相联系,共同反映教学内容。

3. 课程

"课程"有广义和狭义之分。广义的"课程"指的是为实现专业教育目的而选择的教学内容的总和,即教师应教、学生应学的各门课程、实验、实习和课外活动等。狭义的"课程"是具体的教学课程或科目。

4. 教学大纲

教学大纲是根据专业培养方案,以大纲形式编写的有关课程教学内容的教学指导文件,它具体规定实现专业培养目标的教学目的、任务、教材内容(知识、理论、技能)的范围,教学体系结构,同时规定教学进度及教学方法上的基本要求。

教学大纲是专业培养方案中规定的课程内容的具体化,专业培养方案中规定开设的每一门课程都有相应的教学大纲,是从事教学、选择教材、编写教材的具体依据,是考核评估具体课程教学质量的标准。

5. 教材

教材是依据教学大纲和教学法的要求编写的、系统而简要的叙述某门课程教学内容的教学用书。除选用的教材外,还包括与课程学习相关的教学参考书、文献资料等。

6. 培养模式

(1)大类培养模式。按大类培养的专业,分阶段实施培养。大类培养阶段,按学科分类集中培养,主要设置通识课程和学科大类课程。专业培养阶段,按分流后的专业进行专业培养,制定专业培养方案。

(2)专业培养模式。学生在入学时确定专业,其培养方案和课程有较强的专业特色,学生按专业设定的培养目标进行课程修读。

二、培养方案主要内容

专业培养方案主要内容包括:专业名称与专业代码;培养目标;毕业要求;主干课程或核心课程;主要实践性教学环节;修业年限;毕业学分;授予学位;课程设置与学时分配等。

专业培养方案规定了专业应设置的课程,各门课程开设的先后顺序、学分分配、课时分配(各门学科教学周时数、总学时数和所占学分)以及学年编制(包括学期划分、确定节假日、学周与教学及其他活动安排的时间)等。以上内容仅为基本要求,各学校可结合本校实际情况,自主确定各专业人才培养方案框架格式,并调整或增加其他内容,如课程介绍及修读指导建议。

三、培养方案制定原则

(1)编制专业培养方案必须坚持正确的指导思想,全面贯彻党和国家的教育方针,坚持学生知识、能力和素质协调发展的原则,要充分考虑教育对象的广泛性,以满足学生的不同需要;

(2)专业培养方案既要保持专业建设先进性,反映科学技术发展水平,适应经济社会发展需要,又要具有相对的稳定性,确保正常的教学秩序;

(3)既要坚持高度的统一性,以保证人才培养的规格,又要具有一定的灵活性,以适应不同地区的办学需要;

(4)专业培养方案必须准确描述本专业的培养目标和培养规格,并明确该专业对学生在政治思想品德方面、业务知识和能力方面、素质方面的基本要求;

(5)课程按公共基础课、专业基础课、专业课、通识课、拓展课等模块进行设置,课程教学内容按"必需"和"够用"的原则进行选择,重点放在理论的实际应用上;

(6)实践性教学环节按课程实践教学环节(实验、实训、课程大作业等)和综合实践教学环节(课程设计、实习、社会调查、毕业设计或论文等)设置;

(7)最低毕业总学分要求须符合有关规定。

四、培养方案制定要点

为推动教育教学改革深入开展,加强学生人文素质与科学素质的交融,实现通识教育、大类课程教学与宽口径的专业教育的有机结合,促进学生全面发展,真正实现"厚基础、宽口径、高素质、强能力、重创新"的培养理念。专业人才培养方案的制定应广泛开展企业调研,对接专业标准,通过职业分析,明确人才培养目标;应深入开展校企合作,召开实践专家研讨会,做好培养目标与要求的分析提炼,规划课程体系,构建教学环节结构,明确教学内容,落实能力培养要求、创新教学方式和手段。专业培养方案的制定要点如下:

(1)明确人才培养目标及培养要求。培养目标和培养要求是培养方案修订的根本出发点。培养目标必须根据学校对本科人才培养的要求,结合相关领域的发展趋势、未来人才需求和本专业的自身现状及特色,参考国家人才培养标准和行业人才培养标准,在充分论证的基础上科学制定专业培养目标,制定与培养目标相适应的专业培养要求。专业培养要求要具体,除学生应掌握的知识技能外,要有明确的毕业要求和毕业条件,明确本专业毕业生知识、能力和素质所达到的要求。

(2)课程体系应符合培养目标要求。课程体系的设置应围绕和支撑培养目标和专业培养要求的实现。工程类专业可按照《工程教育认证标准》或参照工程教育认证的理念和思路制定培养方案。

(3)优化课程体系合理确定总学分。注重先修课程与后续课程的逻辑关系和学期分布,做到合理衔接,避免出现学期课程分布不均以及课程重复开设等现象,合理控制各专业学分总量,以减轻课业负担,为学生创造更多自主学习、主动进行创新实践的机会。

(4)推进通识教育以提高综合素质。实施通识教育与专业教育的相互交融,实现全过程育人。一年级学生以通识课程教学为主,渗透学科基础教育,各专业只开设通识课程和学科大类课程中的公共基础课程;二年级以后以专业教育为主,在专业教育中渗透和深化通识教育,使通识教育贯穿本科阶段全过程,以实现通识教育与专业教育的有机结合。

(5)实行大类培养以拓宽专业口径。确立按学科大类培养专业人才的主导思想,拓宽专业口径,优化和整合课程资源,完善和建立前期大类培养与后期分流培养有效衔接的课程体系。同一专业大类下各专业大类必修课的设置必须统一,相近大类的专业一年级开设的课程应该相同,课程设置尽可能向大类培养方向靠近并进行课程设置,鼓励分布在不同学院、具有大类培养基础的相近专业进行跨学院组建大类培养体系。

(6)实施创新创业教育以强化创新创业能力。在强调基本知识、基本理论和基本技能教学的同时,应更加注重创新创业意识、创新创业方法和创新创业能力的培养,把创新创业教育贯穿到整个人才培养过程。要加强创新创业教育课程体系和内容的规划和建设,强化基础课程、专业课程在创新创业教育和创新创业人才培养中的主体和主导作用。推进创新创业方法课程、开放实验、创新创业训练项目的建设,课内课外相结合,大力推进大学生创新创业训练和竞赛活动,强化学生创新创业思维与创新创业能力培养。

(7)推动信息化教学以改进教学方法。在课程体系的构建中,应加强信息化课程建设,促进信息技术与教育教学的深度融合。推进翻转课堂、微课、混合式教学、MOOC等信息化教学方式在课堂教学中的应用。

对于开展卓越教育培养的专业和参加工程教育专业认证的专业,应按照相关规定和培养特色单独制定培养方案。

五、培养目标与毕业要求的确定

中国工程教育专业认证协会提出,要求认证专业要有公开的、符合学校定位的、适应社会经济发展需要的培养目标,且能反映学生毕业后5年左右在社会与专业领域预期能够取得的成就。定期评价培养目标的合理性并根据评价结果对培养目标进行修订,评价与修订过程应有行业或企业专家参与,并将抽象的培养目标具体分解为核心能力并进行有效评估,最终使得培养目标可量化、可评估。

培养目标是对毕业生在毕业后5年左右能够达到的职业和专业成就的总体描述。培养目标是专业人才培养的总纲,它是构建专业知识结构形成课程体系和开展教学活动的基本依据。毕业要求(或称毕业生能力)是对学生毕业时所应该掌握的知识和能力的具体描述,包括学生通过本专业学习所掌握的技能、知识和能力,是学生完成学业时应该取得的学习成果。

尽管毕业要求包含知识、能力、境界三个层面,即知、能、信,但掌握知识的目的是应用和创造知识,而应用和创造知识需要技能和创造力,归根到底还是一种能力。培养目标更加关注的是学生"能做什么",而毕业要求更加关注的是学生"能有什么",能"做什么"主要取决于"能有什么"。因此毕业要求是培养目标的前提,培养目标是毕业要求的结果。

在确定培养目标和毕业要求时,要注意二者在制定依据、参与人员和条款数目等方面的差异。

培养目标的制定依据主要是外部需求(包括国家、社会和学生的要求与期望)和内部需求(包括学校办学定位、人才培养定位及培养质量追求)。毕业要求的制定依据主要是培养目标和认证标准。

制定培养目标的参与人员主要是:毕业生、用人单位、学校管理者、教师和学生。制定毕业要求的参与人员主要是:教师、学生、学校管理者(包括教务部门,学生工作部门等)和毕业生。

培养目标一般用4~6条来表述,毕业要求一般需4~15条来表述。毕业要求的条款数目,取决于是否将毕业要求进一步细化为能力指标。能力指标指将毕业要求(毕业生能力)细化为更易落实在具体教学环节中,并且能对其进行定量或定性评价的条款。当然,上述对培养目标和毕业要求条款数的约定,只是一个相对的概念,并不是一般性规定。

中国工程教育专业认证协会提出,认证专业必须有明确、公开的毕业要求,毕业要求应能支撑培养目标的达成。专业应通过评价证明毕业要求的达成。专业制定的毕业要求应完全覆盖以下内容:工程知识、问题分析、设计/开发解决方案、研究、使用现代工具、工程与社会、环境和可持续发展、职业规范、个人和团队、沟通、项目管理、终身学习。该部分的重点在于专业是否通过有说服力的证明材料(成绩、课题、发展质量、自评、他评等)对各项毕业要求的达成情况进行有效举证。

六、人才培养多样化

（1）宽口径培养模式。在通识教育的基础上，建立宽口径培养模式。学科门类相同或相近的各专业合并基础课，进行通识培养，统一设置公共基础课程和学科基础课程，提倡多学科交叉培养，之后学生根据志趣和爱好自主选择专业方向，全校所有本科专业课程可向其他专业、学院开放作为选修课程，打破学生的专业界限选课。

（2）允许辅修第二专业。允许辅修或兼修第二专业，培养复合型人才。鼓励学有余力的学生根据自己的志趣辅修其他专业或攻读第二学位。

（3）提高实践能力。设创新实践学分、培养学生创新实践能力，倡导研究式学习的学习能力培养。将学生参加科学研究、科技创新和社会实践以及各种相关竞赛所取得的成果纳入教学管理。调动学生的学习积极性，激发学生的参与热情。

（4）提倡多学科合作。鼓励学生参加各类科技竞赛，提倡多学科专业合作共同组队参赛。支持多学科专业联合申请科研项目，加强学科专业的互补与认知。

（5）建立校级合作机制。通过校际合作交流、联合培养互认学分、开展网络视频授课等途径，选送部分学生到国内外实习或就读，建立相关学科专业高校的人才培养合作机制，发挥优质资源的有效配置作用。

第四节 交通运输专业主要课程设置

一、课程体系整体框架

（1）理论教学体系。通识教育知识体系、学科基础类知识体系及专业类知识体系。

（2）实践教学体系。通识教育实践体系、学科基础类实践体系、专业类实践体系及社会实践体系等。

二、课程体系构建要求

根据《交通运输类（道路运输）教学质量国家标准》要求，交通运输专业课程体系的构建应以培养"宽口径、厚基础"的交通运输创新人才为基本原则，制订课程结构目标和各门课程分目标。

（1）课程体系应体现"以人的发展为根本"这一核心思想。课程体系目标的设定以马克思主义"人的全面发展学说"为其主要理念依据，把"人的发展"理念整合到课程体系中，针对学生身心发展要求，从强调课程内容转向强调学习体验和经验，从强调计划转向强调创新人才培养的本质，尊重学生主体创造性，使他们的潜能得到最大限度地开发，为适应未来社会的发展和终身学习的需要奠定坚实的基础。

（2）课程体系应体现社会发展的要求，符合社会发展的需要。课程体系应面向社会生活进行全方位开放，随时接受来自交通运输行业的各种变化，全面地分析交通运输行业各种因素的变化对课程体系目标产生的影响，密切关注相关学科、行业的知识更新，不断调整和筛选进入课程体系的新知识，使在该课程体系下培养的人才具有主动的社会适应性。

(3) 课程体系应强调理论和实践相结合，突出综合运用知识的鲜明特色。

三、理论、实践课程比例

从知识门类来看，课程体系包括通识教育和专业教育两部分。无论是通识教育，还是专业教育，都是由不同的教学模块组成，每个教学模块都有其涵盖的知识领域，并且通过不同的理论课程和实践课程支撑相应的知识领域。考虑到不同的教学形式，如面授、自学、网上教学等，各教学环节，即课程与实践教学，各校应根据自身特点，确定出符合实际条件的课堂教学时数和实验教学时数。

四、核心课程体系建议

专业核心课程指能充分体现专业属性、鲜明专业学科特点的课程，应该能够使学生通过课程的学习，掌握专业核心知识体系，形成具有核心意义的专业素养和能力。每个专业须从学科大类、专业课程模块中精选，并明确列出本专业核心课程10~15门（总学分控制在30~36分之间），作为学校课程建设和学生修读要求的重要内容。

根据《交通运输类（道路运输）教学质量国家标准》要求，鉴于各学校的自身特色，建议根据不同的人才培养类型，选择相应知识领域的核心课程，具体如表5-3所示。

《交通运输类（道路运输）教学质量国家标准》推荐的核心课程体系　　表5-3

教学模块	知识领域（方向）	核心课程	学分
专业基础知识	交通运输 （不分方向，必修课程）	交通运输工程概论	3
		汽车概论	2
		公路概论	2
		运筹学	2
		技术经济学	2
		专业外语	4
专业知识	汽车技术运用方向课程库	交通运输工程	3
		汽车运用工程	3
		汽车检测诊断技术	2
		汽车维修工程	2
		汽车可靠性理论	2
		汽车节能减排技术	2
		汽车运行材料	2
		汽车电子与电器	2
		交通安全工程	2
		汽车运输专用车辆	2
		运输人因工程与管理	2
		交通灾害理论	2
		车辆保险与理赔	2
		交通事故分析	2
		交通运输企业管理	2

续上表

教学模块	知识领域(方向)	核 心 课 程	学分
专业知识	道路运输管理方向课程库	交通运输组织学	3
		交通港站与枢纽	3
		运输技术经济学	2
		运输系统规划与设计	2
		国际贸易与运输	2
		交通运输市场学	2
		城市公交规划与运营组织	2
		特种货物运输	2
		运输站场规划设计	2
		运输企业财务管理	2
		供应链管理	2
		物流工程	2
		物流管理	2
		物流学	2
		运输企业管理	2

五、学时学分的标准及换算方法

学分是用来计算学生学习量的单位。各类课程及教学实践环节均规定相应的学分数。《交通运输类(道路运输)教学质量国家标准》制定说明提出的计算方法为:理论课教学(含习题课、实践),每授课15学时,计1学分;单独开设的实验课,30左右学时计1学分。

六、教学计划编制

教学计划是指教育者根据教学目的和教学任务的要求制订的教学工作指导性文书。教学计划的构成从形式上看,主要是对课程和教学形式的安排,通常以表格的方式呈现。从内容上看,它主要由以下几部分构成。

(1)课程结构。课程结构是某个专业所设置的各类型课程相互间的分工和配合。课程结构是否合理,直接关系到专业培养目标能否实现、所培养的人才质量是否合格。它是专业计划的核心部分。课程结构状况主要表现在前面所述的各类型课程几种比例关系上。

(2)主要教学活动。教学计划中除了所设课程的课堂讲授外,还列出了其他各种教学活动,如军训、教学实习、公益劳动、生产实习、社会实践、毕业论文或毕业设计等。

(3)时间安排和学时分配。时间安排是指课程教学和各种活动安排在哪一学期哪些周进行。学时分配是规定每门课程和每种教学活动所使用的教学时数,一般以每周学时数、每学期学时数和总学时(学分)数等体现出来。

编制教学计划一般要经过以下四个步骤。

(1)确定本专业的培养目标。它具体包括:

第一,指导思想,即贯彻国家教育方针和高等教育目的;

第二，培养方向，即培养出来的学生从事哪一方面的职业；

第三，培养规格，即同类专业所培养的人才在社会活动中的层次差别，如是培养高级管理人才还是一般管理人才，是培养理论研究型人才还是应用操作型人才等；

第四，具体要求，即指明该专业所培养的人才的基本素质要求，主要体现在思想品德、业务能力与综合素质要求三方面。思想品德要求包括思想理论基础、职业道德等；业务要求包括理论基础、专业知识和专业能力等；综合素质要求包括体格、体能和情感、性格等。

（2）选择课程和教学活动。即安排哪些课、哪些教学活动，不安排哪些课、哪些教学活动的思考、抉择。这种"选择"一般应遵循以下原则：

第一，先进性原则。所选课程和教学活动要能反映科技发展的新成果、办学的新理念以及经济社会的发展需要，淘汰已过时的课程或删除过时的内容。

第二，整体性原则。在围绕培养目标的前提下，要考虑学科知识的连贯性和教学活动间的协调性，使其功能优化。

第三，经济性原则。应以最少的课程、课时和活动，尽量减轻教师、学生的负担来达到预定的目标，避免重复和浪费。

（3）组织课程和教学活动。把已选择的课程和教学活动按一定的规则组织排列起来，形成具有系统性的文件。主要规则是：

第一，纵向的程序性规则。规则是规律的反映。程序性规则是指课程和教学活动的安排要符合人的认识规律和学科间的逻辑联系，使之形成有机的先行后续关系。通常的安排顺序是：基础课——专业基础课——专业课；共性的浅显的课程——个性的专深的课程；提高基本素质的活动——提高专业技能的活动。

第二，横向的协调性规则。这种协调表现在课程难易的协调，课程和活动的协调，学习理论、培养能力和陶冶情操的协调等。防止忽松忽紧、过难过易的状况出现。

（4）评价和调整。通常，教学计划的编制是在多人讨论的基础上由个人执笔完成的。要认真听取校外行业专家、学校教务部门、专业教师甚至学生的意见，在集中正确意见的基础上进行修改调整，最终确定。

七、培养方案示例

建议课后通过互联网查询交通运输专业相关院校的网页、网站的专业介绍、人才培养等栏目提供的信息资料，以进一步了解不同院校交通运输专业人才的培养特点、培养方向和培养方式等。

❓ 复习思考题

1. 专业教学质量国家标准有何作用？其制定的基本原则有哪些？
2. 专业教学质量国家标准包括几个方面？各方面的主要内容有哪些？
3. 交通运输专业教学质量国家标准的基本培养目标是什么？与你所在专业培养目标有何异同？
4. 交通运输专业教学质量国家标准的培养规格是什么？与你所在专业的培养规格有何异同？

5. 交通运输专业教学质量国家标准提出的素质要求有哪几个方面？各方面的要求是什么？

6. 交通运输专业教学质量国家标准提出的能力要求有哪几个方面？各方面的要求是什么？

7. 交通运输专业教学质量国家标准提出的知识要求有哪几个方面？各方面的要求是什么？

8. 什么是工程教育专业认证？为什么开展工程教育专业认证？

9. 我国已经加入了哪个工程教育专业认证协议？工程教育专业认证作为高校专业评估形式的意义主要体现在哪些方面？

10. 工程教育专业认证的基本理念是什么？

11. 简述工程教育专业认证过程及要求？

12. 工程教育专业认证对毕业生能力要求有哪些方面？各方面的要求是什么？

13. 《工程教育认证标准(2015版)》中对"毕业要求"提到的"复杂工程问题"，应具备的特征是什么？

14. 中国工程教育专业认证协会(CEEAA)提出的制定专业培养目标的基本要求是什么？与毕业要求有何联系？

15. 名词解释：

培养方案；教学计划；课程；教学大纲；教材；培养模式

16. 培养方案主要包括哪些内容？培养方案的制订原则是什么？

17. 什么是专业核心课程？《交通运输类(道路运输)教学质量国家标准》推荐的核心课程有哪些？

18. 什么是教学计划？主要包括哪些内容？在教学过程中有何作用？

19. 请上网检索查询2所以上学校的交通运输专业的培养方案，并与你所在学校交通运输专业培养方案的培养目标和毕业要求进行对比，分析主要的异同点有哪些？

20. 请上网检索查询2所以上学校的交通运输专业的教学计划，并与你所在学校交通运输专业教学计划在课程设置、实践环节、学分要求等方面进行对比，分析主要的异同点是什么？

第六章　交通运输专业实践教学基本要求

第一节　专业实践教学及其要求

一、实践教学在高等教育中的作用

为促进全面落实《国家中长期教育改革和发展规划纲要（2010—2020 年）》，教育部等七部门 2012 年 2 月出台了《教育部等部门关于进一步加强高校实践育人工作的若干意见》（教思政〔2012〕1 号），其主要内容如下：

1）充分认识高校实践育人工作的重要性

（1）进一步加强高校实践育人工作，是全面落实党的教育方针，把社会主义核心价值体系贯穿于国民教育全过程，深入实施素质教育，大力提高高等教育质量的必然要求。党和国家历来高度重视实践育人工作。坚持教育与生产劳动和社会实践相结合，是党的教育方针的重要内容。坚持理论学习、创新思维与社会实践相统一，坚持向实践学习、向人民群众学习，是大学生成长成才的必由之路。进一步加强高校实践育人工作，对于不断增强学生服务国家服务人民的社会责任感、勇于探索的创新精神、善于解决问题的实践能力，具有不可替代的重要作用；对于坚定学生在中国共产党领导下，走中国特色社会主义道路，为实现中华民族伟大复兴而奋斗，自觉成为中国特色社会主义合格建设者和可靠接班人，具有极其重要的意义；对于深化教育教学改革、提高人才培养质量，服务于加快转变经济发展方式、建设创新型国家和人力资源强国，具有重要而深远的意义。

（2）进入 21 世纪以来，高校实践育人工作得到进一步重视，内容不断丰富，形式不断拓展，取得了很大成绩，积累了宝贵经验，但是实践育人特别是实践教学依然是高校人才培养中的薄弱环节，与培养拔尖创新人才的要求还有差距。要切实改变重理论轻实践、重知识传授轻能力培养的观念，注重学思结合，注重知行统一，注重因材施教，以强化实践教学有关要求为重点，以创新实践育人方法途径为基础，以加强实践育人基地建设为依托，以加大实践育人经费投入为保障，积极调动整合社会各方面资源，形成实践育人合力，着力构建长效机制，努力推动高校实践育人工作取得新成效、开创新局面。

2）统筹推进实践育人各项工作

（1）加强实践育人工作总体规划。实践教学、军事训练、社会实践活动是实践育人的主要形式。各高校要坚持把社会主义核心价值体系融入实践育人工作全过程，把实践育人工作摆在人才培养的重要位置，纳入学校教学计划，系统设计实践育人教育教学体系，规定相应学时学分，合理增加实践课时，确保实践育人工作全面开展。要区分不同类型实践育人形式，制定具体工作规划，深入推动实践育人工作。

(2) 强化实践教学环节。实践教学是学校教学工作的重要组成部分,是深化课堂教学的重要环节,是学生获取、掌握知识的重要途径。各高校要结合专业特点和人才培养要求,分类制订实践教学标准,增加实践教学比重,确保人文社会科学类本科专业不少于总学分(学时)的15%、理工农医类本科专业不少于25%、高职高专类专业不少于50%,师范类学生教育实践不少于一个学期,专业学位硕士研究生不少于半年。要全面落实本科专业类教学质量国家标准对实践教学的基本要求,加强实践教学管理,提高实验、实习、实践和毕业设计(论文)质量。

(3) 深化实践教学方法改革。实践教学方法改革是推动实践教学改革和人才培养模式改革的关键。各高校要把加强实践教学方法改革作为专业建设的重要内容,重点推行基于问题、基于项目、基于案例的教学方法和学习方法,加强综合性实践科目设计和应用。要加强大学生创新创业教育,支持学生开展研究性学习、创新性实验、创业计划和创业模拟活动。

(4) 认真组织军事训练。组织学生进行军事训练,是实现人才培养目标不可缺少的重要环节。各高校要把军事训练作为必修课,列入教学计划,军事技能训练时间为2~3周,实际训练时间不得少于14天。要通过开展军事训练,使学生掌握基本军事技能和军事理论,增强国防观念、国家安全意识,弘扬爱国主义、集体主义和革命英雄主义精神,培养艰苦奋斗、吃苦耐劳的作风。要积极争取解放军和武警部队对学生军事训练的大力支持,认真组织实施,增强军训实效。要突出抓好国防生军政训练,纳入教学课程体系,并为国防生日常教育训练提供必要的场地设施和条件,大力支持国防生参加部队实践活动。

(5) 系统开展社会实践活动。社会调查、生产劳动、志愿服务、公益活动、科技发明和勤工助学等社会实践活动是实践育人的有效载体。各高校要把组织开展社会实践活动与组织课堂教学摆在同等重要的位置,与专业学习、就业创业等结合起来,制订学生参加社会实践活动的年度计划。每个本科生在学期间参加社会实践活动的时间累计应不少于4周,研究生、高职高专学生不少于2周,每个学生在学期间要至少参加一次社会调查,撰写一篇调查报告。要倡导和支持学生参加生产劳动、志愿服务和公益活动,鼓励学生在完成学业的同时参加勤工助学,支持学生开展科技发明活动。要抓住重大活动、重大事件、重要节庆日等契机和暑假、寒假时期,紧密围绕一个主题、集中一个时段,广泛开展特色鲜明的主题实践活动。

(6) 着力加强实践育人队伍建设。所有高校教师都负有实践育人的重要责任。各高校要制定完善教师实践育人的规定和政策,加大教师培训力度,不断提高教师实践育人水平。要主动聘用具有丰富实践经验的专业人才。要鼓励教师增加实践经历,参与产业化科研项目,积极选派相关专业教师到社会各部门进行挂职锻炼。要配齐配强实验室人员,提升实验教学水平。要统筹安排教师指导和参加学生社会实践活动。积极组织思想政治理论课教师、辅导员和团干部参加社会实践、挂职锻炼、学习考察等活动。教师承担实践育人工作要计算工作量,并纳入年度考核内容。

(7) 积极发挥学生主动性。学生是实践育人的对象,也是开展实践教学、军事训练、社会实践活动的主体。要充分发挥学生在实践育人中的主体作用,建立和完善合理的考核激励机制,加大表彰力度,激发学生参与实践的自觉性、积极性。要支持和引导班级、社团等学生组织自主开展社会实践活动,发挥学生在实践育人中的自我教育、自我管理、自我服务作用。

(8)加强实践育人基地建设。实践育人基地是开展实践育人工作的重要载体。要加强实验室、实习实训基地、实践教学共享平台建设,依托现有资源,重点建设一批国家级实验教学示范中心、国家大学生校外实践教育基地和高职实训基地。各高校要努力建设教学与科研紧密结合、学校与社会密切合作的实践教学基地,有条件的高校要强化现场教学环节。基地建设可采取校所合作、校企联合、学校引进等方式。要依托高新技术产业开发区、大学科技园或其他园区,设立学生科技创业实习基地。要积极联系爱国主义教育基地和国防教育基地、城市社区、农村乡镇、工矿企业、驻军部队、社会服务机构等,建立多种形式的社会实践活动基地,力争每个学校、每个院系、每个专业都有相对固定的基地。

二、实践教学方式及其特点

1. 实践教学及其意义

大学教育从某种意义上讲,是培养有知识、有能力的高科技专业人才的重要形式。这就需要大学生在校期间,必须在全面掌握专业知识和其他有关知识的基础上,加强专业技能的培养,在学习书本知识的过程中重视社会实践环节的锻炼和学习。要认真学好专业知识,积极参加社会调查和生产实践活动,努力运用现代化科学知识和科学手段研究并解决社会发展和社会实践中的各种实际问题。实践是检验认识正确与否的唯一标准,因此,将专业知识运用于社会实践,通过社会实践的反馈信息来验证专业知识的应用方法正确与否,从而形成了两者的良性互动。

实践教学是巩固理论知识和加深对理论认识的有效途径,是培养具有创新意识的高素质工程技术人员的重要环节,是理论联系实际、培养学生掌握科学方法和提高动手能力的重要平台,有利于学生素养的提高和正确价值观的形成。实践性教学的意义与作用就在于:

(1)知识来源于实践,应用于实践,要从实践走进课堂,又要从课堂走向实践;

(2)实践—认识—再实践是人类认识的两次大飞跃,要发展学生思维,实践在其中有着决定性的意义。

因此,要让学生积极参与知识的形成过程,在实践中将自己培养成有实践能力的专业人才。实践性教学应包括两个方面,既"教"来源于生产的实际经验,又"学"直接运用于实践的方法,在实践中检验学习的效果。实践课程设置的理念之一就是将学生的学习实践、生活实践、社会实践紧密结合,按照实践过程整合课程体系。

2. 实践教学的主要形式

实践教学有不同的方式与层次。认知实习、基本技能训练、实验技能训练、生产实习、工程能力训练、科研能力训练属于不同层次、不同阶段的实践方式;同样,伴随不同层次、不同阶段实践进行的参观、现场学习(教学)、经验交流、资料获取、毕业设计、总结提升,乃至创新也属于实践,或者说属于不同性质、不同方式的实践。显然,实践是分阶段、分层次的,其内涵极其丰富,具有多元性。

(1)认知实习。认知实习是最初级的实习,是一种感性的实习,重在感受工程的环境、氛围,体会工程的实现方式和过程,以参观为主,前期认知实习可以无关于工程理论学习(但会以此前获得的一些理论知识作为认知基础),也较少实际动手操作,重在听和看,是进入一个新的知识(专业)领域的重要方式。

（2）基本技能训练。基本技能训练是高于认知实习层次的实践方式，重在动手体验，把握操作的熟练性，无须过多理论知识支撑（部分理论知识可以通过现场教学完成），不涉及完整的理论体系。目的在于体会工程的不同完成手段和已有理论知识的实现过程，体验工程的严谨性、系统性，为继续深入系统学习理论课程和解决工程问题奠定基础，同时也有利于增强个人的生活技能。基本技能训练具有通识教育属性。

（3）实验技能训练。实验技能训练必须有理论指导，是深入学习、理解已有理论知识的实践方式，也是重现已有工程或科学理论的重要方法，实验需要基本技能作为支撑，并为后续的工程能力、科研能力训练打基础。实验技能训练有利于个人分析问题、解决问题能力的提高，在理论教学与技能训练之间起到很好的衔接作用。

（4）生产实习。生产实习是经过较系统的专业知识（包括理论与实践）学习后进行的实践活动，是贯通前期理论知识、工程知识、实践动手能力的重要方法，是比基本技能训练、实验技能训练更高层次的训练，生产实习不仅要参与真实的生产过程，也涉及大量的现场参观与归纳总结，有利于综合能力的提升。

（5）综合能力训练。工程能力训练、科研能力训练属于更高层次的训练，是融合理论知识、实现工程方法、酝酿创新意识的过程。例如，毕业设计可以认为是一种间接的探索性实践，创新活动则是一种更直接的探索性实践。就认知过程而言，探索性实践是一个再认知的过程，一定程度上类似认知实习，但是比认知实习层次要高得多，是循环提升以后更高层次的认知实习。

实践是分层次、分阶段的，实践绝不等同于技能训练，而且实践与理论相互包含，有很多交集。理论源于实践，实践又检验理论，将实践与理论完全剥离是一种不可取的倾向。从本质上讲，实践与理论学习都是获取知识的方式，过分强调实践或理论的独立性或重要性都是不对的，重要的是如何通过最优的组合方式更快更好地获取和创新知识。虽然获取知识的方式既可以是理论学习，也可以通过实践过程实现，但理论学习与实践学习应协调，而决不能对立。

更快获取知识的方式是理论学习与实践学习相结合，实践中认知、理解事物能深入浅出、激发兴趣，能将复杂问题具体化、形象化、简单化，这些独特的优势会加快知识的获取。实践与理论密切结合，重要的工程理论或科学理论的学习能通过实践或实验的方式在现场利用实物或模型完成。构成理论与实践的交集，能加快知识的获取和促进知识的巩固。

3. 实践教学的基本特点

从工程实践内涵的多元性和层次性来看，实践教学不是孤立的，即实践教学不仅要与理论教学、创新训练进行协同，而且要在校内、校外之间相互结合。首先，实践教学、创新训练与理论教学具有协同性。因为实践教学具有直观性，理论教学具有"举一反三"的特点，而创新训练具有综合性，因此各类教学过程之间存在着协同关系。其次，在完整的知识体系下相互支撑，各类实践教学既有区别，也有关联。

工程教育需要工程经历，需要与企业生产接轨。孤立的校内实践无法单独完成社会认可的实践教育，学生需要有社会认可的实践环境获得工程经历。工程实践具有丰富的内涵和多元性，工程实践教学有自己的发展阶段与层次，工程教育获取知识遵循"认知实习—理论学习—实践—再学习—再实践—探索性认知实践"的过程。目前，工程教育正逐渐改变理论教学为主、实践教学为辅的教学模式,逐渐向实践教学为主、理论教学为辅的认知规律转变。同时,校内外之间的工程实践教学的协同也更重要。

三、实践教学环节基本要求

交通运输专业培养的是能够组织、规划和管理交通运输生产,实现经济和社会效益的专业人才。大部分高校按"交通运输专业"进行招生,也有部分学校按照"交通运输类"专业招生。交通运输专业要求基础扎实,除了高等数学、线性代数、力学等基础课程之外,交通运输专业一般还会开设运筹学、管理学、交通运输组织学方面的课程。另外,根据培养方向的不同,学生还会学到轨道相关知识、民航相关知识或汽车相关知识等。在很多学校,交通运输专业课程还会加入交通运输信息化相关的内容,以适应社会对人才的需求。总的来说,交通运输专业是一个实践性很强的专业,既需要扎实的理工科基础,又需要有很强的专业实践能力。

实践教学有校内、校外两种形式,不管采取哪种形式,学生都要积极参与,认真完成规定的实践任务。大学必须有针对性的实践性要求,不能将知识转化成实际能力就不是学到了真知识。

专业课程是实践性、应用性很强的课程,课堂知识与生产实际、社会实际联系密切。大学生在实践性的教学环节中,通过观察和直接参与实践活动,掌握基本的实验及操作技能,把学过的理论知识放到实践中加以检验,运用理论知识对实际问题加以分析和解决,进而巩固所学的理论知识,培养自己的实践能力。因此,大学生对实践性教学环节必须高度重视,围绕所学专业在实践环节中的作用学习知识,培养自己的动手能力,不断完善自己的知识能力结构。

高等学校所培养的各类专门人才,不仅要掌握一定学科领域的理论知识和技能,而且要具备较强的创造思维能力、资料查阅能力、规划设计能力、实际操作能力、交流表达能力、组织管理能力和开发创新能力等,这些能力有赖于通过科研实践进行培养。学生积极参加各种学术讨论和研究活动,与老师和同学交流学习体会是培养综合素质的重要途径。

第二节　交通运输专业实践教学体系

一、专业实践教学基本要求

交通运输专业涉及管理、机械、信息等多门相关学科,是一个有较强工程应用背景和管理能力要求的工科专业。交通运输类专业既涉及与交通运输相关的机械学科的知识和成果,又包含经济、管理学科的知识体系。因此,交通运输专业具有显著的工程特点,实践性强,与运输生产活动联系紧密。在人才培养的目标和要求上,强调专业技能、动手能力、适应能力、创新能力的训练和培养。交通运输专业以交通运输系统理论为基础,包括交通运输组织、指挥、决策以及交通运输企业生产与经营管理等内容。按照"宽口径、高素质、厚基础"的人才培养要求,交通运输专业人才应掌握交通运输现代化建设需要的交通运输工程的基本原理和方法,以及相关学科方向的专门知识和相关技术,能够从事交通运输规划、交通运管理、物流系统规划设计与运营管理等方面工作,并能够进一步从事交通运输工程及相关的科学技术研究。

实践教学是加强专业知识教育,增加学生的感性认识,培养学生的探索精神、科学思维、实践能力和创新能力的综合性训练环节,在学生的专业素质培养中具有十分重要的作用。实践教学和课堂教学相结合,能够有效巩固和深化课堂教学成果,加深学生对交通运输工程理论知识的理解,提高学生的学习主观能动性和实践能力。例如,结合课程教学内容进行实际交通调查实验,能够加深学生对交通流基本特性及其三要素的相互关系的理解,了解实际的城市道路交通状况,为交通规划、交通管理和控制等后续课程的教学奠定基础。但是,传统的实践教学往往依附于理论教学,侧重于理论教学的补充、解释、验证和延伸。综合设计、课外创新活动等类型的实践教学,则可以充分发挥学生想象力,培养学生的创新意识和创新能力。

二、专业实践教学体系结构

1. 实践教学层次

实践教学对培养学生动手能力和创新能力具有重要的促进作用,依据循序渐进认知规律和建构型学习理论,按照"基本型实践—综合设计型实践—研究创新型实践"的实践教学思路,分层次设计实践教学环节。

基本型实践主要包括:理论课程实验、交通运输认识实习等,是加深学生对理论课程教学内容的理解,加强学生对交通运输行业的感性认识的重要环节。综合设计型实践主要包括:课程设计、综合实习、生产实习、毕业设计等,需要学生运用多学科知识来完成,能够有效促进学生的实践能力、分析解决问题能力的培养和提升。研究创新型实践主要包括:各种课外科技创新活动、科技竞赛、参加教师科研项目等,各实践环节由课内拓展到课外,具有开放性并实行教师引导;学生查资料、自选题目,自己设计实践步骤,亲自动手完成实践过程。研究创新型实践是鼓励学生个性化发展,激发学生的创造性,培养学生创新意识和创新能力的重要手段。

2. 实践教学模块

遵循"通识教育、按类教学"的教育理念,鼓励学生个性化发展,充分发挥专业所依托学科的资源与优势,综合考虑交通运输专业毕业生的就业去向,交通运输专业实践教学模块一般设计为运输管理和汽车运用两个模块,包括课程实验基本型实践与综合设计型实践。运输管理模块的基本型实践由交通运输学、交通港站枢纽、现代物流工程、交通安全与工效学等实验组成,综合设计型实践主要有运输调查及运输枢纽设计、物流调查及物流系统设计等实践;汽车运用模块的基本型实践由汽车构造与原理、汽车运用工程、汽车维修工程等实验组成,综合设计型实践主要有汽车检测诊断与修理实习等实践。

3. 实践教学体系结构形式

实践教学体系由校内实验平台和校外实验基地两部分组成,校内以教学实验中心或实验室为主,校外依托实践教学基地。在校内实验中心和校外实训基地,学生可以进行系统严格的工程应用与工程应用开发创新训练,对培养学生的创新能力具有重要的作用。实践教学作为理论教学内容的一种验证,要求对实践(实验)的内容、过程及要求(结果)有非常细致的设计,强调学生主观能动性的发挥。基于分层次、模块化的实践教学设计,依托校内和校外实践教学基地,形成"理论与实践结合、基础与应用结合、课内与课外结合、校内与校外结合、实践与创新结合"的多层次、多模块的实践教学体系,如图6-1所示。

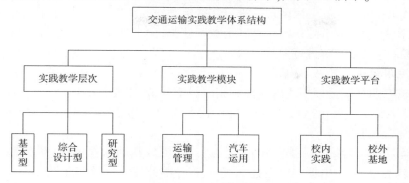

图 6-1　交通运输专业实践教学体系结构

三、专业实践教学主要内容

1. 交通管理模块实践教学内容

根据交通运输专业的交通管理模块实践教学特点和学生实践能力训练的要求,按照"理论学习与实践教学相结合、校内实验平台与校外实践基地相结合"的原则,依托校内基础实验室、专业实验室、创新实验室以及校外实践教育基地等,构成多层次、系统化的实践教学体系。

(1) 基础实验和实践。基础实验包括物理实验、化学实验和计算机基础实验等;基础实践包括企业认识实习和社会实践等。基础实验主要针对低年级学生知识结构特征,要求学生初步掌握规范的实验基本技能和科学的思维方式,学会运用科学的实验方法和实验设计来分析解决问题。同时,通过交通运输工程认识实习,使低年级学生了解交通运输各专业的基本方向、内容、专业现状和发展趋势。

(2) 专业实验和实践。包括专业课程实验、专业技能实训和企业生产实习等,主要针对已具备专业知识储备和实验操作能力的高年级学生,通过专业课程实验和专业技能实训提高实践技能,为企业实习和综合实践打下基础。

专业生产实习是专业实践环节中最重要的部分。根据交通运输专业的特点及要求,围绕交通运输组织与营运管理过程,到站(车站)、车(车辆)、调(调度室)、场(维修厂)等实际运营单位进行实习,覆盖交通运输生产基本过程。学生进行站、车、调、场跟班实习,培养学生发现、分析和解决问题的能力。

(3) 综合实践环节。包括课程设计、综合技能实训和毕业论文(设计)等。通过综合运用所学专业理论知识解决复杂工程问题,提高自身实践能力和创新能力。课程设计是毕业设计的基础,一般要完成运输规划、站场、运输组织和运行图等设计,使学生理解各课程设计的关联性及在整个系统中的作用。毕业论文(设计)要求学生综合运用专业知识解决复杂的工程问题,对问题进行完整的构思、设计和实施,综合培养学生专业理论知识运用和创新实践能力。基于校企联合实践基地,采用双导师制进行校企联合指导毕业论文(设计),鼓励学生参与具有实践背景要求的企业类课题设计;通过解决工程问题,提高学生自身的创新能力与设计水平,促使学生由学习者向实践者转化。

(4)创新实践环节。包括课外学科竞赛、交通科技大赛、大学生创新创业训练计划以及科研能力训练项目等,一般以团队形式进行实践活动。为培养学生的创新实践能力,专门设置创新创业学分,学校或学院认定包括各类竞赛获奖、学术论文、发明专利、大学生创新项目及奖励等,或通过成果答辩进行考核。

2. 汽车运用模块实践教学内容

交通运输专业汽车运用模块的实验和实践教学环节,主要包括:

(1)教学实验。主要包括物理实验、电工技术实验、电子技术实验、汽车技术基础实验以及汽车专业综合实验等。

(2)工程训练。主要包括测绘制图、金工实习、机械基础课程设计(机械原理与设计)、汽车构造拆装实习、汽车电器与电控技术实习、汽车检测实习以及毕业设计等。

(3)社会实践。主要包括本科生假期校外实践活动。

汽车运用工程类专业的工程实践能力培养主要定位于以下几个方面:

(1)交通运输预测及交通运输规划、管理能力。

(2)汽车运用管理,汽车性能检测、诊断能力及对相关设备进行改造设计和技术创新的能力,应用各类软件对汽车性能试验数据进行分析处理的能力。

在上述专业能力的界定范围内,培养学生的工程实践能力、设计能力、创新能力和社会适应能力,而整个工程实践教学体系也为此目标服务。除此而外,还有创新创业实践活动。如大学生创新活动、HONDA 节能竞技大赛、FSAE 汽车设计大赛、飞思卡尔智能车设计大赛、智能移动设备设计大赛、大学生科研计划活动等。

第三节　交通运输专业人才的创新创业教育

一、概述

1. 关于创新

对于创新(Innovation)的理解一般有狭义和广义之分。狭义理解的创新概念是:立足于把技术和经济结合起来,即创新是一个从新思想的产生到产品设计、试制、生产、营销和市场化的一系列行动。随着人们对现代社会的科学、技术与经济发展、社会进步关系的研究的深入,产生了对于创新概念的广义理解。

广义理解的创新概念是:力求将科学、技术、教育等与经济融汇起来,即创新表现为不同参与者和机构(包括企业、政府、大学、科研机构等)之间交互作用的网络。在这个网络中,任何一个结点都可能成为创新行为实现的特定空间。创新行为可以表现在技术、体制或知识等不同的层面。

创新的目的是为社会提供新的产品或者将新的生产工艺应用到生产过程中去,这包括在技术上的发明创造和在商业上的实际应用。创新过程的重心是技术创新,技术创新需要其他方面的创新互相配合,例如组织创新、管理创新、体制创新等。

2. 关于创业

创业是创业者对自己拥有的资源或通过努力对能够拥有的资源进行优化整合,从而创造出更大经济或社会价值的过程。创业是一种劳动方式,是一种需要创业者运营、组织、运用服务、技术、器物作业的思考、推理和判断的行为。创业是一个人发现了一个商机并加以实际行动转化为具体的社会形态,获得利益并实现价值的过程。

3. 创新与创业的关系

成功的创新往往产生在创业的过程中,成功的创业离不开创新。创业是经济增长的重要驱动力,创新又是创业的原动力,能否激发创新与创业的经济环境具有密切的联系。创新与创业之间存在着巨大的差异,创新泛指发明成果应用在市场中产生商业价值的过程,而创业强调新商业是如何建立的,特指创建企业的过程。创新不一定涉及建设新的企业组织制度,能够在原有的企业组织框架内实现,但创业必然会涉及新的企业组织制度的建设。

创新与创业的集成融合关系为:一是创新是创业的本质和源泉。创业者要取得最终成功就必须拥有持续的、旺盛的创新精神和创新意识,以寻求新的思路、方法和新的模式。二是创业体现创新的价值。创新的价值是将潜在的知识、技术等转化为现实的生产力,创业者通过创业将科技成果推向市场,将其潜在的市场价值转化为现实的经济效益。三是创业推动并深化创新。科技创新在创业过程中能得到进一步的深化和改造,提高企业的创新能力,满足新的市场的需求。

二、创新创业教育

1989年,联合国教科文组织召开了面向21世纪教育国际研讨会,会议中提出创新创业教育是以培养创新创业精神和能力为核心的一种教育模式。它是一种健全人格式的教育,其根本目的就是转变人才的类型,即将就业型人才转变为创新创业型人才。创新创业教育是被联合国称为与学术教育、职业教育具有同等重要地位的新型教育。

创新教育是各高校通过培养学生的创新思维方式,提升创新能力,鼓励学生在学习专业知识的基础上,发挥自己的特长与优势,以创新行为为导向,最终完成培养创新型人才和提升大学生综合素质的教育。

创业教育是培养受教育者的创业基本素质,提高受教育者创业能力的教育活动,可以概括为是通过高校传播现代教育理念,利用新的教育技术,提供相关的教育基地或者教学工具,培养创业者的教育活动。创业教育不仅顺应时代的发展与国家政策的调整,同时也符合高等教育改革的需要,对于提高大学生创新创业意识、缓解大学生就业压力有着重要意义。

创新创业教育以培养具有创业基本素质和开创型个性的人才为目标,不仅是以培育在校学生的创业意识、创业精神、创新创业能力为主的教育,而且是要面向全社会,针对那些打算创业、已经创业、成功创业的创业群体,分阶段分层次地进行创新思维培养和创业能力锻炼的教育。创新创业教育本质上是一种实用教育,集合了学生、教师、高校、社会四方的互动,培植全社会的创新文化和创新活力,建设创新创业的社会文化环境,全力推动大众创业、万众创新。

总之,创新创业教育是将创新教育、创业教育、学生自身的专业教育三者结合起来,采用新型的教育模式,学生通过参加各类校内外实践活动,明确个人的目标,形成一定的思维模式,提升自身的素养,形成创新创业的行为,创新创业教育就是激发学生创新精神、创业意识和创新创业能力,促进学生自身发展。

2015年5月4日，国务院办公厅发布《关于深化高等学校创新创业教育改革的实施意见》（以下简称《意见》），全面部署了深化高校创新创业教育改革工作，提出深化高等学校创新创业教育改革是国家实施创新驱动发展战略、促进经济提质增效升级的迫切需要，是推进高等教育综合改革、促进高校毕业生更高质量创业就业的重要举措。全文由总体要求、主要任务和措施、加强组织领导3部分构成。

总体要求：

（1）指导思想。

全面贯彻党的教育方针，落实立德树人根本任务，坚持创新引领创业、创业带动就业，主动适应经济发展新常态；以推进素质教育为主题，以提高人才培养质量为核心，以创新人才培养机制为重点，以完善条件和政策保障为支撑，促进高等教育与科技、经济、社会紧密结合；加快培养规模宏大、富有创新精神、勇于投身实践的创新创业人才队伍，不断提高高等教育对稳增长、促改革、调结构、惠民生的贡献度，为建设创新型国家、实现"两个一百年"奋斗目标和中华民族伟大复兴的中国梦提供强大的人才智力支撑。

（2）基本原则。

坚持育人为本，提高培养质量。把深化高校创新创业教育改革作为推进高等教育综合改革的突破口，树立先进的创新创业教育理念，面向全体、分类施教、结合专业、强化实践，促进学生全面发展，提升人力资本素质，努力造就大众创业、万众创新的生力军。坚持问题导向，补齐培养短板。把解决高校创新创业教育存在的突出问题作为深化高校创新创业教育改革的着力点，融入人才培养体系，丰富课程、创新教法、强化师资、改进帮扶，推进教学、科研、实践紧密结合，突破人才培养薄弱环节，增强学生的创新精神、创业意识和创新创业能力。坚持协同推进，汇聚培养合力。把完善高校创新创业教育体制机制作为深化高校创新创业教育改革的支撑点，集聚创新创业教育要素与资源，统一领导、齐抓共管、开放合作、全员参与，形成全社会关心支持创新创业教育和学生创新创业的良好生态环境。

（3）总体目标。

2015年起，全面深化高校创新创业教育改革。2017年取得重要进展，形成科学先进、广泛认同、具有中国特色的创新创业教育理念，形成一批可复制可推广的制度成果，普及创新创业教育，实现新一轮大学生创业引领计划预期目标。到2020年，建立健全课堂教学、自主学习、结合实践、指导帮扶、文化引领融为一体的高校创新创业教育体系，人才培养质量显著提升，学生的创新精神、创业意识和创新创业能力明显增强，投身创业实践的学生显著增加。

《意见》中对创新创业教育提出的主要任务是：

（1）完善人才培养质量标准。制订实施本科专业类教学质量国家标准，修订实施高职专业教学标准和博士、硕士学位基本要求，明确创新创业教育目标要求。

（2）创新人才培养机制。建立需求导向的学科专业结构和创业就业导向的人才培养类型结构调整新机制，建立校校、校企、校地、校所以及国际合作的协同育人新机制，建立跨院系、跨学科、跨专业交叉培养创新创业人才的新机制。

（3）健全创新创业教育课程体系。根据创新创业教育目标要求调整专业课程设置，开发开设创新创业教育必修课和选修课。

（4）改革教学方法和考核方式。开展启发式、讨论式、参与式教学，扩大小班化教学覆盖面。改革考试考核内容和方式,注重考查分析、解决问题能力。

(5)强化创新创业实践。促进实验教学平台共享。利用各种资源建设大学科技园、大学生创业园、创业孵化基地和小微企业创业基地。建好一批大学生校外创新创业实践基地,举办全国大学生创新创业大赛。

(6)改革教学和学籍管理制度。设置合理的创新创业学分,为有意愿有潜质的学生制定创新创业能力培养计划。实施弹性学制,允许保留学籍休学创新创业。

(7)加强教师创新创业教育教学能力建设。明确全体教师创新创业教育责任。聘请各行各业优秀人才,担任专业课、创新创业课授课或指导教师,形成全国万名优秀创新创业导师人才库。

(8)改进学生创业指导服务。建立健全学生创业指导服务专门机构。健全持续化信息服务制度。

(9)完善创新创业资金支持和政策保障体系。整合发展财政和社会资金,支持高校学生创新创业活动。落实各项扶持政策和服务措施,重点支持大学生到新兴产业创业。鼓励社会组织、公益团体、企事业单位和个人设立大学生创业风险基金。

《意见》明确了创新创业教育目标要求,即"使创新精神、创业意识和创新创业能力成为评价人才培养质量的重要指标"。不同层次、类型、区域高校要结合办学定位、服务面向和创新创业教育目标要求,制订专业教学质量标准,修订人才培养方案。相关部门、科研院所、行业企业要制修订专业人才评价标准,细化创新创业素质能力要求。探索建立需求导向的学科专业结构和创业就业导向的人才培养类型结构调整新机制,促进人才培养与经济社会发展、创业就业需求紧密对接。高校要打通一级学科或专业类下相近学科专业的基础课程,开设跨学科专业的交叉课程,探索建立跨院系跨学科、跨专业交叉培养创新创业人才的新机制,促进人才培养由学科专业单一型向多学科融合型转变。学校各层面所承担的创新创业教育任务,如图6-2所示。

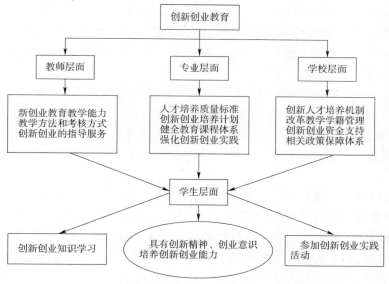

图6-2 学校各层面所承担的创新创业教育任务

随着信息时代的到来,科技飞速发展,交通运输领域因其巨大的市场需求和盈利空间,无疑可以产生创新火花、开展创业活动。以网约车和共享单车为代表,基于互联网+、大数据挖掘、云计算、无人驾驶等新理念和新技术,各类智慧化、精细化、人性化的交通创新应用服务层出不穷,极大地提高了人们日常生活和工作出行的服务品质和出行效率。全面了解交通运输专业的创新创业现状,总结存在的问题,分析交通运输专业创新创业愿景、创新创业条件,基于学生实际开展有针对性的创新创业教育。

三、专业人才的创新创业能力

1. 创新创业能力要素

创新能力是在技术和各种实践活动领域中不断提供具有经济价值、社会价值、生态价值的新思想、新理论、新方法和新发明的能力。创业能力是一个人或团队从事创业所具有的能力,具体包括开拓创新、组织沟通、风险承担等方面。由于创新创业能力是一种既具备实践能力、创新能力,又具备创业潜能的复合型能力,所以这两个"能力"密切相关。

(1) 创新能力基本要素。创新不同于对其他事物的模仿,应具有新颖性。其可以表现为过程创新、结果创新,也可以是方法创新等形式。创新不仅只是一个概念,也是一个动态变化过程。从不同视角出发,对创新具有不同的解释,如技术创新包含方法创新、过程创新等。构成创新能力的两个主要要素是创新思维能力和创新实践能力。创新思维能力是创新能力的基础,思先于行,新思维的成熟度决定了创新的实用性和效益。

首先,知识的积累是创新思维的基础。知识的丰富程度或深度能够决定一个人的社会价值。通常在高等教育中以通识教育和专业教育为主,其主要目标不仅是为了让学生具备某种知识,更是为了能够促进学生对所学知识的融合与应用,能够做到学术创新或应用创新。

其次,创新能力的关键在于实践应用。人类除本能之外的所有能力均是通过学习所得,因此学习能力成为限制创新能力发展的因素之一。学习能力并不是日常学习考试的成绩高低,而是指对知识的应用过程中所表现出的发现问题以及对资源的获取、整合与应用等能力。创新往往体现在发现问题和解决问题的能力之中,因此,解决实际问题成为衡量学习能力高低的唯一标准,学习能力既是创新能力的外在表现,又是获得创新能力的关键,还是创新能力的构成要素。

(2) 创业能力基本要素。创业能力的培养不能一蹴而就,需要对其构成要素逐步细化,了解创业能力的主体,实现创业能力的针对性培养。对机会的识别与把握是创业成功的关键。从创业的概念来看,创业是不满足现有可控资源而重新寻求和利用机会的过程。可见,把握机会的能力势必会影响创业效果。机会能力可以分为机会识别、机会评估和机会开发三个方面。

在市场经济条件下,创业是个人社会化价值的体现。机会识别是创业主体对创业机遇的认识和判断,是实现创业的关键;如何选择与识别有利的创业机会,是创业能力的必备要素。当识别出创业机会之后,评估机会的能力又成为进行创业的前提;因为机会有大有小、有合适与否之分,机会评估就是要判别出进行创业的最有利时机。当前创新创业已成为时代浪潮,大学生创业协会、创业大赛举不胜举,作为创业主体不能仅仅为了创业而创业,对机会不加预测和评估,片面追求效益和价值,会使创业走向低谷,甚至最后造成创业失败。因此,机会虽多,但仍需识别与评估,选择合适机会,实现创业初衷与社会价值。不管是机会识别还是机会评估,基本上都是建立在机会成熟的基础上。当机会已经失去或者尚未成熟时,需要主动创造机会,即机会开发;主动适应变化,适时改变创业方向,才能使创业逐步展开并走向成功。

创业过程有低谷也有高潮,有失败也有成功,需要做到宠辱不惊,攻坚克难,坚持扎根实际,稳步前进。创业活动充满未知的可能性,面对既定或未知危险,需要具备抗风险能力和冒险精神,能够表现出稳定、积极的情绪,稳扎稳打,不急功近利,以此实现创业初衷。

2. 创新创业能力培养要求

大学生是创新、创业潜力最高的群体之一。大学生创新创业教育,是针对大学生而进行的以创新创业为核心的一种教育模式。《教育部关于大力推进高等学校创新创业教育和大学生自主创业工作的意见》指出,"高等学校创新创业教育要面向全体学生,融入人才培养全过程。要在专业教育基础上,以转变教育思想、更新教育观念为先导,以提升学生的社会责任感、创新精神、创业意识和创业能力为核心,以改革人才培养模式和课程体系为重点,大力推进高等学校创新创业教育工作,不断提高人才培养质量"。高校承担主体教育任务,大学生是创新创业教育的主体。

大学生创新创业教育内涵丰富,除了包含过去的创业项目及专业技术培训之外,还包括有关大学生开拓进取、创业意识的培养,崇尚科学、求知向上精神的培育,勇于探索、创业能力的提升,以及对创业环境的认知,对创业实践的模拟尝试等。国家、社会、高校、大学生自身在实施创新创业教育过程中各有角色和任务,需要协同合作,全部行动起来,才能让大学生创新创业教育有的放矢,取得良好的效果。通过系统分析,大学生创新创业教育具有鲜明的特征,具有创新性、时代性、实践性和多维性。

(1) 创新性主要体现在理念创新、知识创新、科技创新、内容创新和载体创新等方面。

(2) 时代性主要体现在发展阶段和教育取向上。我国的创新创业教育经历了创造教育、创新教育、创业教育和创新创业教育四个发展历程,不同时期具有不同的特点,创新创业教育是时代的产物。我国进入新的发展时代,建设具有国际竞争力的科技强国需要一支综合素质强的创新创业人才队伍,高校开展创新创业教育,是顺应时代的需要,以时代为教育取向培养人才。

(3) 实践性主要体现在教育过程和教育方式上,创新创业教育中的创新精神、创业管理、创业知识、创业大赛乃至创业项目都属于理论范畴,未经实践检验,按照创新的特性,创新需要用实践检验,所以说大学生创新创业教育具有实践性。

(4) 多维性主要体现在发展阶段、教育模式、学科领域以及教育对象方面等。

《交通运输类教学质量国家标准》中确定的交通运输专业培养目标是:培养具有良好的工程技术、文化素养和高度的社会责任感,较好地掌握交通运输领域基础理论、专门知识和基本技能,富有创新精神、创业意识和实践能力,具备国际化视野,能够掌握在交通运输领域从事规划设计、技术开发与应用、运行管理、运营组织和经营管理等工作,以及在教育、科研等部门从事相关工作的高素质专门人才。

结合交通运输专业人才培养要求,对学生创新创业能力的培养有以下方面的基本要求:

(1) 创新创业能力应体现在思维方式、个人品质、知识基础等方面,符合国家高等教育改革的总体目标,也符合交通运输本科专业人才培养要求。

(2) 创新能力应包括创新学习能力、创新思维及创新精神等。其中,创新学习能力主要是指发现问题能力、信息检索能力、知识更新能力等;创新思维包括直觉思维、逻辑思维、创新想象等;创新精神主要是批判思维、责任承担、视野开阔以及质疑精神等。

(3) 创业能力主要包括机会能力、组织管理能力、创业精神、综合实践能力。机会能力主要是机会评估能力、机会识别能力以及机会开发能力;组织管理能力主要是团队建构能力、团队控制能力、战略决策能力、关系能力以及号召力;创业精神主要是坚韧性、承担风险能力以及冒险精神;综合实践能力主要是探索能力和行动能力。

3. 创新创业能力的培养过程

第一阶段:理解创新创业教育理念,做好创新知识基础学习以及创新思维训练。通过培养学生开放性思维能力,拓宽创新思维空间;在对创新创业有初步认识的基础上,引导学生进行初步的职业生涯规划,让学生意识到创新创业能力培养的重要性。

第二阶段:加强专业知识学习,深化创新精神和创业意识培养。将专业教育和创新创业教育融合并举,激发学生创新创业兴趣;鼓励学生交叉选课,促进不同学科专业学生间的交流与多维思考;在课堂教学中充分扩展创新思维训练或进行创业意向探讨,形成能力培养全方位效应。

第三阶段:强化学生技能培训,鼓励参加大学生创新创业活动,促进创新创业实践能力的培养。

第四阶段:通过实习实践等过程,强化实践能力的培养;充分发挥就业实践基地的作用,深化对责任担当、抗风险能力以及管理能力等创新精神与创业意识的认识;拓宽学生对于专业、就业、行业等方面的了解,提供更多的专项辅导,了解创新创业政策及认识创新创业环境形势等。

此外,创新创业教育必须融入专业人才培养的过程。根据人才培养定位和创新创业教育目标要求,促进专业教育与创新创业教育有机融合,调整专业课程设置,挖掘和充实各类专业课程的创新创业教育资源,在传授专业知识过程中加强创新创业教育。面向全体学生开发开设研究方法、学科前沿、创业基础、就业创业指导等方面的必修课和选修课,纳入学分管理,建设依次递进、有机衔接、科学合理的创新创业教育专门课程群。专业教育与创新创业教育融合培养目标,如图6-3所示。

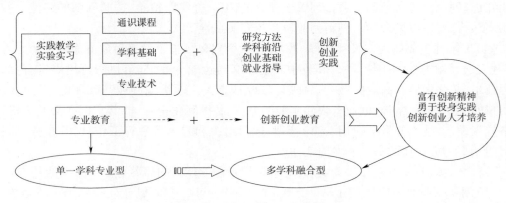

图6-3 专业教育与创新创业教育融合培养目标

创新创业教育能促进专业人才培养质量的提升，主要表现在以下方面：

（1）创新创业教育是提升教育教学水平和人才培养质量的突破口，可有效地解决本科教育教学和人才培养中的实践能力培养"瓶颈"问题；

（2）创新创业教育注重学生运用知识分析、解决问题的能力，有利于破除"高分低能"积弊；

（3）创新创业教育强调的是"培养"，以提高人才培养质量为核心，促进高等教育与科技、经济、社会的紧密结合；

（4）创新创业教育要解决"提升培养质量、补足培养短板、汇聚培养合力"问题；

（5）创新创业教育体现的是"向学"导向，其中非常关注学术创新、科研攻坚、人才综合素质培养等问题，有助于形成管理者办学、教师教学、学生求学的理性认知与行动自觉；

（6）创新创业教育要进行启发式、参与式教学，扩大小班化教学覆盖面，推动教师把国际前沿学术发展和实践经验融入课堂教学，注重培养学生的批判性和创造性思维，激发创新创业灵感。

创新创业是时代的发展产物，交通运输专业学生要具备创新创业的能力，要成为符合社会需要的创新创业型人才，要通过系统的专业学习，大学四年不间断地培养，成为符合国家经济建设的合格人才。

复习思考题

1. 实践育人有何意义与作用？
2. 实践教学形式及其特点？
3. 本专业的教学实践环节有哪些？如何进行？
4. 什么是创新？什么是创业？两者有何关系？
5. 何谓创新教育？何谓创业教育？何谓创新创业教育？
6. 关于深化高等学校创新创业教育改革的指导思想是什么？基本原则有哪些？
7.《关于深化高等学校创新创业教育改革的实施意见》中提出的创新创业教育任务是什么？
8. 创新能力包括哪些基本要素？为什么？
9. 创业能力包括哪些基本要素？为什么？
10. 大学生创新创业教育的主要特征是什么？
11. 创新创业教育对促进专业人才培养质量的提升体现在哪些方面？
12. 结合专业特点，对创新创业有何实践计划？

第七章　国外高等教育及其交通运输专业学科简介

第一节　国外高等教育概述

一、国外高等教育分类

高等教育的分类可理解为高等教育系统(高等教育及高校)类型和层次的划分。国际上有关高等教育及机构分类的研究始于 20 世纪 70 年代,其标志是 1970 年美国卡内基高等教育委员会在克拉克·克尔(Clark Kerr)主持下,首次提出的"高等教育机构分类"框架。概括地说,国外高等教育分类研究的成果主要体现在两个方面:在分类理论方面,主要有伯顿·克拉克(Burton R Clark)的"院校分工"理论,马丁·特罗(Martin Trow)的"高等教育分层"理论和克拉克·克尔的"高等院校任务分类理论";在分类法及政策方面,主要有 1973 年美国卡内基教学促进基金会首次公布的"高等教育机构分类",1960 年美国加州"高等教育总体规划"的分工案例,英国"高等教育拨款委员会"的"研究成绩评估分层"实践以及联合国教科文组织的"国际教育标准分类法"。

美国高等教育研究专家伯顿·克拉克在其 1983 年出版的专著《高等教育系统——学术组织的跨国研究》第一编第二章第三、四节中,专门探讨了"院校分工"问题,分析了高等教育机构内部及相互之间的两种分工形式。

第一种分工形式:高等教育机构内部的分工。一是将高校内部横向上相互结合的单位称为"部类"(Sections),其中最广的组合一般称之为"学部"(Faculty),"专业学院"(School)和"普通学院"(College);二是将纵向上的相互联系称为"层次"(Tiers),按照教育训练活动的难度划分为本科教育和研究生教育两个层次。历史上绝大多数国家只有一个主要层次,少数国家有两个甚至更多的层次。例如,在欧洲和拉丁美洲国家的大学组织模式中,单一层次一直占主要地位,而在美国大学的组织模式中大多数有两个层次。

第二种分工形式:高等教育机构之间的分工。主要表现在部门分类方面:

首先,横向上将高等教育机构进行分类,伯顿·克拉克将其称之为"部门"。主要形式包括四种:

一是单一公立系统,但只有一种单一部门"国立大学";

二是单一公立系统,但具有多种部门,通常有"大学部门"与"非大学部门"之分;

三是多重公立系统、多重部门,主要出现在实行联邦制的国家,在管理上高等教育系统分为许多州级或省级系统,同时又包括多重部门;

四是私立和公立系统、多重部门,即高等教育系统分为公立院校系统与私立院校系统,且私立和公立高等院校中存在多重机构类型,例如日本、美国等。

其次,纵向上将高等教育机构(高等学校)进行分等,伯顿·克拉克称之为"等级",主要形式有两种:

第一,以任务层次为基础对高等院校进行的分等,例如美国各州高等院校系统从低到高依次分为社区学院、州立学院、州立大学;

第二,以"声望"为基础对高等院校进行分等,一般又可以分为三种类型:

一是"金字塔型",日本的帝国大学(如东京大学和京都大学等)高居日本高等教育系统的塔顶,而私立大学和学院则居于塔基。

二是"大梯度型",如英国、法国、美国、加拿大等国。英国的牛津大学、剑桥大学,法国的大学校、美国的"常青藤大学"、加拿大的大学等的毕业生,就几乎分别垄断了各国的政府或企事业单位的高级职务。

三是"无分等式",如意大利高等教育系统虽然存在次一级的"非大学部门",但所有大学都能为政府和专业技术的高级职位输送毕业生。

随着高等教育大众化的发展,各国高等院校的类型和层次日趋多样,高等教育结构越来越复杂。为便于认识和了解高等院校,一些学者和研究机构(如克拉克·克尔及卡内基教学促进基金会)开始关注高等教育机构分类问题,一些国际组织(如联合国教科文组织)开始尝试通过建立教育分类法以获得能够在国际上通用的教育统计数据,一些国家的地方立法机构或政府(如美国加州和英国高等教育拨款委员会)开始运用分类法案和科研绩效评估来促进高等院校合理分工。代表性分类法主要有以下四种。

(1)国际教育标准分类法

联合国教科文组织制定并颁布了两个版本的"国际教育标准分类法"(ISCED)。第一个版本在1975年第35届国际教育会议上获得批准,第二个版本在1997年由联合国教科文组织第29届大会上正式批准实施。其中,第三级教育就是高等教育阶段。以1997年版为例,第三级教育(高等教育)分为两个阶段:第一阶段(序号为5),相当于中国高等教育的专科、本科和硕士研究生教育阶段。这一阶段又分为SA和SB两个类别。SA类是理论型的,按学科分设专业,相当于中国的普通高等教育;SB类是实用性、技术型的,相当于中国的高等职业教育。SA又分为SA1和SA2。其中,SA1按学科分设专业,主要是为研究做准备的,一般学习年限为4年以上,并可获得第一级学位(学士学位)、第二级学位(硕士学位)证书,相当于中国高等教育的学术型学士或学术型硕士,以培养学术型专门人才为目标;SA2按行业分设专业,主要为从事高科技要求的专业教育,学习年限一般为2~3年,也可延长至4年或更长,相当于中国高等教育中的专业型学士或专业硕士,以培养工程型、应用型专门人才为目标。第二阶段(序号为6),相当于中国高等教育的博士研究生教育阶段。显而易见,联合国教科文组织的"国际教育标准分类法"是根据教学计划将第三级教育(高等教育)作了两个维度的划分:纵向上将高等教育从低到高分为序号5(专科、本科和硕士研究生教育阶段)和序号6(博士研究生教育阶段)两个等级(层次);横向上先是将高等教育第一阶段(序号5)分为理论型(SA)、实用性、技术型(SB)两个一级类别,然后再将理论型(SA)分为学术型(SA1)和专业型(SA2)两个二级类别。

(2) 高等教育机构分类

美国卡内基教学促进基金会(CFAT)的"高等教育机构分类",是目前世界上有关高等院校分类方案中最早也是最为著名的分类法。1970年,在克拉克·克尔的"高等院校任务分类理论"指导下,卡内基教学促进基金会根据高等教育机构的不同任务,将美国各类大学和学院予以分类,并建立起明确的划分标准,迄今已推出了1973年,1976年,1987年,1994年,2000年,2005年等6个版本。其中,2005版共有6种分类模式,即基本分类和新增的5种独立(平行)分类。基本分类与前五个版本的分类类似,按照所授学位的层次及数量,将高等院校分为副学士学位授予学院(Associate's Colleges)、硕士学位授予学院/大学(Master's Colleges and Universities)、博士学位授予大学(Doctorate-granting Universities)及专业主导机构(Special Focus Institutions)、部落学院(Tribal Colleges)6种基本类型。后5种独立(平行)分类为新增的模式,分别是从本科生培养计划、研究生培养计划、学生类型、学制、规模等5个角度进行分类。

(3) 加州高等教育总体规划

1960年《加利福尼亚高等教育总体规划》是由时任美国多校区加利福尼亚大学总校校长的克拉克·克尔牵头制定的,于1960年4月经加州议会通过并由布朗州长签署正式成为该州法律。该规划根据任务对加州高等院校进行了明确的分工:横向上形成了公立院校与私立院校两个系统,其中公立院校系统在纵向上又分为加州大学、州立学院、社区学院/初级学院三个层次。加州公立院校分工系统从高到低依次为:最高层为加州大学(University of California,简称UC),有9个专注于教学和研究的校区,授予学士、硕士、博士学位,培养工程师、化学家、建筑师、教师、医师、律师、牙医师、社会工作人员等,招收所有加州高中毕业生的12.5%。第二层为州立大学(California State University,简称CSU),是全美国最大的大学系统,目前有22个校区,授予学士学位、硕士学位和教学证书,提供广泛的课程,强调博雅教育(Liberal Arts)和科学教育(Science),培养了50%的企业雇员、2/3的在加州接受高等教育的加州公立学校教师,以及比其他所有加州大学和学院总和还多的计算机科学家和工程师,每年接受所有加州高中毕业生的前1/3(33%)入学。最底层为加州社区学院(California Community Colleges,简称CCC),有107所社区学院校区,主要提供学士学位以下课程。

可见,加州公立高等教育系统之所以杰出,主要是通过1960年《加利福尼亚高等教育总体规划》有计划地实行了公立高等院校的相互分工,即加州大学系统专注于涵盖学士学位、硕士学位和博士学位层次的高等教育;州立大学系统注重学士学位、硕士学位阶段的高等教育;社区学院则负责提供学士学位及以下的课程。至于私立学院和大学(Association of Independent Colleges and University,简称AICU)则另成系统,其分层主要是通过私立院校相互之间在学术市场上的竞争来实现的。

(4) 研究评估分类法

1992年,英国多科技术学院融入大学系统后,英国政府通过"高等教育拨款委员会"(Higher Education Funding Councils,简称HEFC)对所有高等教育机构一视同仁地提供教学经费。但在研究经费方面的拨款则是选择性的,具体办法是通过"研究评估作业"(Research Assessment Exercise,简称RAE),根据研究绩效来确定高等院校的研究经费数额。英国的RAE一般4~5年为一周期,经过1986,1989,1992,1996,2001年五次研究评估活动,英国高等院校逐渐出现了纵向上的分层化现象。凡是有资格接受"高等教育拨款委员会"经费补助的高等院校，都可以申请接受"研究成绩评估"，评估对象并不是整个高校而是学科领域。以2001年为例，科研成绩评估共分为69个学科领域，评估结果从高至低共分为5*，5，4，3a，3b，2，1七个等级。但是，英国"高等教育拨款委员会"对2008年进行的"研究评估作业"的评估体系进行了一些改革，主要是对2001年评估指标体系中部分描述不太具体的项目进行了重新规定，并将评估等级由七个减少为四个(4,3,2,1)。根据"研究评估作业"的结果确定大学的科研拨款，有效地提高了大学的科研品质。因此，英国可视为通过研究经费的竞争性拨款来促进高等院校分层的典型案例。其主要特征：一是以学科领域而不是以高等院校为评估单位；二是由接受评估的高等院校提供研究的成果资料，各学科领域评估委员分别根据七个等级的标准确定受评对象的等级，而不仅仅是高等院校的相对排名，这就有利于鼓励各受评单位更加努力追求研究工作的进步和卓越，而不是局限于高等院校之间的相互竞争；三是评估结果是分配受评高等学校未来研究经费补助的依据。由于英国政府采取以评估的方式来衡量各大学的研究绩效，并根据各大学受评学科单位的评估成绩来决定研究补助经费，因此研究成绩评估起到了引导大学通过投入更多的精力提高研究绩效，以争取政府有限资源的积极作用。

国外高等教育分类的实践表明，人们往往混淆高校分类与高校排名的界限，将高校分类人为地附加上区分高校办学质量和水平优劣的功能，并应用于大学排名。例如，尽管卡内基基金会一再强调，分类并不是一个由高到低的等级划分，至少在分类指标上并没有意图去衡量学校质量的高低，并不想设置一个最佳的院校类别来反映一个最佳的办学模式。但是，由于卡内基高等院校分类被广泛认同，其应用范围由原有的高等教育政策研究领域拓展到大学排名领域，并被"美新周刊"稍加修改和简化后作为大学排名的工具。事实上，高校分类与高校排名既相联系又相区别。从二者的联系上看，高校分类和高校排名都是对不同类型和层次的高等教育及机构进行的比较，都要建立在数据的统计和分析基础之上。但是，二者的区别也是显而易见的。首先，高校分类强调不同类别高校的特质，其类别之间只有教育宗旨、教育任务、培养目标、产权性质之分；而高校排名则强调高校之间办学质量、水平、声誉和地位高低的比较，具有优劣和高低之别。其次，高校分类是从宏观上构建高校之间比较的基点，以提供一个框架来把握高校系统及高等教育结构的多元化，而高校排名则是从微观上(教师、学生、投入、学科声誉等)对高校进行比较，以确定不同高校办学的优劣。再次，"高校分类是一个描述机制，而高校排名是一个竞争机制"。最后，"高校分类本身无评鉴色彩，而高校排名则昭然地按一些既定的标准把学校分个高低"。因此，如何设计一个综合性与专业性相结合的高等教育分类体系(含高校)并防止其演变为大学排名的工具，是一个亟待解决并需要不断探索的现实问题。

二、国外高等教育大众化发展模式

全世界已有多个国家采用不同策略实现了高等教育由精英化向大众化的转变，使其至少50%左右的适龄人口都接受了高等教育。

1. 扩大公立高教系统模式

主要指国家通过扩大公立高等教育系统的方式来完成规模扩张，实现其大众化进程。

它往往由国家财政提供教育经费,几乎不增收学生学费,这是过去几十年各国实现高等教育大众化所采取的最为普遍的增长模式。这种模式要求国家能够提供相应的经费资助,从而保证在有效地扩大公立高等教育系统规模的同时,不用让学生和家长来分担高额的教育支出费用。二十世纪五六十年代,美国就采用这一方式使其高中后教育实现了由精英化向大众化的转变。在过去的几十年里,包括挪威、瑞典和芬兰在内的一些北欧国家也采用了这一模式。这种模式关键在于国家是否能够且愿意在不实行成本分担的情况下,投入大量的政府财政经费来支持高等教育的大规模发展。事实上,即使包括西欧这些把教育视作社会公共产品和政府责任的福利国家在内的大多数国家,都并不具备这种巨额公共财政经费资助的能力,所以如果仅仅依靠这种方式的话,其高等教育的大众化进程会相对缓慢。

2. 政府资助与学生就业税收偿还模式

主要指政府通过公共财政经费先行资助学生就读费用,待学生工作后再通过税收方式偿还。该策略充分认识到在实现高等教育大众化过程中所必须面对的两个现实问题:一个是财政现实,即这一策略需要民间组织和私人资本来充实政府公共教育财政支出,以促进高等教育发展;另一个是社会现实,即许多学生和家长都不愿支付更高份额的学费。为了解决这一问题,二十世纪八十年代末,澳大利亚在推行其高等教育贡献计划时创建了一种新的发展模式,即由政府先行对学生就学的学费进行财政补贴,待这些学生毕业工作后,再通过税收体制,按百分比例扣除他们的工资以偿还这些学费。英国和泰国在2006年初就曾采用过类似的公共财政经费资助学费的政策。

然而,同扩大公立高教系统模式一样,公共财政经费资助学费模式的关键问题在于国家是否具备充足的财政实力,推行这一模式的实质是政府既要提供维持高等教育系统的运行经费,又要支付学生和家长的学费支出,直到学生就业后有能力把学费贷款偿还金全部收回来。所以,即使像澳大利亚这样的国家,也发现它需要通过不断降低资助范围和比例来减少资助金,并且还需提高学费贷款的税收偿还比例来维持这一模式。

3. 增收学费与提高助学贷款模式

高等教育收费政策的顺利实施必须有相应的助学贷款制度的支持和保障,否则兼顾高等教育效率与公平的这一发展目标就很难实现。所以这个增长模式在增加教育经费成本分担的同时要采取提高学生资助力度的策略,目前这个做法已被许多公立院校采用。在过去的几十年里,美国、新西兰和加拿大都成功地采用了这一方式来扩大高等教育规模,以满足国民迅速增长的高等教育需求。人们通常想采取利用增加所有公立高校全部学生学费来支撑更大份额的教育分担政策,而事实上,各个国家采用了许多不同的方式增加成本分担的幅度。比如,许多东欧国家建立了一种平衡收费机制,考试成绩和品质没有达到录取标准的学生可以通过支付近乎全额教育成本的学费来进行和正规录取的学生一样的课程学习,但这一方案却因为会带来或加重教育的不公平而没有得到普遍认可。

另外,还有选择提高学费的方法。如双向收费机制,即国家资助范围的学生付较低的学费,而某些如商业和法律等专业领域的学生,则根据市场规则,支付全额成本的学费。澳大利亚就是采用这一模式的最好范例,它们的资助方案是只支付政府规定专业的学费,而所有留学生和本国其他学生的学费就要高得多。此外,还有根据学生层次的不同而收取不同的学费,如本国的本科生学费较低,而研究生层次和外国留学生以及成人学习者的费用则相对较高。

4. 扩大私立高校办学规模

主要采取扩大私立高等院校的办学规模和招生人数,用以应对由于公立高等教育的增长受到的种种限制而带来的高等教育大众化进程停滞不前的状况。许多国家采用了这种模式,其中有的是出于政府特定的策略,有的仅仅是为了满足工业化发展的要求和人们不断增长的教育需求。在中东和亚洲的一些国家,普遍采用这种方式实现了其高等教育大众化的进程。比如波兰、日本和韩国的私立大学的增长都是其大众化的主要支柱,其中职业类院校的数目和学生数量的增长尤为迅速。需要指出的是,这些私立高校有的属于营利性组织,有的则属于非营利性组织,其多余的资金会重新投入到院校建设当中。这些私立高校作为大众化扩张的主要承载者,以民间资源和学费作为其主要的经费来源,很好地解决了政府公共教育财政经费不足的问题,也有效促进了不同办学形式高校的竞争与合作。而鼓励更多的学生进入私立院校的方法之一,是使每一个进入到私立院校的学生都能具有和公立院校学生同等的资格及获得相应的学生助学金和助学贷款。

三、国外高等教育人才培养模式

国际间经济的竞争,归根到底是人才的竞争。加快培养大批创新人才已成为各国抢占世界经济制高点的战略举措。

1. 美国——通才教育与特色化培养

美国高等教育改革以市场调节为主、国家适当干预为辅。通才教育是美国大学教育的重要特征。通过设置跨学科培养机构、跨学科专业、跨学科课程来拓展专业涵盖面和学生的综合能力。如设置跨生物、医学、农学等学科群的跨学科专业,设置人文与自然科学、人文与社会科学、人文与技术科学等综合课程,以加深学生对交叉文化、科学技术与社会的认识,培养学生具备良好的外语、写作、研究等方面的能力。

在开展通才教育的基础上,各高校还形成了各具特色的人才培养模式,如"工学交替"模式,"本科生研究机会计划"模式,"创业实践"模式,"个人专业"模式,"校企合作"模式,"产学研培养"模式等。

"工学交替"模式即学生的理论学习和工作实践交替进行,先进行理论学习,再参加实践,继而回校进行理论学习。"本科生研究机会计划"模式要求本科生在校期间至少参与该计划一次,教师作为导师参与这一计划。"创业实践"模式以培养学生的创造思维方式为中心,帮助学生发展"创业式的思维方式、进取心、灵活性、创造力、冒险的愿望、抽象思维力以及视市场变化为商机的能力"。"个人专业"模式是为满足和实现学生的特定兴趣和学习目标,允许学生在学校专业之外发起、提出、设计新专业,为学生提供学习发展的个性化选择。"校企合作"模式,即学校聘请企业界的专家直接参与学校的教学管理和专业建设,企业利用学校的人才优势,学校则利用企业的资金、技术优势,在科学研究、技术服务上广泛合作,使教学与生产有机结合起来。"产学研培养"模式注重应用导向和学科间的优势互补,强调高科技创业。这些特色鲜明的办学模式使美国高校都有自己的"拳头产品",已成为美国许多高校的立身之本和发展之源。

2. 英国——跨学科教育

为适应世界经济知识化、全球化发展的趋势,英国提出高等教育要从注重古典人文教育转到重视现代科技教育，从重视专业人才培养到积极开展综合教育和跨学科培养，实施宽口径综合课程教学，加强复合型人才培养，使高等教育更有效地为经济社会服务。在实践中主要开展跨学科群教学模式和结合课程教学方式。

跨学科群教学模式即由多个学院形成学科群，进行综合课程教学，如将生物科学、化学科学、工程学、数学和物理科学等组成理工科学科群，将区域研究机构与社会科学学科组成人文和社会学科群。在跨学科综合教学中，学生通过比较、联系和判断，能够获得比传统的单科课程更为广阔的教育。在跨学科群教学中，积极实施结合课程教学方案，如将音乐与电子工程结合，音乐、图像与艺术表演结合等，开设"哲学与数学"课，"经济学与工程科学"课，"生理学与哲学"课等。这些结合课程为培养学生合理的知识结构、良好的创造能力和创造思维提供了载体。

3. 法国——注重个性发展和实际需要的多面性

法国的人才培养既考虑满足市场和企业的需要，又考虑到人的培养和全面发展的需要，形成了以多面性教育为特征的人才培养模式，主要包括基础理论学科、应用技术学科、非技术学科和实践性教学等方面的综合教育和培养。

基础理论学科教育主要学习共同基础课程，为解决技术问题和形成学生独立探索能力打下理论基础。应用技术学科通过理论教学与实践，促使学生在实践中掌握和运用理论知识，养成良好的创业精神、团队精神、适应能力等。非技术学科主要包括普通文化、人文科学、社会科学、现代意识、表达和外语等，教育的目的是促进学生全面发展。实践性教育通过各种实践活动培养和锻炼学生的适应能力、组织能力、交往能力、协调能力、应变能力、创造能力等。

4. 日本——整合教育资源联合办学

日本高校非常注重与企业的科技合作，建立了多种联合办学模式，设置了各种综合教学课程。

许多日本大学之间以及大学与企业之间采取多种方式相互合作，联合办学攻读双学位、开设交叉学科课程、开展交叉学科的共同研究、共同开设专题系列讲座、共同指导研究生等。开展跨学科教学与研究可充分发挥高校与企业的优势，大力提高教学水平和人才培养质量。

在课程改革方面，日本各高校都有自己的教育理念和目标，如名古屋大学提出高校应培养具有高度的专业知识与能力、综合的判断力、丰富的创造力以及身心健康的人才。为此，名古屋大学设置了专业课程、主题课程、开放课程、语言文化综合课程等4类课程。各类课程有其明确的教学和培养目标，相互贯穿、交融促进。

5. 德国——重点突出的分类别培养

德国一直以其强大的经济实力为高等教育投入提供强有力的保障。德国高等教育包括综合大学，工业大学（科技大学），师范大学，艺术、电影和音乐学院，应用科学大学和管理科学大学。

综合大学学科门类多、专业全，主要培养科学的后备力量，强调专业理论知识的系统化，毕业生有较强的独立工作和科学研究能力。应用科技大学伴随现代工业经济的飞速发展应运而生，其规模小、学制短、专业少而细，教学密切联系实际，课程设置和内容除必要的基础理论，多偏重于应用，职业适应性与技术应用性较强，在德国高校中占有重要地位。

艺术、音乐、戏剧和电影学院相对数量不多,规模不大,因材施教、小班授课和个别教学,以培养和发展学生的个性和艺术才能为目的。

6. 韩国——自主化和特色化的办学方向

韩国高等教育强调"教育立国"战略和"自主化与特色化"的未来定向。

韩国的历届政府都重视教育,重视人力资源开发。新的高等教育改革计划"21世纪智慧韩国工程",目的在于通过政府与社会在人力、财力和物力等方面的投入,有重点地把一部分高校建设成为世界一流水平的研究生院和地方优秀大学,培养知识经济与信息化时代所需的新型高级人才和国家的栋梁。

韩国高等教育改革中,各高校办学自主权进一步加大,具备教育条件的各大学可自主决定学校招生定额,各大学享有批准学位的权利,私立大学可以独立确定学生选拔标准和考试方式。为了在竞争中求发展,各高校都朝着办出特色的方向迈进。这些灵活的措施促进了韩国高等教育自主化的进程,提高了韩国大学的竞争力。

7. 俄罗斯——向多规格综合性方向发展

俄罗斯确定了教育的优先发展地位,为顺应社会发展对人才需求的不断变化,办学定位由单科大学向综合性大学转变,人才培养模式由培养"精专"人才向"多规格"人才转变。

俄罗斯新的教育法在办学体制的改革方面打破了由国家垄断的单一办学体制,实行由国家、地方、社会和公民个人等多主体的多元化办学体制。为应对社会经济的变革和发展、培养新型综合性人才,一些高等工科院校开始转变办学定位,探索由单科性大学向综合性大学转变的办学思路,向综合性高等学校靠拢。在人才培养方面,培养知识面宽、基础扎实、应变能力强、具有创造性的高科技及新兴职业人才。课程模式从"专业化"向"以人为本"转变,教学模式由"教师主体"向"教师主导"转变,毕业生从"国家指定"就业向"自主择业"转变。

四、国外通识教育简介

通识教育起源于西方,是以人的全面发展为目的的教育。中国现代大学制度创建于清末民初,受到西方教育体制的强烈影响。但一直以来,中国的高等教育更加侧重技术型人才的培养,而缺乏对学生世界观、生活观的引导升华;从长远来看,这不利于社会文化氛围与民族素质的提高。中国高等教育应当借鉴西方的通识教育,通过培养大学生良好的文化艺术素质,转变他们对生活和生命的态度,从而培养出具有健全人格、健康的世界观,并有着创造能力的有用之才。

通识教育,有时也被称为"博雅教育""自由教育",它主要考虑个体的自由成长与自我完善、个性的充分舒展,以及个体与社会间的和谐。与之相对应的是专业教育,专业教育是以职业培训为主要目的的,它主要考虑职业所需的知识、技能等。

中外教育界普遍认为通识教育起源于古希腊时期,哲学家亚里士多德所提出的自由教育(Liberal Education)。他认为"应当有一种教育,依此教育公民的子女,即不立足于实用,也不立足于必需,而是为了自由而高尚的情操"。其学科主要包括读、写、音乐、绘画、哲学等能够陶冶心智的科目;同时他认为为了谋生,以获取金钱为目的的工匠技艺为内容的教育是鄙俗的非自由教育,这种教育直接为从事某种职业做准备,是以追求功利为目的,为了谋生而取悦于他人或按他人意愿与要求行事,因此背离了真理和理性。到中世纪,通识教育逐渐在欧洲演变成对贵族的"七艺"教育。在17世纪的英国,又与"绅士精神"相融合,形成了近代的博雅教育。

进入20世纪,美国成了现代通识教育的中心,进一步继承和发展了传统博雅教育观对人性发展的见解。大学里的通识教育应该培养学生学会用各种各样丰富的、感性的东西去体验生活,去体验生活中的一切美好事物。这种对美好事物的理解和感受,可以使他们明白怎样选择充满意义的最佳的生活方式;这种对生活和生命的热爱,会最终帮助他们建立起正确的价值观,影响他们的整个人生。这种教育有助于美国公民社会的形成,树立起一种广泛包容性的社会共同认知,塑造了美国文化的开放性与多元化,并源源不断地培养出富有创新能力的年轻人。

现代通识教育的核心是从人的全面发展的角度对传统教育,尤其是技术化教育进行反思。对于中国大学来说,这是一种新的大学教育理念。近些年来,中国教育界一直在总结过去的经验教训,并大量吸收发达国家成熟的教育理论,对人才培养目标开始有了新的认识,出现了诸如素质教育与应试教育的辩论,提倡重视创新能力和团队协作等新观点。这些观点与通识教育有许多相似之处。

大学教育不能仅限于专业课程的学习,而应该以激发学生们的创造力,扩展视野,完善人格为目标。大学如果仅仅让学生们学习其本专业的学科知识,那么大学教育就等同于职业培训。如果这一行业的市场需求趋于饱和,那么他们将很难转入其他行业。

大学阶段应该重视对学生的通识教育,弥补之前由于长期应试教育而落下的人文知识,提高学生们的艺术素质,丰富其心灵。一些基础性的社会学、哲学、历史、艺术类的课程应该向所有学生开放,鼓励学生们去选修,这些人文课程可以丰富学生们的思想,激发其创造力,培养他们对生活和生命的热爱。教育的终极目标应该是实现人的完善发展,明白人生的意义所在。高等学校开展通识教育,应是在培养大学生良好的文化素养的基础上,使大学生学会如何感性地体验生活,帮助他们建立起正确的价值观。

第二节　国外大学本科专业设置特点

一、美国大学的专业设置

在美国高等教育的发展历程中,实用主义思潮贯穿始终,市场机制发挥着重要的作用,社会经济的发展带动了教育的发展,高校按照社会需求,积极规划,不断调整,寻求自我发展。因此,美国高校在专业设置上享有高度的自治权。这种自治权主要体现在以下四个方面:

(1)专业名称由学校根据不同的课程组合体系自主确定,名称不一,授予的学位也可能不同;

(2)专业设置由学校自己确定,专业数量、类型都没有限制;

(3)跨学科专业广泛,学生可以选择专业,也可以自主设计专业(伯克利称之为 Undeclared or Individual Major,加州理工学院称之为 Independent Studies Program);

(4)专业是一个形式概念,背后没有实体支撑。美国高校之所以有这样高度的自治权,是因为联邦政府在法律上和实际上对高等教育都没有直接的管辖权,它通过立法、财政资助和信息服务等方式对高等教育的发展方向、速度和规模以重大的影响,是从宏观上对高等教育的发展予以重大影响和一定程度的控制。

美国大学在组织管理上的特点是高度自治且权力分散,其基本的管理原则有四条:学校自治、学术自由、学术中立、责任。学校自治是高等学校对自己的内部事务拥有最后的决定权,这是因为美国在高等学校管理体制方面实行的是董事会负责制,董事会拥有对本校内部管理的决策权,同时在学校与社会之间,又能起到桥梁和缓冲的作用。

美国高校的高度自主权可以通过以下两个方面来体现:

(1)在美国,一个新专业从开设、审核到最后执行往往需要很长的时间。美国高校要组织一个教授委员会专门研究新专业的开设,在设立新专业之前会讨论多个问题以求证其可行性。例如,高校现有资源是否达到设立此专业的条件、社会的需求状况等,最后由教授委员会深入调查研究决定即可,美国高校的新专业设置之所以需要那么长的时间,完全是为了其专业设置的合理性而考虑的。

(2)学生可根据自己兴趣组合课程形成特别专业。学生如果对学校已有专业都不感兴趣,那么他可以从学校已有课程中选择他所感兴趣的,前提是这些被选出来的课程能形成一个纵向的知识体系,然后制作专业课程体系计划并提交给学校相关委员会进行评审,若能通过审核方可开始学习,完成后校方可以授予相关的本科学位。

民间的评估组织对美国高校专业质量具有导向和保障作用。由于美国高等教育的多样性以及各州管理特点的差异,很难制定较为统一的高等教育评价标准,因此主要是通过美国高等学校的认证制度,即根据各地区对所辖州的高等学校进行认证,来规范高等教育的发展,保证高校的专业教育质量。认证程序主要有院校自我评价、认证小组的实地考察、委员会的评判。它的主要目的在于保障院校或学术项目的质量以及帮助院校或学术项目改进和提高。

二、英国大学的专业设置

英国具有深厚的文化传统,其高等教育也具有悠久的历史,其教育质量一流,牛津、剑桥、伦敦政经都是世界名校,英国高校的专业设置特点如下:

(1)政府管制较少,高校享有更多的权利。英国的高等教育之所以如此优秀,和它的管理体制也是密切相关的。在管理体制上,英国政府一直未设高等教育的管理机构,教育和科技大臣负责组织制定教育改革政策,指导学校发展方向。英国各高等学校内部的基本管理方式是校院制,其管理特点是灵活多样,但校院之间的联系程度差别较大。英国高等学校的体制不一,但大多数大学的最高领导机构是最高管理委员会。例如,牛津大学的最高机构是教职员全体会议;剑桥大学的最高管理机构是大学评议会。英国的学制短而紧凑,课程设置尤其贴近社会需要。

(2)课程设置灵活、多元且实用。随着全球经济化进程的加快,经济的发展则需要更多复合型的人才。近些年,英国大学的专业设置则更为灵活和多元化,目的就是满足学生发展以及社会的需求。例如城市大学的计算机系,其下属学科还包括计算机科学和软件工程,其专业方向还包括商业计算机工程、数据库图书馆信息等,这种专业设置方法就是为了更好地适应社会的多样需求且拓宽了毕业生的就业方向。除此之外,专业设置还特别实用,并非仅提供一些纯理论化的知识,部分专业还提供相应的实习岗位。例如,英国很多大学都开设了跨学科领域的商科课程,这样不仅可以使学生在原有商科专业的基础上多学习一些实用的课程,还为未来学生就业添加了筹码。

英国高校专业设置的一些具体实例如下:

(1) 传统专业的创新。在英国,一些传统的强势专业主要有金融、财会、法律和商科等,这些传统专业依然稳定发展,但这些传统专业为了保住其较为强势的地位,在原有专业的基础上进行了创新。例如,传统的通信工程发展为新兴的 3G 移动传媒专业。

(2) 根据全球性的问题开设新专业。随着国际经济发展,新型人才的需求也在增加,为此英国的一些高校还设置了不少贴近当今社会变化的新专业,比如针对世博会,一些院校推出了体育管理、会展管理、房地产管理等专业,为博览会提供高级管理人才。随着全球气候不断变化,环保问题也开始被人们越来越多的关注,于是相应的碳管理(Carbon Management)、可持续性设计等专业也适时推出。可见英国的高校专业设置能够及时地反映社会的需求。

三、德国大学的专业设置

德国的高等教育曾经在世界上享有盛誉,从中世纪开始,德国就建立了古典综合性大学,高等教育有着悠久的历史。德国高校高扬"教学与科研自由,教学与科研统一"的旗帜,而随着社会和高等教育的发展,高校的任务是"为学生从事需要应用科学知识和方法或艺术创造能力的职业活动作好准备",所以德国的专业设置特点概括如下:

(1) 各高校在专业设置方面受到的限制很小,高等学校办学自主独立。德国在高校的管理体制上,除了国防军事学院、个别教会学校和私立学校以外,高等学校一般都由各州管辖,所以高校就有很大的自治权利,也能促进高校充分发挥自身优势和特色,高校有权决定学校的教学重点和科研方向,加强纵向与横向联合,根据需要在教学内容和教学方法上不受国家规定要求的限制。德国的学科划分更为综合,共有 7 大类,且课程体系设置较为灵活,高校专业特色明显。

(2) 专业设置紧密联系社会需要。主要从以下几个方面体现:

① 大学课程注重基础教学,重在拓宽学生的知识面,尽量避免专业过细过窄,增加边缘学科的教学含量,允许学生跨专业选修课程,培养学生的综合素质,拥有多种就业门路。

② 科学研究注重实效,及时提高专业教学质量。科学研究紧跟社会经济发展的需要,与企业界建立了直接的联系,形成了产、学、研一体化的格局,富有成效地推动了高校教学,提高专业教育质量。

③ 注重学生的实践能力和实习教学。在德国高校,不少专业明确要求学生在大学期间应有一定的实习经历,且实习时间按不同专业要求相应延长,目的是为了提前熟悉业务,减少岗前培训时间。

(3) 在德国,社会对于人才的需求预测是基于严格的数据统计的。联邦还就高校数据的统计颁布了高校统计法,高校有义务向上级汇报数据,且数据的来源与真实性会被调查,其次,高校的数据处理及采集系统是由中介机构设计并维护的。

第三节　国外大规模网络公开课程

一、概述

大规模网络公开课程(Massive Open Online Course,MOOC)是国外高等教育领域发展的新成果,通过开放性的网络资源为公众提供免费、公开的远程学习课程。进入21世纪后,大规模网络公开课程发展迅猛。对于大规模网络公开课程的学习者来说,其学习过程分三个阶段:学习前阶段、学习中阶段和学习后阶段,每一个阶段都对学习者提出了不同的要求。大规模网络公开课程的迅速发展主要得益于其作业选择性、学习便利性、成本低廉性以及语言无障碍性四大优势。同时,也存在三大问题:对学习者学习能力要求过高、过度依赖计算机技术以及学术欺诈行为。

大规模网络公开课程是国外高等教育机构将远程教育技术应用于课程教学的一种尝试。高校将自己的课程录像、课件及参考资料等学习资源发布到网络上,世界各地的学生可以自主选择进行学习。这种课程模式打破了时间与空间的限制,促进了高等教育的进一步发展。近几年来,大规模网络公开课程发展迅速,尤其在加拿大与美国,许多高校已成功开设了多门大规模网络公开课程并取得了良好效果。

二、网络公开课程的兴起与发展

大规模网络公开课程的教育思想最初产生于20世纪60年代初。1961年4月,美国著名建筑家、系统理论家巴克敏斯特·富勒(Buckminster Fuller)在一次演讲中首次提出了产业领域的教育技术这一概念,并预测了教育技术的应用前景。1962年,美国发明家与知识创新者道格拉斯·恩格尔巴特(Douglas Engelbart)继承并发扬了富勒的思想,在其提出的名为《增进人类智慧:斯坦福研究院的一个概念框架》的研究计划中,强调利用计算机技术来增进人类智慧,即将个人计算机的广泛应用与"互联的计算机网络"结合起来,从而形成一种大规模的、世界性的信息分享效应。恩格尔巴特的这种想法使得大规模网络公开课程作为开放性的教育资源,向公众提供公开性课程的思想得以产生。此后不久,美国堪萨斯州独立城社区学院的校长丹尼尔·巴威克(Daniel Barwic)指出,在高等教育领域,还没有充足的证据表明大规模班级会对学习效率产生消极的影响。尽管他本人并没有倡导大规模网络公开课程,但他将大规模学习引入高等教育的想法是后人利用大规模网络公开课程开展高等教育的理念的源泉之一。

20世纪70年代,许多计算机热衷人士和教育改革家们发表了大量的文章和研究报告,倡导教育过程的开放性并号召人们将计算机技术作为改革教育系统的手段。1971年,美国当代著名思想家、社会批评家伊万·伊里奇(Ivan Illich)发表了《非学校化社会》,提出将先进的技术整合进学校系统中,创造"发散性的学习网络",将更多的学生紧密地联系到学习过程中以便于产生一种更加有效的、参与式的学习。伊里奇的思想引起了强烈的社会共鸣,进一步推动了技术在教育领域的应用。

2008年,加拿大阿萨巴斯卡大学的乔治·西门子(George Siemens)和加拿大国家研究委员会的斯蒂芬·唐斯(Stephen Downes)共同合作设计了一门名为"关联主义与关联知识"(Connectivism and Connective Knowledge)的网络公开课程。25位来自曼尼托巴大学的付费学生以及2300位来自世界各地的免费学生参与了这门课程的在线学习。课程所有的内容都可以通过RSS feed订阅,学习者可以自由选择学习途径,如参加在线论坛讨论、发表博客文章、参加同步在线会议等。该课程引起了加拿大爱德华王子岛大学网络传播与创新主任戴夫·科米尔(Dave Cormier)与加拿大国家人文教育技术研究所的高级研究员布赖恩·亚历山大(Bryan Alexander)的关注,二人将之称为大规模网络公开课程。不久,西门子与唐斯又开设了"个人学习环境网络和知识"(Personal Learning Environments Networks and Knowledge)及"学习分析和知识"(Learning Analytics and Knowledge)课程。

此后,一大批教育工作者,包括来自玛丽华盛顿大学的吉姆·格鲁姆(Jim Groom)教授以及来自纽约城市大学约克学院的迈克尔·布兰森·史密斯(Michael Branson Smith)教授都采用了这种课程模式,并且成功地在全球多所大学开办了自己的大规模网络公开课程。起初,大规模网络公开课程的运行主要依赖资源的发布、学习系统的管理以及开放性网络资源的共享。非营利性的私立机构在开设大规模网络公开课时注重授课教师的素质,同时为原有用户(如博客听众)提供免费的网络课程。

2011年秋季,大规模网络公开课程又有了新突破。斯坦福大学开设的三门网络课程拉开了这次大发展的序幕,其中每门课程都至少有10万名来自世界各地的学生进行了注册学习。在这三门网络课程受到社会的强烈关注时,斯坦福大学计算机科学家达芙妮·科勒(Daphne Kolle)和安德鲁·恩格(Andrew N)联合创办了Coursera课程。随后,斯坦福大学宣布与宾夕法尼亚大学、普林斯顿大学以及密歇根大学合作研发Coursera课程。

2012年3月,麻省理工学院开设了课程6.002x。同年春末,哈佛大学加入了该课程,6.002x更名为edX;同年夏季,加利福尼亚大学伯克利分校加入了edX课程。目前,edX课程共涵盖了六所大学及大学系统,除上述三所学校外,还有韦尔斯利学院、得克萨斯大学系统以及乔治敦大学。同年11月,西班牙开设了名为Wedubox的大规模网络公开课程,该课程至少有1000名教授参加。

三、网络公开课程的学习过程

有别于传统课程,大规模网络公开课程的整个学习过程可划分为三个阶段:学习前阶段、学习中阶段和学习后阶段。为了取得良好的学习效果,每一个学习阶段都要求学习者严格按照学习规定自主进行学习。

1. 学习前阶段

同传统的学分课程相似,大规模网络公开课程也有一些学习要求。学习者在选择这种课程时,首先都要到课程网站阅读有关规定。一般情况下,课程网站都含有学习该课程的先决条件、指导方针、课程结构信息、每周议题和课程资源的基本信息等。对这些信息的阅读将有助于学习者对不同课程的选择以及日后的学习。另外,学习者还应考虑自己的学习时间以及计算机技术水平。时间是保证学习的前提条件,学习者在一门课程中所投入的精力与其收效成正比,因此,学习者必须根据自身的时间灵活地选择网络课程。大规模网络公开课程对于计算机网络具有高度依赖性,学习者在课程开始前必须熟悉与学习过程相关的计算机技术,如如何使用博客等。

2. 学习中阶段

鉴于大规模网络公开课程的学习平台是计算机与互联网,各学习者在学习同一门课程时并不能面对面地直接进行交流,因此,在正式参与学习后,学习者要做的第一件事就是做一个详细的自我介绍。自我介绍是使学生彼此熟悉的有效途径,有助于学生之间相互交流。

大规模网络公开课程的学习是按照不同的主题进行的。一般情况下,每周都会有一个议题,参与者每周根据这个议题开展本周的学习。学习网站会提供该周学习主题的部分材料,当然学习者也可以利用搜索引擎自主找寻合适的学习材料并将其分享给他人,找寻与分享的过程扩展了学习者的视野。

为了使学习取得更好的效果,各门课程会有一名或几名协助者共同参与。这些协助者本身也是课程的参与者,同普通学习者相比,他们可能对某一领域的知识了解得较多并很乐意将其与他人分享。但这些协助者并不是传统课堂上的教师,他们与其他参与者之间是平等的。鉴于没有专门人员敦促整个学习过程,因此,任何人的学习完全依靠自觉自律。为了取得良好的学习效果,参与者要积极与他人讨论交流。如果参与者在学习期间遇到了问题,还可以与同一课程的其他学习者讨论,这样能够促进双方的共同进步。

大规模网络公开课程的最大特点即大规模性与大众性。学习时,来自世界各地的参与人士都会对某一议题发表自己的想法、观点,这也在一定程度上导致了信息的过量与冗杂。"并非信息过载,而是过滤失败"。这就要求学习者必须懂得如何根据自身的学习兴趣和需求提取有效信息。

3. 学习后阶段

大规模网络公开课程的结束并不代表着学习的终结。上述学习过程中,参与者相互告知了博客、推特、LinkedIn 邮箱等联系方式,大家可以通过这些网络工具继续分享信息。通过前期的学习,参与者已经建构起基本的理论框架,后期分享的信息则更加深入,更具参考价值。鉴于此,每一名学习者在课程结束后都应继续追踪信息,彼此加强交流与联系。在某些情况下,一些志趣相投的人甚至可以建立起一个工作团队继续探索某一领域的知识。

四、网络公开课程的特点

1. 作业选择性

传统课程将所有学生置于同一教室中,由一位教师任教。教师在布置作业或任务时,往往会要求不同学生完成同一作业题目。学生的兴趣喜好几乎被忽略,长此以往,造成了许多学生学习兴趣的缺乏;即使那些成绩优异的学生,也都被培养成了整齐划一的所谓"标准"好生,这些都背离了"因材施教"的教育原则。大规模网络公开课程则为参与者提供了多样化的作业,学生可根据自己的兴趣爱好随意选择,从而极大地提高了学生的学习热情与学习效果。

2. 学习便利性

只要能上网就可以参与大规模网络公开课程的学习,即使是未注册用户也可以使用其提供的丰富资源。这些资源可以通过各种设备访问,而且,随着参与者对于移动学习需求的增加,很多课程已经开始支持手机学习。2011年,比利时英厄·德·沃德(Inge de Waard)、英国约翰·特拉克斯莱尔(John Traxle)、美国大卫·梅特卡夫(David Metcalf)等多个移动学习领域专家合作发起的课程 MobiMOOC 就是移动学习课程的一个典型案例。手机移动课程的发展使得大规模网络公开课程的学习更加便利,任何人在任何时间、任何地点都可以通过移动设备进行学习。

3. 成本低廉性

一般情况下,传统课程至少需要配备一名该门课程的授课教师,对师资的依赖性较高;同时,学习者还须支付学费。而大规模网络公开课程只需利用互联网即可分享大量学习资源。另外,课程的所有资源都是免费提供的,任何人都可以免费浏览、分享课程,并加入相关课程的论坛、虚拟教室、微博平台等。因此,从成本消耗角度考虑,大规模网络公开课程不失为一种低成本、高效率的学习方式。

4. 语言无障碍性

语言是人们学习与交流的基本工具,大规模网络公开课程作为国际化的课程,必须打破语言壁垒。随着现代网络翻译技术的发展,很多网站提供在线翻译服务。这些语言翻译工具突破了各民族不同语言的限制,使得大规模网络公开课程能够真正地成为面向全世界的开放性课程。

五、网络公开课程存在的问题

1. 对学习能力要求过高

所有课程均以学习者为中心,没有专门的指导和督促人员,也没有强制性的要求。学习者一方面须保持高度自律,适时进行自我调控;另一方面也必须懂得如何从海量的信息库中筛选有效信息。这两方面使得学习者必须具有较高的学习能力,那些学习能力较低的参与者则无法获得良好的学习效果。

2. 过度依赖计算机技术

大规模网络公开课程以计算机与互联网为平台,学习过程依托这两个客观条件进行。因此,学习者需要具备一定的计算机与网络的技术素养,起码能够使用不同网络工具从课程中获取有效信息,并参与该门课程的讨论。同时,对于落后地区来说,计算机与互联网还尚未普及,在这些地区大规模地推广这种课程还有一定的难度。

3. 学术欺诈行为

如前所述,大规模网络公开课程的整个学习过程并没有专业教师给予监督指导,需要学习者的高度自律精神。在学习成果检测方面,每个网站只能单方面地设置学习测验。监督的缺乏造成了学术欺诈行为,很多学习者在做测验时会通过各种渠道查询答案,从而导致测试结果失真。

高等教育领域的大规模网络公开课呈现出良好的发展势头。它通过远程教育技术,扩大了高等教育课程的受众范围,将全球的高等教育连为一体,真正实现了高等教育的大众化。尽管大规模网络公开课程依然存在一些不足,其学习效果有待考察,但它所具备的优势以及对整个高等教育的启发意义是不可忽视的。可以预计,未来大规模网络公开课程的发展将大大改变高等教育的面貌。

第四节　国外交通运输类研究生课程及学位要求

一、中外学科设置的差异

与我国的学科划分不同,欧美各国没有专门的交通运输工程学科,很多学校把交通运输类研究生的教育放在其他学科中来完成。国外很少有高校建有专门的交通运输系,交通运输类研究生的教育一般由土木与环境工程系(Department of Civil and Environmental Engineering)来承担。因为交通运输学科涉及面较广,在城市规划等学科也会有一些交通运输类的课程。

例如,在美国交通工程通常设立在土木工程系(Department of Civil engineering)下。美国工程类顶尖名校加利福尼亚大学伯克利分校(University of California,Berkeley)的交通运输工程(Transportation Engineering)就划分在土木与环境工程系(Department of Civil and Environmental Engineering)下。交通运输本来就是个交叉学科,几乎所有学校对申请交通运输方向的学生都没有硬性规定,基本都是工科背景就可以申请,有的学校还特别列出欢迎有其他专业背景的学生申请。

二、国外交通运输类研究生课程设置

在交通运输类研究生培养的方式和课程设置上,各个高校有较大差异。以美国麻省理工学院(Massachusetts Institute of Technology,简称 MIT)、马里兰大学(University of Maryland,简称 UM)、明尼苏达大学(University of Minnesota,简称 UMN)、英国帝国理工学院(Imperial College London,简称 IC)、德国慕尼黑工业大学(Technische Universitaet Munchen,简称 TUM)、新加坡国立大学(National University of Singapore,简称 NUS)6 所高校为例,对交通运输类研究生硕士学位要求及课程体系进行比较分析。

必修课是申请交通运输类学位必须获得相应学分的课程。必修课设置的目的是让获得交通运输硕士学位的学生都具有必需的专业基础知识。国外 4 所高校交通运输类研究生必修课的设置情况,如表 7-1 所示。

国外 4 所高校交通运输类研究生必修课　　　　表 7-1

学校	必 修 课 程
MIT	交通运输系统性能与优化,交通运输系统需求与经济
UM	研究设计,研究方法,规划过程,规划理论与历史
IC	运输发展历程,计量经济学,运输工程和运营,运输经济学,运输需求模型,运输政策,专题研究,商业管理,可持续发展
NUS	交通规划,交通流及控制,智能交通运输系统,运输货运站管理,联合运输运营,人行道网络管理系统

选修课更多的是考虑学生知识面的扩展和具有针对性专业知识的学习。选修课可以大致分为公共选修课和专业选修课。公共选修课的学分一般不高,部分学校有限制其中要含有几个学分的人文类和科技类课程。专业选修课一般只有本专业的可以选,大多为专业课程,是掌握专业知识的重要途径。选修课的学分要求一般是毕业的硬性指标,在修满学分后

才有毕业资格。部分学校的学费与所选选修课的学分数相关。选修课的设置在一定程度上表明了各个学校的研究特色。国外6所高校交通运输类研究生课程的选修课设置情况,如表7-2所示。

国外6所高校交通运输类研究生主要选修课　　　　　　表7-2

学校	选修课
MIT	航空运输,分析与规划方法,物流与供应链管理,交通运输政策,交通运输管理,城市交通学,计算机技术,计算机工程应用
UM	道路交通特性与测量,区域交通规划,城市交通学,城市交通规划和轨道交通工程,机场规划与设计,道路交通流理论,运输系统的运筹学模型,货物运输分析,高等交通控制系统,交通调查方法,离散选择分析,可持续交通,高等交通需求分析,运输经济学,运输网络算法与实现,交通应急管理
UMU	交通工程学,交通政策规划及部署,交通规划与管理,交通系统分析,交通、土地利用和设计,交通流理论,运输需求建模与供给分析,运输经济学,交通数据分析,城市交通运营,运输网络分析
IC	道路工程学,交通流理论及应用,公共运输,运输安全,交通工程和规划定量技术,先进交通模型,交通行为分析与建模,交通与环境,智能交通系统,运输系统设计,货物运输,资产管理,项目规划和维护,交通基础设施设计,空中交通管理,港口和海洋工程,城市街道规划和设计
TUM	可持续交通,分析方法,交通策略与模型,交通概念与实现,基础设施规划,交通管理,交叉口理论与方法,交通运输系统
NUS	组织与管理,产业竞争分析,人行道分布于管理,工程经济学和项目评估,运输和施工安全管理,全球基础设施项目管理,基础设施系统操作和管理,土木工程实验分析,作业规划与管制,物流系统,质量规划与管理,应用预测方法,决策分析,产业物流,大型系统工程,运输管理和政策

根据表7-2所列课程,6所国外高校所开设的选修课程各有侧重。其中,明尼苏达大学和德国慕尼黑工业大学开设的课程不区分必修课程和选修课程。美国麻省理工学院、英国伦敦理工学院和新加坡国立大学所开设的选修课程涉及不同运输方式的专业课程。麻省理工学院开设有航空方向、物流方向以及计算机方向选修课程;英国帝国理工学院开设有道路方向、航空方向以及港口方向交通运输类选修课程;新加坡国立大学开设有物流方向专业选修课程,而且选修课程多偏向于经济类课程;美国马里兰大学则注重运输模型的构建、数据分析等方面的能力培养,围绕这个主题开设的课程较多。

国外交通运输类研究生培养的课程设置有如下特点:

(1) 课程注重基础知识,同时强化方法论、数学建模、数据分析以及软件应用的学习。从国外高校课程体系可以看出,很多高校都开设了方法论和系统分析相关的课程,强化对学生系统分析能力的培养和锻炼。

(2) 课程设计注重学科间的交叉,培养复合型人才。交通运输是一个需要涉及经济学、管理学、工程学的综合行业,交通运输类研究生需要具有广阔的知识面。从国外高校的课程体系可以看出,强调学科交叉、工程与经济并重。几乎所有国外交通运输类研究生培养的高校都开设了经济类的课程,如运输经济学、项目管理、项目评估、工程经济学等。

(3) 重视将学术类讲座或项目研讨会作为课程之外的重要补充。国外高校每学期都会要求学生参加学科前沿讲座或项目研讨会,以此来了解交通运输行业的最新信息。

三、国外大学交通运输类硕士学位基本要求

国外各高校对获得交通运输硕士学位(Master of Science in Transportation)提出的要求不

同,但是要获得学位综合起来应满足以下三个方面要求,即课程要求(必修课和选修课学时与学分)、学位论文要求和实践要求。国外6所高校在培养交通运输类硕士研究生方面的基本要求,如表7-3所示。

国外6所高校对交通运输类硕士学位授予的基本要求　　　　表7-3

学校	课程	学位论文	实践环节
MIT	必修课2门,信息技术类课1门,至少3个模块的专业课程	1篇学位论文	—
UM	必修课4门,拓展课3门,专业课程至少3门,选修课3门	1篇专题报告(选择性完成1篇学位论文)	参加项目研讨会,完成小组设计以及个人实习
UMU	培养计划A课程至少20学分;培养计划B课程至少27学分;培养计划C课程至少30学分	计划A:1篇学位论文;计划B/C:1篇专题报告	参加项目研讨会,计划A/B需完成口语考试
IC	4个模块的所有课程	1篇专题报告	参加讲座
TUM	8个必修模块的课程,从3个专业模块中选择至少1个模块	1篇学位论文	参加项目研讨会以及运输相关行业实习
NUS	课程列表A和课程列表B至少32学分,另需完成土木工程系课程	1篇学位论文	参加研讨会及演示自己的研究工作

复习思考题

1. 按伯顿·克拉克的"院校分工"理论,高等教育机构内部的分工是何含义?
2. 按联合国教科文组织制定的"国际教育标准分类法",高等教育是如何分类的?
3. 高校分类与高校排名有何不同?你个人有何看法?
4. 何为高等教育大众化?简单阐述你对高等教育大众化的理解?
5. 国外高等教育人才培养的典型模式有哪些?你对此有何认识?
6. 什么是通识教育?有何作用?
7. 根据国外大学本科专业设置的特点,你对专业有何进一步的理解?
8. 你对大规模网络公开课程有何认识?你打算如何进行网络公开课学习?
9. 中外学科的设置有何差异?你如何理解这种差异?
10. 通过网络查询检索2~3所国外交通运输专业学科的概况,并在培养方案及课程设置等方面与国内的专业设置进行对比分析。

第八章　交通运输业发展趋势与就业分析

第一节　交通运输业发展趋势

一、交通运输业发展主要特征

在现代社会中,交通运输发展的水平已经成为人类文明的重要标志。交通运输是社会经济重要的基础结构之一,是国民经济的命脉,是经济发展的基本需要和先决条件。同时,交通运输推动着现代工业的发展,担负着社会产品的流通任务以及在国防建设与防务方面有着不可低估的作用。交通运输的发展影响着社会生产、流通、分配和消费的各个环节,对人民生活、政治和国防建设以及国际的经济发展和合作都有着重要作用。交通运输是国民经济中基础性、先导性、战略性产业,是重要的服务性行业。为适应国民经济和社会发展的需求,应优先发展交通运输业,加快交通现代化步伐,从被动适应逐步转向对国民经济的先导促进作用。

发展综合交通运输系统是当代运输业发展的必然趋势,它是增强有效运输生产力,缓解交通运输紧张状况的途径之一,也是经济地发展运输业,提高经济效益的重要方法。因此,应该配合国家总体发展战略,统筹考虑经济布局、人口和资源分布、国土开发、对外开放,以及国防建设、经济安全和社会稳定对交通运输的要求。充分体现各种运输方式的技术经济特征和比较优势,合理配置、集约利用运输线路资源,衔接优化各种运输设施空间布局。建设综合运输大通道与扩大交通网覆盖面相结合,提高网络承载能力与增强运输机动性相衔接,各种运输方式之间以及各种方式与城市交通系统之间相协调。以人为本,强化枢纽衔接和一体化运输设施配置,促进现代综合交通体系的建立,满足便捷、舒畅、高效和安全的运输服务需求。构建现代综合交通运输体系,是适应把握引领经济发展新常态,推进供给侧结构性改革,推动国家重大战略实施,支撑全面建成小康社会的客观要求,也是国民经济和社会发展规划以及"一带一路"建设的要求。

交通运输业智能化和信息化的建设,是21世纪现代化交通运输体系的发展趋势,交通运输业智能化、信息化的广泛应用有利于实现基础设施由单一化向集约化交通发展的转变,也是解决现代交通难题的关键。我国交通运输业要实现现代化、网络化、智能化才能实现跨越式发展,才能有效地缓解资源和环境的压力。注重节约和集约利用土地,节能减排,整合既有资源,保护生态环境,加强交通安全。以发展为主题,全面提升运输供给能力和服务水平;以体制改革为保障,促进运输市场体系的完善;以构建现代综合运输体系为主线,加强综合运输大通道和枢纽建设;以协调发展为基本立足点,进一步改善区域交通和农村交通条件;以科技应用创新为动力,推进交通运输信息化和智能化建设。

衔接协调、便捷高效。充分发挥各种运输方式的比较优势和组合效率,提升网络效应和规模效益。加强区域城乡交通运输一体化发展,增强交通公共服务能力,引导新生产消费流通方式和新业态、新模式发展,扩大交通多样化有效供给,全面提升服务质量效率,实现人畅其行、货畅其流。

适度超前、开放融合。有序推进交通基础设施建设,完善功能布局,强化薄弱环节,确保运输能力适度超前,更好发挥交通先行官作用。坚持建设、运营、维护并重,推进交通与产业融合。积极推进与周边国家互联互通,构建国际大通道,为更高水平、更深层次的开放型经济发展提供支撑。

创新驱动、安全绿色。全面推广应用现代信息技术,以智能化带动交通运输现代化。深化体制机制改革,完善市场监管体系,提高综合治理能力。牢固树立安全第一理念,全面提高交通运输的安全性和可靠性。将生态保护红线意识贯穿到交通发展各环节,建立绿色发展长效机制,建设美丽交通走廊。

二、交通运输业发展基本理念

推进交通运输持续健康发展,必须树立和贯彻落实创新、协调、绿色、开放、共享的发展理念。

(1)坚持创新发展,培育交通运输发展的新动力。创新是引领发展的第一动力,注重解决发展动力问题。要创新理论政策,立足我国国情和交通运输实际,自觉对标国际先进水平,加强理论与政策研究,深入总结发展规律,不断创新中国特色交通运输发展理论。要创新体制机制,以治理体系和治理能力现代化为目标,以推动综合交通运输体系深度融合、协同发展为主攻方向,以稳定交通运输资金保障为重点,深化体制机制改革,激发交通运输发展的内生动力。要突出科技创新的引领作用,深入实施创新驱动发展战略,释放新需求,创造新供给,以科技创新引领交通运输的全面创新。要强化交通文化创新,构筑交通人共同精神家园,为交通运输科学发展注入强大精神动力。

(2)坚持协调发展,形成交通运输平衡发展的新格局。协调是持续健康发展的内在要求,注重解决发展不平衡问题。要促进区域协调,推动东、中、西部地区交通运输协调发展,交通运输资源更多地向革命老区、民族地区、边疆地区、贫困地区倾斜。要促进城乡协调,服务城镇化进程,建立农村交通运输基础设施投入的长效机制,加快城乡交通一体化。要促进综合运输体系内部协调,发挥各种运输方式比较优势,补齐中西部铁路和内河水运的短板,推动多式联运发展,实现各种运输方式之间的合理分工、有效协作和一体化服务。要促进交通运输建、管、养、运协调,坚持全寿命周期成本理念,把建设、管理、养护、运输摆到同等重要位置,推动交通运输发展水平的整体提升。要推动物质文明和精神文明协调,切实加强行业精神文明建设,积极践行社会主义核心价值观,增强道路自信、理论自信、制度自信、文化自信,让"硬实力"和"软实力"同步提升。要积极推动交通运输与国防建设融合发展。

(3)坚持绿色发展,探索交通运输可持续发展的新模式。绿色是人民对美好生活追求的重要体现,注重解决人与自然的和谐问题。要通过结构调整拓展绿色发展空间,优化交通基础设施布局,改变不合理运输分担方式,充分发挥铁路和水运运能大、能耗低的技术优势,实行公共交通优先,加强轨道交通建设,鼓励自行车等绿色出行。要通过技术进步推动绿色发展,推进绿色循环交通基础设施建设,推广新能源汽车等低碳环保运输装备应用,推动多式联运和甩挂运输发展。要通过制度设计引导绿色发展,健全政策、法规、标准、监测、评价制度体系,形成推动绿色交通发展的长效机制。

(4)坚持开放发展,开拓交通运输发展的新空间。开放是国家繁荣发展的必由之路,注重解决内外联动问题。要服务国家对外开放新格局,加快推进交通基础设施互联互通和大通道建设,开辟多式联运跨境交通走廊,深入融入全球产业链、价值链、物流链,以交通运输的网络连通推动政策沟通、贸易畅通、资金融通和民心相通,提升对"一带一路"倡议的支撑力。要推动交通运输"走出去",培育具有国际竞争力的交通运输大企业,推动我国交通运输的产能、技术装备、标准规范、服务和专业人才走出去。要积极参与国际交通运输治理,更多更深参与交通运输领域国际组织的活动,积极参与深海、极地等新领域国际规则制定,大力培养国际化的专家型人才,逐步扩大中国交通在世界舞台的影响力和话语权。继续深化内地与台港澳地区的交通运输合作发展。

(5)坚持共享发展,让人民群众共享交通运输发展的新成果。共享是中国特色社会主义的本质要求,注重解决社会公平正义问题。要努力建设人民满意交通,把实现好、维护好、发展好人民的根本利益,作为一切交通运输工作的出发点和落脚点,多办贴近民生、服务群众的实事好事。要聚力交通运输扶贫脱贫攻坚,提升交通运输基本公共服务均等化水平。要提升交通运输服务品质,增加更多出行选择,改善群众出行体验,更多关注弱势群体出行,不断增加人民群众的获得感,使交通运输发展成果更多更好地惠及全体人民。

三、我国交通运输业发展的政策导向

交通运输是兴国之器、强国之基。我国交通运输事业发展已经取得重大成就,成为名副其实的交通大国。站在世界交通大国的新起点上,党的十九大报告提出要"建设交通强国",为我国交通事业发展提出了新目标,规划了新蓝图。目前,我国交通运输事业许多指标已走在世界前列,加强顶层设计,发挥科技创新的引领作用,提高交通运输基本公共服务均等化水平,增强人民群众的获得感和满意度,逐步实现从交通大国向交通强国迈进。

我国奋力从交通大国向交通强国迈进,需要把握经济社会发展定位,加强交通顶层设计,助力国家战略发展。习近平总书记对交通行业多次作出重要指示,"交通基础设施建设具有很强的先导作用""要想富先修路不过时""把交通一体化作为京津冀协同发展的先行领域"等。这些重要论述深刻阐明了交通运输在国民经济中先导性、基础性、战略性和服务性的功能属性,赋予交通运输发展的历史新定位。这既是对交通运输功能属性的高度概括,也是对经济社会发展规律的深刻总结。

(1)树立科学的交通发展观,转变交通增长方式。交通运输必须树立科学的发展观,转变传统的发展方式,从单一的数量、规模、速度型变为速度、规模、效益相统一;从单纯重视交通经济效益转向经济社会效益和环境效益相统一,从资源粗放消耗型变为资源集约使用型;由各方式各自发展向协调发展转变,向生态、环保、安全型转变。

(2)制定统一的交通运输发展规划。根据国民经济发展的总体规划制定综合运输发展规划,使各种运输方式的部门规划成为综合运输发展规划的一个有机组成部分,防止各种运输方式或部门以自我为中心,各自规划、各自建设、自成体系。综合运输发展规划必须充分

体现政府统筹发展各种运输方式的思路和重点,从宏观上、战略上、全局性的高度,突出交通运输与经济社会的协调发展,以及各种运输方式彼此的协调发展等问题。

(3)建立与市场经济发展相适应的交通运输管理体制。充分发挥政府在交通运输发展中的推进与引导作用,加快交通特别是铁路改革步伐,构建新型交通运输管理体制、调控机制与监管体系。加强对交通基础设施建设和运营活动的监管力度,积极稳妥地推进基础设施投融资和建设与运营机制的改革,确保为经济和运输服务业发展提供足够的交通公共设施。改革交通运输行业的价格管理制度,构建合理的市场价格形成机制,提高交通运输行业的整体运行效率。

(4)加快技术进步,提高运输工具和运输管理的技术水平。发展节约能源、排放量小、技术先进的铁、公、民航和水运运输工具。加快发展高速、重载技术,集装箱多式联运技术和现代物流技术,推广运输技术与装备的标准化与国际化。积极采用先进现代信息和通信技术,重点发展交通运输综合管理信息系统、城市交通诱导系统、高速公路收费系统、车载路径导航系统、交通信息系统等智能交通系统。提高运输管理组织技术,以充分利用基础设施的能力,发挥运输工具的使用效率、降低资源损耗。

(5)发展现代化的运输服务系统。重点建设由高速铁路、高速公路、民用航空组成的快速客运系统,以及由铁路干线和公路干线组成的快速货运系统。发展国际航运中心港口群及集装箱运输系统、散装运输系统、特种货物运输系统。建设散装货物、集装箱货物的联合运输系统。建设换乘便捷的旅客联合运输系统。发展公交优先的城市运输系统。实现运输组织的信息化、智能化。

四、交通运输业发展前景展望

我国交通运输事业许多指标已经走在世界前列,为经济社会发展提供了有力的支撑。截至 2016 年年底,我国"五纵五横"综合运输大通道基本贯通,综合交通网络初步形成。铁路营业里程达到 12.4 万 km,高速铁路里程突破 2.2 万 km,占世界高铁总里程的 65% 左右;公路总里程达到 469.6 万 km,全国 99.99% 的乡镇和 99.94% 的建制村通公路,高速公路里程突破 13 万 km,跃居世界首位;内河航道通航里程达 12.71 万 km,规模以上港口万吨级泊位达 2317 个,位居世界第一。"一带一路"倡议提出后,我国交通行业和企业也迎来了"走出去"的重大机遇,拓展了视野、提升了水平、树立了品牌、提振了信心,为进一步发展提升、参与国际竞争打下了基础。

在基础设施联网优化方面,从顶层设计入手,着眼于实现综合交通"一张网",以综合运输大通道为主骨架,以综合枢纽为关键连接点,着力打造高品质快速交通网、高效率普通干线网、广覆盖基础服务网,加快形成高质量立体互联的综合交通网络化格局。在服务"一带一路"建设方面,着力推动交通基础设施陆上、海上、天上、网上四位一体联通;着眼于适应自动驾驶、新能源等新技术的普及应用,加快研究布局与之相匹配的新一代交通基础设施。

实现交通运输由大向强的历史性转变,要进一步强化科技创新,大力建设智慧交通,着力培育具有国际竞争力的技术能力。2017 年 6 月 25 日,中国高铁有了一个新名字——"复兴号",这是拥有完全自主知识产权的中国标准动车组,标志着我国铁路成套技术装备特别是高速动车组已经走在世界前列。如今中国高速铁路、高速公路、特大桥隧、深水筑港、大型机场工程等建造技术达到世界先进水平,沪昆高铁、港珠澳大桥、洋山深水港、北京新机场等一批交通超级工程震撼世界。高速列车、C919大型客机、振华港机等一大批自主研制的交通运输装备成为"中国制造"的新名片。互联网、大数据、云计算、北斗导航系统等信息通信技术在交通运输领域广泛应用,线上线下结合的商业模式蓬勃发展。

未来必须把发展的基点放在创新上,充分发挥科技创新的引领作用,大力建设智慧交通,着力培育具有国际竞争力的基础设施建设、运输装备制造等技术能力,加快"互联网+交通运输"、自动驾驶、新能源交通装备等推广应用,深入实施人才优先发展战略,为建设交通强国提供有力的技术支撑和人才保障。

建设交通强国,并非要把所有项目都建成"世界第一",补齐短板,让老百姓都能享受到发展成果更为重要。在交通基础设施建设方面,虽然我国已经取得显著成绩,但与未来经济社会发展要求相比,还存在一定差距。我国各交通方式间的设施衔接仍需加强、交通运输发展方式仍然较为粗放等问题未得到根本解决。同时,还要大力推进综合运输深度融合,加快运输一体化进程。着力推动绿色交通优先发展,提高绿色交通分担率。把货运作为交通强国建设的重点领域,推动物流运输网络向国际拓展、农村下沉、中西部延伸。更多依靠市场和科技的力量,为用户提供更加安全、便捷、智慧、绿色、舒适、多元、经济的出行服务和体验。着力推动交通运输与物流业、制造业、旅游业等关联产业联动融合发展。

未来我国交通运输业的发展将按照统筹推进"五位一体"总体布局和协调推进"四个全面"战略布局,牢固树立和贯彻落实创新、协调、绿色、开放、共享的发展理念,坚持以人民为中心,提高发展质量和综合效率,积极发挥不同运输方式的比较优势,坚持网络化布局、智能化管理、一体化服务、绿色化发展,建设国内国际通道联通、区域城乡覆盖广泛、枢纽节点功能完善、运输服务一体高效的综合交通运输体系,为全面建成小康社会提供交通运输保障,更好地服务中国经济发展,更好地连通中国与世界。

(1)全面深化交通运输改革。深入推进综合交通运输改革发展,促进各种运输方式深度融合,加快构建安全、便捷、高效、绿色、经济的现代综合交通运输体系。推进铁路市场化改革,深化投融资体制和财政事权与支出责任改革,加快推进空域管理体制改革。加快政府职能转变,持续推进简政放权、放管结合、优化服务,提高行政效能。

(2)构建内通外联的运输通道网络。构建横贯东西、纵贯南北、内畅外通的综合运输大通道,推进对外交通走廊和海上丝绸之路走廊建设。打造高品质的快速网络,加快推进高速铁路成网,完善国家高速公路网络,适度建设地方高速公路,增强枢纽机场和干支线机场功能。完善广覆盖的基础网络,加快中西部铁路建设,推进普通国省道提质改造和瓶颈路段建设,提升沿海和内河水运设施专业化水平,加强农村公路、通用机场建设,推进油气管道区域互联。提升邮政网络服务水平,加强快递基础设施建设。

(3)建设现代高效的城际城市交通。建设城市群中心城市间、中心城市与周边节点城市间1~2h交通圈,打造城市群中心城市与周边重要城镇间1h通勤都市圈。在城镇化地区大力发展城际铁路、市域(郊)铁路,形成多层次轨道交通骨干网络。实行公共交通优先,加快发展城市轨道交通、快速公交等大容量公共交通。

(4)打造一体衔接的综合交通枢纽。优化枢纽空间布局,建设北京、上海、广州等国际性综合交通枢纽,提升全国性、区域性和地区性综合交通枢纽水平,加强中西部重要枢纽建设,推进沿边重要口岸枢纽建设,提升枢纽内外辐射能力。完善枢纽综合服务功能,优化中转设施和集疏运网络,强化客运零距离换乘和货运无缝化衔接,实现不同运输方式协调高效,发挥综合优势,提升交通物流整体效率。

(5)推动运输服务绿色智能发展。推进交通运输绿色发展,集约节约利用资源,加强标准化、低碳化、现代化运输装备和节能环保运输工具推广应用。实施"互联网+交通运输"行动计划,加快智能交通发展,推广先进信息技术和智能技术装备应用,加强联程联运系统、智能管理系统、公共信息系统建设,加快发展多式联运,提高交通运输服务质量和效益。

(6)提升交通运输安全管理水平。完善安全生产法规制度体系,有效落实企业主体责任和管理部门监管责任。加强应急能力建设,全面提升应急处置和救援水平。强化事前预防,开展平安交通专项行动,加大隐患排查治理和风险管控力度,突出重点领域安全监管,全面实施安全生产风险管理,坚决遏制重大事故多发频发。

实现"两个一百年"奋斗目标、实现中华民族伟大复兴的中国梦,对交通运输发展提出了新的更高要求。交通推动发展,交流促进合作,通达实现共赢。不断提升交通运输服务品质,更好服务经济社会发展,并继续加强与世界各国在交通运输领域的深度合作,共享机遇、共迎挑战,实现共同发展、共同繁荣。

第二节 交通运输业发展技术需求

一、互联网+

1."互联网+"简介

"互联网+"代表着一种新的经济形态,指的是依托互联网信息技术实现互联网与传统产业的联合,以优化生产要素、更新业务体系、重构商业模式等途径来完成经济转型和升级。"互联网+"的目的在于充分发挥互联网的优势,将互联网与传统产业深入融合,以产业升级提升经济生产力,最后实现社会财富的增加。

"互联网+"概念的中心词是互联网,它是"互联网+"的出发点。"互联网+"具体可分为两个层次来表述。一方面,可以将"互联网+"概念中的文字"互联网"与符号"+"分开理解。符号"+"代表着添加与联合,这表明"互联网+"的应用范围为互联网与其他传统产业,应用手段则是通过互联网与传统产业进行联合和深入融合的方式进行;另一方面,"互联网+"作为一个整体概念,是通过传统产业的互联网化完成产业升级。互联网通过将开放、平等、互动等网络特性在传统产业的运用,通过大数据的分析与整合,试图理清供求关系,通过改造传统产业的生产方式、产业结构等内容,来增强经济发展动力及提升效益,从而促进国民经济健康有序发展。

2014年11月,李克强出席首届世界互联网大会时指出,互联网是大众创业、万众创新的新工具。其中"大众创业、万众创新"正是此次政府工作报告中的重要主题,被称作中国经济提质增效升级的"新引擎",可见其重要作用。

2015年3月5日,在十二届全国人大三次会议上,李克强总理在政府工作报告中首次提出"互联网+"行动计划,即制定"互联网+"行动计划以推动移动互联网、云计算、大数据、物联网等与现代制造业结合,促进电子商务、工业互联网和互联网金融健康发展,引导互联网企业拓展国际市场。

2015年7月4日,经李克强总理签批,国务院印发《关于积极推进"互联网+"行动的指导意见》(以下简称《指导意见》),这是推动互联网由消费领域向生产领域拓展,加速提升产业发展水平,增强各行业创新能力,构筑经济社会发展新优势和新动能的重要举措。

2015年12月16日,第二届世界互联网大会在浙江乌镇开幕。在"互联网+"论坛上,中国互联网发展基金会联合百度、阿里巴巴、腾讯共同发起倡议,成立"中国互联网+联盟"。

2."互联网+"的特征

(1)跨界融合。"+"就是跨界,就是变革,就是开放,就是融合。跨界能使创新的基础更坚实,融合才会实现群体智能协同,从研发到产业化的路径才会更直接。

(2)创新驱动。粗放的资源驱动型增长方式难以为继,必须以创新驱动发展。互联网的特质就是用互联网思维来求变,并发挥创新的力量。

(3)重塑结构。信息化、全球化、互联化重塑了原有的社会结构、经济结构及地缘结构,推动着科技进步、经济增长、社会发展和文化繁荣。互联网的力量之所以强大,也是来源于对人的创造性发挥的重视。

(4)开放生态。互联网+的生态特征非常重要,而且本身是开放的。推进互联网+,其中重要的方向就是要把过去制约创新的环节化解掉,把孤岛式创新连接起来,市场驱动研发,让创业者有机会实现价值。

(5)连接一切。连接是有层次的,可连接性是有差异的,连接的价值是相差很大的,但是连接一切是互联网+的目标。

3.互联网+交通

"互联网+交通"已经在交通运输领域产生了"效应",如打车软件、网上购买火车和飞机票、出行导航系统等。从国外的Uber、Lyft到国内的滴滴打车、快的打车,移动互联网催生了一批"互联网+交通"的新业态,虽然它们在世界不同的地方仍存在不同的争议,但通过把移动互联网和传统的交通出行相结合,改善了人们出行的方式,增加了车辆的使用率,推动了互联网共享经济的发展,提高了效率、减少了排放,对环境保护也做出了贡献。

"互联网+"行动计划,意味着"互联网+"正式上升为国家战略。互联网同交通运输行业深度渗透融合,可使相关环节产生深刻变革。基于开放数据进行数据挖掘,可发现大数据背后的潜在价值,能提供更为智能和便利的交通信息服务;运用互联网思维开展交通需求调查,可了解到最迫切希望解决的问题,从而有针对性地选择项目;基于互联网思维创新项目商业运营模式,以市场化运作选择合理的盈利模式,如基础服务免费、增值服务收费,或者短期免费、长期收费等。电子商务与智能交通逐步融合,使得出行体验与购物、消费等服务结合在一起,例如将位置服务和出行路径诱导与电商服务进行集成,给用户以全新的出行体验。

二、大数据

1. 大数据释义

最早将大数据应用于IT环境的是著名咨询公司麦肯锡,其关于大数据的定义是:大数据是指无法在一定时间内用传统数据库软件工具对其内容进行采集、存储、管理和分析的数据集合。另外,被引用较多的还有维基百科的定义,即大数据是指数量巨大、类型复杂的数据集合,现有的数据库管理工具或传统的数据处理应用难以对其进行处理,包括捕获、收集、存储、搜索、共享、传递、分析与可视化等。

2. 大数据特征

大数据有四个基本特征:数据规模大(Volume),数据种类多(Variety),数据价值密度低(Value),数据要求处理速度快(Velocity),即所谓的4V特性。这些特性使得大数据区别于传统的数据概念。

第一,数据量庞大。这是大数据最主要的特征,同时数据还在不断地加速产生。因此,传统的数据库管理技术无法在短时间内完成对数据的处理。

第二,数据种类多。与传统的数据相比,大数据的数据类型种类繁多,包括结构化数据、半结构化数据和非结构化数据等多种数据类型,如网络日志、音频、视频、图片、地理位置信息等,多类型的数据对数据的处理能力提出了更高的要求,传统的数据处理方式也面临着巨大的挑战。

第三,数据价值密度低。这是大数据关注的非结构化数据的重要属性,以视频为例,连续不间断的监控过程中,可能有用的数据仅仅有一两秒,如何通过强大的机器算法更迅速地完成数据的价值"提纯",是大数据时代亟待解决的难题。

第四,数据要求处理速度快。大数据的产生与存储是动态的,有的处理结果时效性要求很高,这就要求对数据能够快速处理,数据处理速度快也是大数据区别数据仓库的主要因素。数据产生的速度以及快速变化形成的数据流,超越了传统的信息系统的承载能力。

大的数据不一定是大数据,小的数据也不是不能作为大数据应用。大数据的核心是能够通过数据挖掘分析,从而产生新的数据。今天的数据不仅是大,而且变得在线了,这恰恰是互联网的特点。

3. 大数据技术

大数据技术就是从各种类型的数据中快速获得有价值信息的技术。大数据处理关键技术一般包括:采集、预处理、存储及管理、分析及挖掘、展现和应用等。

大数据采集一般分为:

(1)智能感知层:主要包括数据传感体系、网络通信体系、传感适配体系、智能识别体系及软硬件资源接入系统,实现对结构化、半结构化、非结构化的海量数据的智能化识别、定位、跟踪、接入、传输、信号转换、监控、初步处理和管理等,重点是针对大数据的智能识别、感知、适配、传输、接入等技术。

(2)基础支撑层:提供大数据服务平台所需的虚拟服务器,结构化、半结构化及非结构化数据的数据库及物联网络资源等基础支撑环节,重点是分布式虚拟存储技术,大数据获取、存储、组织、分析和决策操作的可视化接口技术,大数据的网络传输与压缩技术,大数据隐私保护技术等。物联网、云计算、移动互联网、车联网、手机、平板电脑、PC以及遍布地球各个角落的各种各样的传感器,无一不是数据来源或承载的方式。

大数据预处理主要是对已接收数据的辨析、抽取、清洗等操作。因获取的数据可能具有多种结构和类型,数据抽取过程可以帮助将这些复杂的数据转化为单一的或者便于处理的构型,以达到快速分析处理的目的。对于大数据,并不全是有价值的,有些数据并不是所关心的内容,而另一些数据则是完全错误的干扰项,因此要对数据通过清洗、过滤"去噪"从而提取出有效数据。

大数据存储与管理要用存储器把采集到的数据存储起来,建立相应的数据库,并进行管理和调用,重点是复杂结构化、半结构化和非结构化大数据管理与处理技术,主要解决大数据的可存储、可表示、可处理、可靠性及有效传输等几个关键问题。大数据必然无法用单台计算机进行处理,必须采用分布式架构。

大数据分析及挖掘技术是大数据应用的关键。数据挖掘就是从大量的、不完全的、有噪声的、模糊的、随机的实际应用数据中,提取隐含在其中的、人们事先不知道的、但又是潜在有用的信息和知识的过程。数据挖掘涉及的技术方法很多,有多种分类方法。根据挖掘任务可分为分类或预测模型发现、数据总结、聚类、关联规则发现、序列模式发现、依赖关系或依赖模型发现、异常和趋势发现等;根据挖掘方法可粗分为:机器学习方法、统计方法、神经网络方法和数据库方法。机器学习中,可细分为:归纳学习方法(决策树、规则归纳等)、基于范例学习、遗传算法等。统计方法中,可细分为:回归分析(多元回归、自回归等)、判别分析(贝叶斯判别、费歇尔判别、非参数判别等)、聚类分析(系统聚类、动态聚类等)、探索性分析(主元分析法、相关分析法等)等。神经网络方法中,可细分为:前向神经网络(BP算法等)、自组织神经网络(自组织特征映射、竞争学习等)等。数据库方法主要是多维数据分析或OLAP方法,另外还有面向属性的归纳方法。

4. 大数据应用展望

首先,大数据的资源化,即大数据成为企业和社会关注的重要战略资源,并已成为大家争相抢夺的新焦点;其次,与云计算的深度结合为大数据提供了弹性可拓展的基础,是产生大数据的平台之一;再者,随着数据挖掘、机器学习和人工智能等相关技术的深入发展,可能会产生很多新算法和新理论,像计算机和互联网一样,大数据将带来新一轮的技术革命。另外,数据科学将成为一门专门的学科,被越来越多的人所认知,各大高校将设立专门的数据科学类专业,也会催生一批与之相关的新的就业岗位。

大数据是互联网发展到现今阶段的一种表象或特征,是信息技术发展的一种必然。在以云计算为代表的技术创新背景下,原本很难收集和使用的数据开始容易收集和被利用起来,通过各行各业的不断创新,大数据会逐步为人类创造更多的价值。

在不知不觉中,已经迅速步入大数据决策的时代。利用大数据对交通运输进行更科学的发展规划与建设管理是与时俱进,互联网让信息变得越来越透明,大数据下的交通运输也在不断地重新定义职能和改变运作方式。交通大数据的应用主要有:

(1) 智能公交调度。应用 GPS、GSM、GIS 等技术并结合对车辆的监控,对公交车实施智能调度策略,可提高公交车的利用率,同时也能减轻城市道路的拥堵负担。

(2) 辅助规划决策。传统的交通起止点调查(OD 调查)和数据收集方式需要投入大量人力进行,而目前的"一卡通"等信息技术手段则让出行数据展现得更为全面,流量数据可以精确掌握;同时,利用车辆拥堵时间、拥堵路段的大数据分析,可以调整公交车线路,或为乘客提供换乘站的决策。

(3) 个体驾驶行为评估。通过网络平台收集驾驶出行数据(从路线到行为)并进行驾驶习惯分析及行为评估,据此可以为驾驶员提供最佳的出行路线、时间等参考数据,并且可以根据评估结果为个人提供安全驾驶或生态驾驶参考意见。

(4)群体出行行为预测。目前已经做到了可以提前两周预测某个城市的人数大概规模,而将这个成熟的预测算法用于交通后,结合交通部的其他大数据,便可以预测出群体出行的态势,对其可能出行的时间、出行路线、出行方式等进行预测,从而为城市车辆调度提供决策帮助。此外,这些群体出行行为预测的数据也将为个人出行提供更加精确的服务,帮助个人决策,让个人出行尽量以最短的时间及最短的路线抵达目的地。

由此可见,大数据在交通上的应用带来的变革主要有:

(1)为用户提供服务内容越来越精准。基于大数据的交通路网动态分析,为用户提供了实时的出行方案选择。

(2)交通效率越来越高。依赖于各种各样的互联网感知器,对复杂天气、事故、各种突发事件的实时分析,使得交通管理部门掌握了更多的交通状况,可及时作出反应。

(3)交通服务自动化程度越来越高。移动支付、各种自动化设备和自助服务普遍应用。

(4)交通管理决策越来越科学。重大决策越来越依赖于对交通行为的分析,专业机构通过大数据分析可以为交通运输决策提供支持。

三、低碳交通

1. 低碳交通的概念

低碳交通是指以降低交通运输行为的温室气体排放为目标的低能耗、低排放的交通运输方式,是低碳经济在交通领域的一种实现方式。具有以下四个方面的含义:一是低碳交通的核心目标是节能减排,即交通领域中以减少温室气体排放为出发点和落脚点;二是低碳交通是一种行为方式,包括生产行为和消费行为;三是低碳交通具有时空特性,不同历史时期、不同国家对低碳交通的评价衡量标准不同,低碳交通没有一个统一的落实执行准绳,而是一个逐步接近的目标,是一个追求社会经济发展与交通低碳化动态平衡点的过程;四是低碳交通具有综合性,既包括生产领域的低碳交通,也包括消费领域的低碳交通,涉及社会、经济、生活中的政府、社会组织和全体居民等不同主体,需要经济、法律、教育的多种引导和刺激手段。从消费角度上说,在日常交通出行中可以通过把传统动力汽车置换为新能源汽车以达到减排的目的,更可以改成步行、骑自行车等非机动交通行为实现低碳交通;从生产角度上说,可以通过提高运输生产力、优化空间运输资源配置的综合运输体系构建、提高运输组织效率、提高运输工具效能等途径实现低碳交通。

2. 低碳交通的原则

低碳交通模式要求以低能耗、低排放、低污染为约束性目标来进行交通规划的设计、交通方案的选择。围绕这个约束性目标,低碳交通的原则应包括:

(1)公共交通优先原则。在既定的交通需求量的情况下,低碳交通规划应优先发展公共交通。提高公交分担率,降低机动车辆的总数量。

(2)慢行交通优先原则。在满足居民出行需求的前提下,低碳交通设计应鼓励城市居民多选择步行、自行车等慢行交通方式,降低温室气体排放。

(3)减少交通需要原则。应通过合理利用土地,进行城市形态规划,进而力求减少交通需求量,从而降低城市交通的能源消耗量及温室气体排放量。

3. 低碳交通的特征

低碳交通的特征分为基本排放特征、结构特征、技术特征和制度特征。基本排放特征呈现出低排放、低能耗、高能效;结构特征呈现出倾向于清洁化、公共化、高效化的交通运输结构及倾向于合理化、技术化的基础设施结构;技术特征呈现出清洁低碳型燃料比例高、交通工具运行效率高、信息化利用程度高的"三高"态势;制度特征方面体现出严格的环境管制标准、先进的管理制度、一体化的管理模式等。

(1) 低碳化。交通运输的发展致力于"减碳"过程,除非使用清洁能源(如太阳能、风能等),否则交通运输难以达到无碳化,只能是不断重复低碳化的过程。

(2) 减排化。"节能"和"减排"都是实现交通运输低碳化的重要手段,既要重视"节能",更要把"减排"上升到应有的高度。

(3) 体系化。低碳交通运输是系统化过程,无论是交通运输系统的规划、建设、维护、运营,还是交通工具的生产、使用、维护,甚至相关制度和技术保障措施,人们的出行方式以及运输消费模式等,都需要用"低碳化"的理念加以改造和优化。

(4) 综合性。一方面,低碳化的方法是多样的,如技术性减碳、结构性减碳以及制度性减碳;另一方面,低碳路径是双向的,既包含在"供给"或"生产"的方面减少碳排放,也包括"需求"或"消费"的碳减排。

4. 低碳交通实践要求

交通运输系统是由人、车、路等要素构成的复杂系统,因此可以从出行需求、车辆使用、燃料供给、路网建设等方面来实现低碳交通运输的目的。

(1) 出行需求管理。降低交通系统的碳排放的路径之一是实施出行需求管理。出行需求指人的空间位置移动,即可以通过交通运输服务供给商的服务来完成,也可以由消费者自行完成。因此,降低出行过程的碳排放可以通过两种方式实现:一是优化城市空间布局,减少人们的出行需求;二是鼓励人们选择低碳的出行方式,实现同等出行距离碳排放降低的目标。

(2) 车辆使用限制。车辆使用限制是低碳交通实现的核心要素。如今,世界上有很多国家为解决机动车保有量增加带来的环境压力,出台了一系列限制机动车拥有和控制机动车使用的政策。如新加坡,国内的上海、北京采取的机动车车辆配额制度,以及大多数国家所采用的征收高额购置税和注册费等财政政策。另外,为了控制机动车的燃油消耗,有些国家或地区正在执行或者已经制定了相关燃油经济性标准。燃油经济性标准被国内外公认为是控制碳排放最为有效的手段之一。

(3) 燃料供给政策。发展车用替代燃料和燃油税是两项重要的碳减排政策。其中,车用替代燃料被认为是世界各国减少交通碳排放的重要战略选择。而燃油税是能够引导消费者合理消费车用燃料、降低道路交通消费,以及减少碳排放的重要政策。

(4) 交通路网建设。主要体现在优先发展公共交通的相关政策上,包括交通路网建设,如快速公交专用车道(BRT)、轨道交通(地铁、轻轨、磁悬浮)和无轨电车等,以利于缓解城市拥堵,降低私家车使用率。

随着科学技术的不断创新、国家政策的强力支持,绿色交通将成为交通运输发展的方向,节能减排将成为智慧交通发展的关键词。大力发展车联网,提高车辆运行效率;重视智能汽车的发展,提升车辆智能化水平,加强车辆的智能化管理;积极采用混合动力汽车、替代料车等节能环保型营运车辆;构建绿色"慢行交通"系统,提高公共交通和非机动化出行的吸引力;构建绿色交通技术体系,促进客货运输市场的电子化、网络化,提高运输效率,降低能源消耗,实现技术性节能减排。

四、智能交通

1. 智能交通释义

智能交通是基于现代电子信息技术面向交通运输的服务系统,以信息的收集、处理、发布、交换、分析、利用为主线,为交通参与者提供多样性的服务。智慧交通是在智能交通的基础上,充分运用物联网、云计算、互联网、人工智能、自动控制、移动互联网等技术,汇集交通信息,使交通系统能在区域、城市甚至更大的时空范围,具备感知、互联、分析、预测、控制等能力,以充分保障交通安全、发挥交通基础设施效能、提升交通系统运行效率和管理水平,为通畅的公众出行和可持续的经济发展服务。

智慧交通是在整个交通运输领域充分利用物联网、空间感知、云计算、移动互联网等新一代信息技术,综合运用交通科学、系统方法、人工智能、知识挖掘等理论与工具,以全面感知、深度融合、主动服务、科学决策为目标,通过建设实时的动态信息服务体系,深度挖掘交通运输相关数据,形成问题分析模型,实现行业资源配置优化能力、公共决策能力、行业管理能力、公众服务能力的提升,推动交通运输更安全、更高效、更便捷、更经济、更环保、更舒适的运行和发展,带动交通运输相关产业转型、升级。智慧交通运输体系能大幅度提高城市交通运输系统的管理水平和运行效率,为出行者提供全方位的交通信息服务和便利、高效、快捷、经济、安全、人性、智能的交通运输服务,为交通管理部门和相关企业提供及时、准确、全面和充分的信息支持和信息化决策支持。

2. 智能交通技术

新型智慧交通理念引导智能交通系统建设和管理,让交通系统变得可测、可解、可控。智能交通系统能做到定量、准确掌握大量车辆轨迹和所有路段路口的供给、需求、状态。为城市道路交通管理打下最坚实的基础,为交通业务应用系统提供最有效的支持。建立可计算的道路交通网络模型,基于交通语义的关系表达和计算技术的支撑,将所有的交通设施、规则、控制策略数字化、信息化,并以能够为计算机所理解的形式计算、查阅、存储。建立基于身份检测的交通系统模型,通过精准跟踪路网中每辆车的出行轨迹等时空特征,准确掌握路段、路口、路网、停车场的交通容量、需求、状态。从微观、中观、宏观三个层面,在过去、现在、未来的时间尺度上,使得交通系统可视、可测、可控。

云计算、大数据、移动互联网、社交网络媒体等新兴技术快速发展,其在智慧交通行业中的应用将更加普及。物联网通过各类传感器、移动终端或电子标签,使信息系统对外部环境的感知更加丰富细致,这种感知为人、车、路、货、系统之间的相互识别、互操作或智能控制提供了无限可能。未来智能公路、智能航道、智能铁路、智能民航、智能车辆、智能货物、智能场站等将快速发展,管理者对交通基础设施、运输装备、场站设备等的技术运行情况和外部环境能够更加全面、及时、准确地掌握。在云计算、大数据等技术的支撑保障下,未来的交通管理系统将具备强大的存储能力、快速的计算能力以及科学的分析能力,系统模拟现实世界和预测判断的能力更加出色,能够从海量数据中快速、准确提取出高价值信息,为管理决策人员提供应需而变的解决方案,交通管理的预见性、主动性、及时性、协同性、合理性将大幅提升。

随着国内汽车保有量的迅速扩大,我国正在步入汽车社会,与汽车相关的社会问题和矛盾也日益凸显,其中汽车与道路、汽车与环境、汽车与能源、汽车与行人之间的矛盾日益突出。服务是交通运输的本质属性,随着移动互联网、智能移动终端的大范围应用,信息服务向个性化、定制化发展。信息服务系统与交通要素的信息交互更加频繁,系统对用户的需求跟踪、识别更加及时准确,能够为用户提供交通出行或货物运输的全过程规划、实时导航和票务服务,基于位置的信息服务和主动推送式服务水平大大改善。

汽车自动驾驶是对驾驶行为过程的再造或者重构,包括环境感知、决策与规划、控制与执行三个方面,通过不断的学习、记忆和迭代,实现由人驾驶向自动驾驶的转变。自动驾驶面临的挑战多种多样,包括技术、风险,管制以及治理等方面。2016年发布的《"互联网+"人工智能三年实施方案》,包括智能汽车研发与产业化进程、智能辅助驾驶、复杂环境感知、车载智能设备、自适应巡航以及自动泊车等。2017年国务院发布的《新一代人工智能发展规划》,该规划对智能经济、智能社会、智能交通都做了清晰且详细的部署。2017年发布的《促进新一代人工智能产业发展三年行动计划(2018—2020年)》,包括自动驾驶操作系统、车辆智能算法、智能芯片和一体化的车辆智能化平台。此外,中国工程院安排了重大战略课题"2035交通工程科技战略",对自动驾驶、综合交通枢纽的协同、联运的智能化和出行一体化都做了详细部署。

未来的交通是车路协同的交通,是由智能道路和智能车辆构成。结合现在交通管理普遍存在的问题,如路口断面感知、路侧设备的智能程度不足等问题切入,未来交通将聚焦于突破智慧城市中基于路网的多尺度、多维度、多粒度交通数据的全息感知与融合技术,构建全面反映交通状态及交通管控效果的评价指标;基于数据驱动的路网全局交通管控技术,实现对宏观、中观、微观的动态交通精细化管控,以及区域交通管控效果评价与管控方案优化等。

第三节　交通运输类专业就业分析

一、就业相关概念

1. 就业释义

就业指在法定年龄内的有劳动能力和劳动愿望的人们所从事的为获取报酬或经营收入进行的活动;或称具有劳动能力的公民,依法从事某种有报酬或劳动收入的社会活动。国家通过促进经济和社会发展,创造就业条件,扩大就业机会;鼓励企业、事业组织、社会团体在法律、行政法规规定的范围内兴办产业或者拓展经营,增加就业;支持劳动者自愿组织起来就业和从事个体经营实现就业。

2. 就业能力

就业能力指获得某项岗位的全部能力的总称。一个人想要顺利地找到工作,在工作中做出成绩,就必须具备一定的就业能力。就业能力包括一般就业能力和特殊就业能力。

一般就业能力包括:个人的态度、世界观、价值观、习惯;与工作有关的能力,主要是指处理与周围的人和工作环境的关系的能力;自我管理能力,主要是决策能力、理解能力、资源利用能力以及对所学知识在工作中的运用能力。特殊就业能力是指某个职业所需的特殊技能和环境所需的某种特殊技能。

一般就业能力和特殊就业能力在职业活动中都很重要。要成功地从事某种职业,需要一般就业能力和特殊就业能力的有机配合。如果只有一般就业能力而无特殊就业能力是很难胜任某种职业的,如不精通医术的大夫怎么能给病人治病呢?同样,只有特殊就业能力而无一般就业能力的人也是很难在事业上取得成功的,如缺乏团结协作、缺乏事业心和责任感的人,纵使有多娴熟的职业技术最终也会成为职业的失败者。在现实生活中,一般就业能力更为重要。这是因为:

(1)社会在发展,科学技术的更新在加快,一般就业能力强的人能更好地适应社会,在掌握新知识、新技术方面更具主动性与积极性;

(2)从事某种职业必须具备这种职业所需要的特殊就业能力,因此容易引起个人、学校或单位的足够重视,而一般就业能力由于与工作的关系不是十分明显,因而很少被注意到,而事实上,用人单位越来越看重一般就业能力,许多求职者就是因为一般就业能力不强而未被录用;

(3)一般就业能力与失业关系密切,许多研究表明,人们失去工作不是因为缺乏特殊就业技能,而是缺乏一般就业能力。据研究介绍,失业中的90%的人不是因为不具备工作所需要的技能,而是因为不能与同事、上司友好相处,或者经常迟到。

3. 就业率

就业率指在业人员占在业人员与待业人员之和的百分比。它是反映劳动力就业程度的指标,即全部可能参与社会劳动的劳动力中,实际被利用的人员比重。

针对高校毕业生实际去向,有人认为用"就业率"这个提法不准确。因为一般学生毕业后除了到用人单位就业外,还有继续深造、出国留学以及自主创业等多种选择,因此,按"就业率"定义统计毕业生的实际就业程度,则能更准确地反映毕业生的实际就业状态。尽管对就业率存在着诸多争议,但人们还是习惯于将其作为评价专业的重要指标。社会对就业率的强势关注也在一定程度上促使高校更加重视毕业生的就业工作,并按照社会需求调整专业结构。

二、择业观念与就业常识

1. 择业观念

择业观念通常指人们对职业选择的基本看法。择业观念对人们的求职、择业、就业准备等多个方面都有直接的影响。影响择业观念的因素主要是经济收入、个人价值及社会价值。

经济收入是职业选择的基础因素。在选择职业时,人们会把经济收入作为一项重要指标,一般都喜欢高薪的职业。职业是以付出劳动、获得报酬为主要形式,因此在一定范围内追求合理的经济回报无可厚非。重要的是经济回报应与所付出的劳动相适应,片面的追求经济收入则会适得其反。

人们都希望能够通过职业生涯发挥个人的聪明才智,使自己的个人价值能够得到充分的体现。因此,在选择职业时,往往会考虑行业及工作岗位是否符合自己的兴趣爱好、发挥自己的特长。实现自己的个人价值,是人们选择职业时考虑的主要因素。

个人价值的实现,与社会价值的实现密不可分。只有把社会需要放在优先位置,以事业为重,个人服从国家需要,到国家、社会最需要的工作岗位上去,为国家的发展,社会的进步,经济的繁荣做出自己应有的贡献,才能真正实现我们自己的人生价值。因此,社会价值是人们选择职业的最高追求。

经济收入、个人价值及社会价值三者之间的关系:

(1)事业与谋生的关系,要以事业为重。谋生是基础,事业是重点,要把职业看成是实现自己人生价值的事业,而不仅仅是谋生的手段。

(2)奉献与索取的关系,要以奉献为重,要有对社会做奉献的意识,把促进发展看成是自己的责任,默默奉献,勇于进取。

(3)长远发展与眼前利益的关系,要以长远发展为重,把自己的职业选择与国家的强盛、区域经济的发展、所在单位的事业联系起来。要立足于自己的长远发展,不要被眼前的利益所诱惑,也不要被短期的困难所吓倒。眼光放远一些,步子走稳一些,根子扎深一些,脚踏实地,循序渐进,铺就一条不断走向成功之路。

目前,"双向选择,自主就业"已是大势所趋。应该提早准备,不断提高自己的职业素质和综合职业能力,为将来的就业打下基础。现在,人才市场正在逐步建立和完善,学校有关部门也为毕业生的择业就业提供服务和帮助。应该说,就业道路越来越宽。相信大家通过自己的努力,可以通过双向选择,自主就业,找到自己理想的职业岗位。

以往在就业时看重的是国有企业、事业单位的"铁饭碗",在职业选定后就"活到老,做到老,靠到老",把某个职业看成终身制。而现在,随着社会主义市场经济的发展,就业形势的变化,许多观念也发生了改变,从"铁饭碗"到合同制,从国家分配到自主择业,从终身制到多次选择职业等,这些变化要求抛弃传统的择业观,到最需要人才的基层、生产第一线寻找自己的发展空间。同时,还要树立起终身学习和多次就业的观念,用科学知识不断充实自己,在经济发展的大潮中不断寻找适合自己的位置,开拓自己职业发展的空间。不求一劳永逸,但求不断进取,在实际工作中锻炼自己,提高自己,发展自己。

新的形势为自主创业提供了广阔的发展空间,学校的毕业生可以利用自己所学的知识和技能开创出一番事业。这样,通过创业实现自己的人生价值,立创业之志,走创业之路,建创业之勋。发挥自己的优势,走艰苦拼搏的创业之路也大有可为。

2. 就业常识

就业不仅面临着"先择业再就业"与"先就业再择业"的选择,也面临着如何择业与就业的问题。在就业过程中应注意的主要事项包括:

(1)要给职业以明确定位。在择业之前,必须要明确自己"想干什么和最擅长于做什么",结合自身的兴趣、特长、专业或经验,制定两个或两个以上比较适合自己的就业目标。在制定目标时,既不能好高骛远也不要轻视自己。

(2)多渠道捕捉就业信息。确定目标后,就要广泛收集相应的就业信息,尤其是招聘信息,应从网络、报刊、广播电视等多方面获取信息,拓宽就业渠道。

（3）分析对比后锁定职位。从就业信息中，选择自己的理想职位，然后按照该职位的招聘要求，与自己现有的能力条件做比较，认真分析自己能否胜任。同时，还要了解招聘单位的基本情况，如单位的性质、从事行业、工作要求和单位的价值观、经济效益、工资待遇等。

（4）应聘前做好必要准备。锁定单位与职位后，就得做必要的应聘准备。如根据应征岗（职）位写简历，力求语言通俗易懂，内容简易扼要，突出岗（职）位相关的经历、技能和荣誉，以便顺利获得面试机会；温习应聘职位有关的基础知识和基本技能，避免面试或笔试时不知所措，给人留下"滥竽充数"的印象。

（5）着装得体并言行规范。去面试时，应着装得体；言行举止规范，塑造良好形象；把握每个细节，体现综合素质，如进办公室要敲门，介绍情况和回答问题时要紧扣主题，发表意见和相互交谈时要措辞恰当、多用职业语等；要充满信心，以多种形式表现自己。

（6）签订协议并履行承诺。与用人单位达成就业意向后，须签订由学校发放的就业协议书。该协议书是转递毕业生档案和户口关系，办理报到落户手续的依据；学校凭毕业生已签订的就业协议书派发毕业生的档案、户口等关系。如果不签订就业协议书，毕业生的人事档案、户口等关系就可能会被派回到生源地。因此，毕业生在找到合适的工作单位后，应与招聘单位签订就业协议书。

就业协议书除了作为学校转递毕业生人事关系的依据外，对毕业生和用人单位也具有一定的约束力，毕业生签订协议前应比较慎重。如果与招聘单位签订了就业协议书后又觉得不适合，需与原单位解除就业协议，并持证明回到学校办理相关手续。在就业之初频繁的流动，对自身职业生涯的发展不利。另外，参加考研的毕业生，为了不错过招聘机会可与单位签订协议书，但应在就业协议书备注栏中加上"如本人考上研究生，凭录取通知书，该协议效力终止"的条款。毕业生还可以把协议期内工资的多少、违约时是否交纳违约金等易产生纠纷的条款附加上去。同时，需明确与用人单位签订劳动合同后，就业协议书的作用才结束。

就业之后，要居安思危，要把单位当成学校，要把工作视为深造。在工作中要不断地培养、锻炼、提高自己，取人之长补己之短，学多种知识、习多种技能，有条件还需考取职业资格证书、职称证书，为自己的晋级、转业和再就业夯实基石。这样才会"是直木做梁，肩负千斤；是弯木成犁，耕耘大地"。

三、交通运输专业就业方向

交通运输专业是以运筹学、经济学、管理学、机电学、系统科学、控制理论以及土木学科为基础，以交通运输工程学科为主干学科的一门工学专业。培养德、智、体、美全面发展，具备较坚实的数学、计算机、外语、必要的人文社科、经济管理知识基础及机械、电子信息、控制工程、土木工程等工程技术基础，掌握道路客货运输规划、运营与保障的基本理论与技术，以及某个专门方向较深入的知识与技能，能在交通运输多个领域从事交通运输规划与设计、运营与管理、车辆技术使用与管理等工作，在教学、科研单位从事相关教学科研工作的宽口径复合型工程技术类和运营管理类专门人才。

从理论上讲，交通运输涉及铁路、公路、水路及航空运输基础设施的布局及修建、载运工具运用工程、交通信息工程及控制、交通运输经营和管理等工程领域，针对各种交通运输方式需要交通运输、交通工程、航海技术、轮机工程、飞行技术、交通设备与控制工程、救助与打捞工程、船舶电子电气工程等专业人才。根据所在院校专业的自身特色，交通运输类学生毕业后可以在交通运输管理部门、交通规划设计院所、铁路运输、公路运输、水路运输、航空运输、管道运输、公共交通、城市地铁、物流企业、汽车后市场、汽车制造或改装企业以及专业相关的教育机构等，从事交通行业管理、企业运营管理、交通规划设计、运输装备技术管理、试验检测、维修改装、市场营销、咨询服务、教学科研及技术培训等工作。

总体上讲，交通运输就业方向、就业单位与国家交通体制和体系构建有着密切的关系，在交通运输行业可从事的工作岗位有以下几类：

（1）管理类。在交通运输相关企业从事商务管理、服务管理、技术管理及安全管理等工作。

（2）运营类。在交通运输相关企业从事车辆调度、客运服务、货运代理及物流组织等工作。

（3）规设类。在交通运输管理部门或企业，从事交通运输规划、交通工程设计等工作。

（4）技术类。在交通运输相关企业，从事车辆及装备的性能试验、监测检验及维修等工作。

（5）教科类。在学校或培训机构从事交通运输专业相关的教学与技能培训，或在科研院所从事技术研发等工作，大部分是硕士研究生以上学历人才。

（6）特岗类。根据教育部发布的《普通高等学校本科专业目录（2012版）》，交通运输类包括交通运输、交通工程等8个专业。其中，有4个国家控制布点专业（飞行技术、航海技术、轮机工程、船舶电子电气工程），还有3个特设专业（交通设备与控制工程、救助与打捞工程、船舶电子电气工程），其就业岗位需求量有限，但就业方向明确。

此外，交通运输专业所在的学科具有道路与铁道工程、交通信息工程及控制、交通运输规划与管理、载运工具运用工程等方向的硕士和博士学位授予权，毕业生可以继续深造。毕业后可到国家与省、市的发展规划部门、交通规划与设计部门、交通管理部门、交通工程公司等单位从事交通运输规划、交通工程设计、交通控制系统开发等方面的工作，也可在高等院校、科研院所从事教学和科学研究工作。随着交通工具的发展，交通运输已成为多种方式的综合运输，交通运输专业毕业的学生不仅可以在运输部门就业，还可以在与其相关的领域中就业。

随着我国交通运输业市场化程度的不断提高，各种运输方式之间的市场竞争也已全面展开，铁路、公路、水运和民航等运输方式均得到较快的发展。交通运输必须走以提升系统协调能力为主的内涵式发展道路，满足国民经济和社会发展总体需要，特别是满足经济社会向循环经济、绿色经济、生态经济、知识经济发展的基本需要；交通运输的发展要符合经济社会可持续发展的总体要求，建立安全、高效、经济、协调、绿色的交通运输体系，实现资源、环境、交通的和谐统一。

复习思考题

1. 交通运输业发展主要特征是什么？
2. 交通运输业发展基本理念有哪些？

3. 我国交通运输业发展的政策导向是什么？
4. 你对交通运输业发展的前景有何展望？
5. 什么是"互联网+"？"互联网+"的特征是什么？
6. 目前"互联网+交通"的主要模式有哪些？各有什么特点？
7. 什么是"大数据"？大数据的主要有哪些特征？
8. 何谓大数据技术？你对大数据应用有何展望？
9. 什么是低碳交通？低碳交通有哪些基本原则？
10. 低碳交通的基本特征有哪些？
11. 低碳交通实践有哪些基本要求？
12. 如何理解智能化交通？智能化交通需要哪些技术？
13. 名词解释：就业；就业能力；就业率。
14. 什么是择业观念？你对择业有何想法？
15. 你对"先择业再就业"与"先就业再择业"有何选择？主要理由是什么？
16. 就业过程中应注意的主要事项有哪些？
17. 交通运输类专业的主要就业方向有哪些？你对未来职业生涯有何规划？
18. 你对交通运输行业的哪些工作岗位感兴趣？了解这些岗位对知识、能力、素质的要求吗？
19. 如果选择继续深造，你对交通运输工程学科的哪些研究方向感兴趣？主要原因是什么？
20. 如何理解"建设交通强国"的内涵？在建设交通强国的过程中，你将有何作为？

参考文献

[1] 邹海波,吴群琪.交通与运输概念及其系统辨析[J].长安大学学报(社会科学版),2007(1):20-23.
[2] 李连祥.中国古代道路交通史[M].北京:人民交通出版社,1994.
[3] 赵恩棠.世界公路简史[J].长安大学学报(自然科学版),1981(1):89-94.
[4] 赵丽霞,高月娥.关于世界交通运输发展历程及启示[J].黑龙江交通科技,2009(3):108-111.
[5] 沈志云.交通运输工程学[M].北京:人民交通出版社,2007.
[6] 涂又光.中国高等教育史论[M].武汉:华中科技大学出版社,2014.
[7] 陈飞.国际高等教育标准分类新调整对我国技术本科教育发展的启示[J].现代教育科学,2012(4):29-31.
[8] 中华人民共和国教育部高等教育司.普通高等学校本科专业目录和专业介绍(2012年)[M].北京:高等教育出版社,2012.
[9] 国务院学位委员会第六届学科评议组.一级学科博士、硕士学位基本要求[M].北京:高等教育出版社,2014.
[10] 关强,孙凤英.交通运输工程学科专业概论[M].北京:人民交通出版社,2007.
[11] 邓学钧,刘建新.交通运输工程导论[M].北京:清华大学出版社,2008.
[12] 徐建闽.智能交通系统[M].北京:人民交通出版社,2013.
[13] 张毅,姚丹亚.基于车路协同的智能交通系统体系框架[M].北京:电子工业出版社,2015.
[14] 李会春.通识教育的知识类型、生产和传授机制[J].高教探索,2017(8):43-48.
[15] 彭新武.人文社会科学概论[M].北京:首都经济贸易大学出版社,2009.
[16] 教育部高等学校教学指导委员会.普通高等学校本科专业类教学质量国家标准[M].北京:高等教育出版社,2018.
[17] 佟立本.交通运输设备[M].北京:中国铁道工业出版社,2007.
[18] 舒正平,等.军事装备维修管理学[M].北京:国防工业出版社,2013.
[19] 刘清,徐开金.交通运输安全[M].武汉:武汉理工大学出版社,2009.
[20] 王兵.交通信息技术及应用[M].北京:机械工业出版社,2016.
[21] 欧冬秀.交通信息技术[M].上海:同济大学出版社,2007.
[22] 杨兆升.交通运输系统规划[M].北京:人民交通出版社,1998.
[23] 吴兆麟.综合交通运输规划[M].北京:清华大学出版社,2009.
[24] 隽志才.运输技术经济学[M].北京:人民交通出版社,2003.
[25] 蒋惠园.交通运输经济学[M].武汉:武汉理工大学出版社,2009.

[26] 崔书堂.交通运输组织学[M].南京:东南大学出版社,2008.
[27] 丁波.交通运输企业管理[M].北京:人民交通出版社,2005.
[28] 方晓平,毛成辉.交通运输企业管理[M].长沙:中南大学出版社,2012.
[29] 教育学名词审定委员会.教育学名词(2013)[M].高等教育出版社,2013.
[30] 史秋衡,王爱萍.应用型本科教育的基本特征[J].教育发展研究,2008(21),30-33.
[31] 刘娟.论大学生学习特点及其与教学方法的相关性[J].教育科学探究,2007(1),12-13.
[32] 王佰成,张敏.大学教学的基本特点与学习研究[J].社科纵横,2006(4),42-44.
[33] 范正根,米雅琼.国内外高校大学生综合认知实践教学研究综述[J].科教导刊,2017(11),35-38.
[34] 张会杰.本科实践教学研究现状及启示[J].大学(学术版),2012(2),39-41.
[35] 杨文培,王建民.低碳交通论[M].北京:中国环境出版社,2015.
[36] 节能与新能源汽车技术路线图战略咨询委员会,中国汽车工程学会.节能与新能源汽车技术路线图[M].北京:机械工业出版社,2016.
[37] 李如跃,赵娜娜.论国外通识教育对当代中国高等教育的启示[J].现代教育管理,2012(12):126-127.
[38] 陈厚丰.国外高等教育分类研究述评[J].高等教育研究,2007(9):13-19.
[39] 杨宗仁.国外高等教育分类及对我国的启示[J].兰州交通大学学报,2008(2):123-126.
[40] 佟欣.国外高等教育大众化四种发展模式分析及启示[J].教育探索,2014(10):154-156.
[41] 张建妮.国外高等教育人才培养模式的启示[J].中国冶金教育,2012(1):10-12.
[42] 呆静,屈书杰.国外高等教育领域大规模网络公开课程探析[J].世界教育信息,2013(15):19-22.
[43] 叶青.社会需求导向的大学专业设置研究[D].成都:西南交通大学,2001.
[44] 鲁光泉,宋阳.国外交通运输类研究生课程体系分析[J].大学(学术版),2014(4):73-77.